美国营利性大学
竞争战略研究

张国玲 / 著

中国社会科学出版社

图书在版编目（CIP）数据

美国营利性大学竞争战略研究/张国玲著. —北京：中国社会科学出版社，
2020.9

ISBN 978 – 7 – 5203 – 6988 – 6

Ⅰ.①美… Ⅱ.①张… Ⅲ.①高等学校—竞争战略—研究—美国
Ⅳ.①G649.712

中国版本图书馆 CIP 数据核字(2020)第 151624 号

出 版 人	赵剑英
责任编辑	赵　丽
责任校对	王　龙
责任印制	王　超

出　　版	中国社会科学出版社
社　　址	北京鼓楼西大街甲 158 号
邮　　编	100720
网　　址	http://www.csspw.cn
发 行 部	010 – 84083685
门 市 部	010 – 84029450
经　　销	新华书店及其他书店

印　　刷	北京明恒达印务有限公司
装　　订	廊坊市广阳区广增装订厂
版　　次	2020 年 9 月第 1 版
印　　次	2020 年 9 月第 1 次印刷

开　　本	710 × 1000　1/16
印　　张	16.75
插　　页	2
字　　数	258 千字
定　　价	96.00 元

凡购买中国社会科学出版社图书，如有质量问题请与本社营销中心联系调换
电话:010 – 84083683

目　录

引　言

一

20 世纪八九十年代，在竞争激烈的美国高等教育体系中，营利性大学（For-profit Universities and Colleges）脱颖而出，发展成为一种具有独特功能的高等教育形态，回应了社会成员的多元化教育需求，不但获得了政府的公共资助、资本市场的青睐，而且在法律上获得了合法地位，与公立大学、私立非营利性大学共同构成了美国高等教育的三大基本类型。

关于美国营利性大学之所以能在高等教育竞争体系中脱颖而出的原因，众多研究者从不同侧面予以阐释。譬如，有研究者认为美国营利性大学快速发展的动因在于：一是顺应了美国社会发展趋势。20 世纪六七十年代，美国在经济上深陷滞胀，高等教育经费锐减；政治方面平权运动高涨，不同种族、肤色的人要求扩大高等教育入学机会。在此背景下，美国政府推行旨在建立"小政府、大市场"格局的新公共管理运动，引入市场机制，以改善公立机构办学效率、降低行政开支。美国营利性大学顺应当时社会发展趋势，按市场化理念办学，依法纳税，在不需要政府拨款的情况下，为工薪族、社会边缘群体、少数族裔提供高等教育机会和终身学习机会，获得了快速发展。二是政策制度的推动。美联邦政府将营利性大学纳入学生资助范围，赋予其与公立大学、私立非营利性大学平等的资助资格。区域认证、专业认证制度的推行，进一步提升了营利性大学的教育质量和信誉。健全的政策制度极大地推动了营利性大学的发展。三是满足市场需求。知识经济的发展推动了成人终身学习的需求，然而传统高等教育无力或不愿对此作出回应。营利性大学抓住这一发展机遇，为在职成人提供适合其学习需求的技能型教育和便于其随时随地进行学习的网络教育，适应了市场需求。四是资本市场的青睐为营利性大学的发展提供了充足的资金保障。许多投资公司看到了投资高等教育的高回报率、投资预期稳定、反经济周期性（即在经济衰退期选择入读高等教育的人反而更多）特征，向营利性大学注入高额资金，有力保障了营利性大学的资金来源。①

也有研究者将营利性大学的快速发展归因于以下因素：一是现代信息技术的飞速发展。现代信息技术扩展了营利性大学发展的时空范围，革新了传统的教育模式，引发了课程资源、教学方法、教学评价等一系列变革，助力营利性大学专门针对特定学生群体提供适合其需求的独特的教育形态和教育服务。二是基于成本/效益的运营模式。营利性大学以较低的成本为学生提供适合其需求的高质量的教育是其办学经营的主要原则。为此，营利性大学将成本控制原则贯穿于教师聘任、课程开发、教学设施提供、规模经营等各方面，以降低不必要的办学开支，精简办学经费，提升办学效益。②

此外，有研究者基于营利性大学与公立高等教育体系的关系、市场化意识形态的影响以及现实的需求基础探讨了营利性大学博兴的原因。③具体来说，第一代私营学校（即无学位授予权、依靠私人经费办学）是在公立高等教育体系不成熟的背景下，作为公立高等教育的有益补充发展起来的；而第二代营利性大学（兴起于 20 世纪 80 年代之后，具有学位授予权，获得联邦资助）则是在公立高等教育体系的缝隙中产生发展的，填补了传统高等教育与社会成员多元化教育需求之间的空白。市场化意识形态的影响也不可低估。市场机制在回应需求方面所具有的灵活

---

① 杨程、秦惠民：《美国营利性大学发展的动因、困境及启示》，《高校教育管理》2020 年第 2 期。

② 孙绮芸、李丽洁：《全球化背景下美国营利性大学崛起的动力及影响》，《比较教育研究》2010 年第 3 期。

③ ［日］金子元久、鲍威：《营利性大学：背景·现状·可能性》，《北京大学教育评论》2005 年第 2 期。

性、重视教育产出结果的教育质量观（传统高等教育质量观往往聚焦于生源、师资、资金投入等输入性因素）以及在资源配置、人员激励方面所具有的经营优势，使市场化办学理念渗透进高等教育领域，催生了营利性大学这一市场化办学教育的新形态。营利性大学的发展具有坚实的需求基础。美国社会发展和知识更新周期缩短对高学位、职业资格、实践性知识与技能的极大需求，有力推动了营利性大学的发展。

　　营利性大学内部的组织形态与治理结构也是研究者试图揭示营利性大学发展原因的分析角度。有研究者从营利性大学的营利性组织属性、扁平化组织结构以及产业性组织文化，探讨了营利性大学得以快速发展的组织制度优势。[①] 首先，美国营利性大学采取了有别于传统大学的新组织形态，营利性组织属性的确立使营利性大学有权进行资产转移、开设分校、对所得收益进行分配、上市融资。其次，扁平化组织结构规避了传统高校组织的一些弊端。传统高校采取的共同治理以及科层制结构，尽管在一定程度上维护了教师的学术权利、维持了组织秩序，但也具有决策效率低、行政机构臃肿等缺陷。美国营利性大学学术与行政分而治之，压缩纵向和横向的部门设置、减少中间层级的管理举措，保障了信息沟通的及时性和有效性，降低了行政开支，提升了决策效率。最后，营利性大学组织文化呈现出产业性特征。学生被视为顾客，教师被视为无终身教职的教育服务提供者，建立在充分的劳动力市场需求调研基础上的即时性课程被视为教育产品。营利性大学致力于在满足学生顾客需求的基础上追求办学效益的最大化。

二

　　上述已有研究成果部分地揭示了营利性大学快速发展的动因。笔者认为美国营利性大学的飞速发展得益于其在高等教育结构中的合理"定位"，采取了科学而又合理的"竞争战略"，从而在竞争激烈的美国高等教育体系中脱颖而出。因此，笔者拟以竞争战略为切入点，全方位揭示

---

① 李丽洁：《在组织的视域中看美国营利性大学与非营利性大学的分野》，《全球教育展望》2009 年第 12 期。

美国营利性大学快速发展的原因。

选取"竞争战略"作为美国营利性大学研究切入点，主要有以下几方面的考量。

其一，美国高等教育体系与生俱有的竞争性。美国高等教育体系一直被认为最具有市场性和竞争性。"竞争"贯穿于美国高等教育发展历程，是美国高等教育发展的永恒主题。殖民地时期，宗教派别的竞争使美国学院数量得以迅速增长；内战后赠地学院的兴起使竞争主体多元化，竞争内容扩展至职业教育与学术教育两种教育内容的竞争；19 世纪末，研究型大学逐步成为高等教育竞技场上的强大竞争对手；20 世纪 90 年代以来，美国高等教育竞争呈现出新特征，随着知识经济和信息技术的发展，包括营利性大学在内的高等教育新形态纷纷参与到高等教育竞争中来，这既丰富了竞争主体，也拓展了竞争主题。传统大学之间的竞争以"声誉"为竞争主题，各高校通常在学术明星的多少、学生入学标准的高低、科研经费的多寡等方面展开角逐，此类竞争较多关注"投入"端；而高等教育新竞争形态以"输出"端为评价基点，重视学生的学习效果，主张通过提供契合学生需求的高质量的教育服务在竞争中获得生存与发展。

美国营利性大学作为高等教育体系中的新生事物，其本身的出现与发展，就是政府试图在中学后教育领域引入新的竞争机制的表现。可以说，"竞争"是美国营利性大学生存与发展的主题，也是其面临的最大的生存背景。

从更大范围来说，美国营利性大学的竞争性是由万物的生存方式及其市场经济的竞争属性决定的。恩格斯在《自然辩证法》中指出："自然界中无生命的物体的交互作用包含着和谐和冲突；活的物体的交互作用则既包含有意识的和无意识的合作，也包含有意识的和无意识的斗争。"[①]亚当·斯密在《国民财富的性质和原因的研究》中写到"一种事业若对社会有益，就应当任其自由，广其竞争。竞争愈自由，愈普遍，那事业

---

① ［德］恩格斯：《自然辩证法》，于光远等译，人民出版社 1984 年版，第 291 页。

亦就愈有利于社会"。① "竞争"是市场经济的内在规定属性,是经济主体生存与成长的动力与条件。美国营利性大学作为高等教育市场主体,必然需要面对来自市场竞争的优胜劣汰。因此,"竞争"成为探讨美国营利性大学生存与发展绕不开的主题。

其二,营利性大学在竞争中求生存、谋发展,必然需要关注外部竞争环境、谋划发展定位、确立长远目标、制定实施策略、优化内部资源配置等,而这都是战略管理的核心内容。"战略"一词最早来自军事领域,后扩展至工商管理领域,成为研究企业管理的新视角,而今战略管理也成为公共部门和第三部门进行管理改革的新途径。② 回顾战略管理的发展历程可知,20世纪60年代"重规划、轻管理",战略规划占主导地位强调为组织发展制定最优战略;80年代,注重战略创新和战略实施过程的战略管理成为主导。战略管理将战略规划的制定和实施统一为完整的过程,更注重通过内部组织结构变革、资源配置等实现战略预期目标。

战略具有多种功能,战略是一种发展计划,引导着组织发展的方向;战略是一种行为模式和行动途径,指导和规范着组织成员的行为;战略是一种赢取竞争对手的策略;战略是凝聚组织共识、塑造行为的观念;战略是提升组织竞争力的途径;战略连接着组织发展的过去、现在与未来。不同的战略理论学派采取不同的战略制定策略,战略规划学派、产业结构学派主张战略制定应向外看(外部环境)、向前看(愿景、目标);资源学派、核心能力学派认为战略制定应向内看(内部资源和能力)、向后看(组织文化和历史等);还有一些战略学派认为战略的本质在于创新。如熊彼特提出的"创造性破坏理论"、克莱顿·克里斯坦森提出的"颠覆式创新理论"等。

不同的战略理论学派从不同侧面揭示战略形成的本质,对营利性大学的竞争战略分析都有其合理性和可借鉴之处。本书拟引入"战略"视角,选取战略学派中的部分框架,解读营利性大学的文献资

---

① [英]亚当·斯密:《国民财富的性质和原因的研究》(下卷),郭大力等译,商务印书馆1981年版,第303页。

② 参见[美]保罗·C.纳特《公共和第三部门组织的战略管理:领导手册》,陈振明等译,中国人民大学出版社2001年版。

料，分析美国营利性大学得以在美国高等教育结构中生存与发展的战略举措。

三

本书章节框架如下：

第一章是对营利性大学发展的概述，主要内容包括学术界对营利性大学的关注、营利性大学的发展规模、学校类型，以及营利性大学与社区学院、西部州长大学、非营利性大学（包括公立大学、私立大学）办学特征的比较分析，力求从整体上呈现营利性大学的发展概貌。营利性大学的发展还总是伴随对其营利性与公益性、营利性与教育质量的争议，以及营利性大学之"大学"称谓与大学之"高深学问"之间的非议。对这两个问题的回答关涉着政府对营利性大学的公共资助以及营利性大学在高等教育体系中的合法性，进而影响着营利性大学发展的政策背景和舆论氛围。因此，在第一章节，笔者试图呈现对这两个问题的思考。

根据战略分析经典框架"SWOT"（优势、弱势、机遇、挑战的英文首字母的缩写）的观点，战略根植于内、外部环境，是组织内部资源、能力与外部环境相互作用、相互匹配的模式，战略目标就在于充分利用外部机遇、壮大自身优势，克服挑战、规避弱势。后来的战略理论发展围绕"外部环境"与"内部资源和能力"两个维度，形成了不同的理论主张，或者偏重外部环境的主导作用，如结构论；或者重视组织内部资源、核心竞争力的创新与培育，如资源论；或者倡导组织的战略发展应适应外部环境、追求两者的一致性，如战略规划学派；或者认为组织的战略发展应致力于改变环境，如熊彼特的创造性破坏理论。无论何种理论流派，都看到了外部环境在组织战略中的重要影响，其差异表现在对外部环境地位和作用的认识程度。由此可知，外部环境是战略分析不可或缺的一部分。然而，环境并不是一个抽象的概念，具有动态性、层次性、嵌套性。分析组织战略环境，需要层层剥离、立体呈现。为此，本书第二章将以"PEST"框架作为分析工具，力图全方位展示营利性大学面临的外部环境。"PEST"框架将影响组织发展的宏观环境因素分为"政治政策、经济、社会思潮文化、技术"四个维度，这四个维度的英文首字母的组合即是"PEST"名称的由来。具体来说，该章节主要从美联邦政府的规制政策（P）、知识经济的新要求（E）、新自由主义教育改革思潮（S）等方面，全面论述营利性大学发展面临的宏观环境及其所带来的机遇与挑战。信息技术（T）对营利性大学创新发展的技术支撑，不再单独论述，而是将其融合进"颠覆式创新战略"章节。

"PEST"分析为从宏观上审视营利性大学面临的外部机遇提供了视角参照，为后续进一步揭示营利性大学各种战略的具体实施路径提供了背景因素和动力机制。然而，美国营利性大学的竞争发展除了应关注宏观环境带来的机遇与挑战之外，微观结构环境也是不可忽视的重要方面。根据迈克尔·波特的观点，产业结构是影响企业组织发展最直接的环境，关乎组织在产业结构中的定位、差异化优势获取等。迈克尔·波特将产业结构环境化约为五种竞争力量，包括现有竞争者、潜在进入者、替代者、买方和供方的博弈能力，并将其称为"五力模型"。波特认为战略的本质在于明确在产业结构中的定位，即在竞争对手、替代者、潜在进入者等竞争力量面前建立起有力的竞争方位。有鉴于此，基于波特提出的"五力模型"工具，本书第三章着力从美国营利性大学发展的微观产业结构环境切入，探讨美国高等教育成熟化、市场化、数字化的发展图景，分析美国高等教育结构的"五力模型"及其对美国营利性大学竞争方位、竞争方式选择的启示，进而为后续章节的战略路径阐释，确立逻辑基础。

明确了美国高等教育结构的五种竞争力量，为接下来分析美国营利性大学的竞争"定位"，确立了分析起点。定位之父杰克·特劳特认为，所谓定位，就是令企业和产品与众不同。[①] 美国营利性大学根据自身的办学条件和经济发展的现实需要，实施集中化发展战略，厘定所服务的特定学生群体，在高等教育结构中明确了发展方位。对此，本书第四章以迈克尔·波特提出的"集中化战略"理论为框架，从学术使命定位、学生定位、教育形态定位三个维度详细分析美国营利性大学集中化战略的实施路径。该章还对与营利性大学具有诸多相似性的美国社区学院的多

---

① 李杰：《企业发展战略》，北京交通大学出版社2009年版，第132页。

元化办学使命进行比较分析，深入揭示了美国社区学院多元化使命的内在冲突，从而反向证明美国营利性大学实施集中化战略的优势。

　　大学组织战略的制定既要充分考量外部环境尤其是产业结构的影响，也要注重培育组织内部的资源和核心能力，注重知识积累。也就是说，大学的发展除了应积极适应外部社会环境的挑战与要求，重视在高等教育产业结构中建立合理定位以外，还应重视挖掘内部资源，培育难以被模仿、被替代的核心竞争力。而后者正是战略理论流派"资源基础论"和"核心竞争力理论"的关键主张。20世纪80年代，"资源基础论"逐渐兴起，将组织战略的关注点由外部环境转移至组织内部的资源、能力和知识积累，认为组织是由有形的、无形的资源构成的集合体，这些资源可转化为独特的能力，且难以在不同组织间流动和复制。当组织具备了独特的、难以复制的资源和能力时，也就形成了相对于其他组织的竞争优势。与"结构论"相比，"资源基础论"更加强调开发具有价值性、稀缺性、难以模仿的资源和能力的重要性，认为组织内部资源比外部产业结构更能左右组织发展的成败。美国营利性大学在高等教育系统中生存制胜的一大法宝就是视学生为顾客，实施学生满意战略，进而在高等教育系统中形成了难以被复制、具有价值性的教育服务资源和能力。事实上，无论美国营利性大学从何处获取竞争优势和竞争力，其价值的最终实现都应落脚于学生的认可。只有当学生在认识和行为层面上对大学所提供的教育服务予以肯定和认可，营利性大学的竞争力才能得以充分实现。也就是说，注重满足学生需要且能为学生创造价值的大学才具有真正的竞争力。有鉴于此，本书第五章以"学生满意战略"为分析框架，结合对营利性大学的案例分析，探讨营利性大学学生满意战略的实施路径。

　　无论是从高等教育结构中构建发展方位的"集中化定位战略"，还是通过实施"学生满意战略"从高校内部建立具有价值性的、难以模仿的教育服务优势，一定意义上均立足于高校现有的资源和既定的外部环境。事实上，高校竞争力的很大一部分来源于对发展现状的改造、对外部复杂性环境的把控能力，而非仅仅停留在维持现状或单纯地适应外部环境。而要实现这样一种发展，需要高校具备创新能力。新的知识传播方式、互联网技术的应用、新的组织类型的创建都是高校创新发展的重要途径。美国营利性大学的"颠覆式创新"模式受到广泛关注。正是依赖于"颠覆式创新",美国营利性大学得以在竞争激烈的高等教育环境中,形成独特的竞争优势和发展能力。基于此,本书第六章拟以克莱顿·克里斯坦森提出的"颠覆式创新理论"为分析框架,深入解读美国营利性大学颠覆式创新的具体实施路径,以为我国高校的颠覆式创新提供经验借鉴。

　　战略规划既是高校办学的一种管理方式,也是政府发展教育事业的一种方式。美国营利性大学竞争战略为我国高校的战略发展提供了示范机制,同时也对政府的教育战略规划顶层设计具有诸多启示意义。本书第七章拟以混合所有制高职院校为例,从战略角度对其发展提出建议。之所以选取混合所有制高职、没有选择与美国营利性大学具有诸多相似特点的民办高校作为借鉴对象,是基于混合所有制高职是中国高等教育体系中的一种新型教育形态,在发展模式和发展道路上需要他山之石。而对于中国民办高校来说,目前,其发展在很大程度上首先依赖于政府的政策供给,需要政府为民办高校的发展提供包括民办高校法律地位、利润分配、财政资助、质量监管、教师待遇、学位制度等方面的一系列配套政策。较之于民办高校内部发展战略,外部政策环境可能是当前影响民办高校发展的主要因素。因此,借鉴美国营利性大学的战略发展经验,从战略角度探讨混合所有制高职院校的发展路径,更有意义与价值。此外,本章节还将从政府教育战略规划的公共性、公共部门战略环境分析的特殊性以及战略规划与战略管理的不同等视角,分析中国政府教育发展规划特征,尤其是有关民办教育的发展规划,进而为完善政府的教育战略规划提出建议。

第 一 章

美国营利性大学发展概述

自 20 世纪 80 年代以来，在知识经济、终身教育以及信息技术的推动下，美国营利性大学（For-profit Universities and Colleges）以其独特的市场导向办学模式，异军突起，发展成为美国高等教育领域一股不可忽视的新生力量，被认为"预示着高等教育领域的一场潜在革命"。[1] 营利性高等教育重新定义了"大学生"内涵，解构了传统意义上年龄约在 18—22 岁、全日制大学生概念；重塑了教师文化，使"共同治理、学术自由、终身制"等传统教师文化在营利性大学遁形；颠覆了传统高等教育模式，高等教育的组织管理、教育教学、财务经费渠道发展为全新的样态。

本书主要以 20 世纪 80 年代以来新涌现出的美国营利性大学为讨论对象，其特征如下：实施开放入学，招生对象主要为在职成年人或被传统大学忽视的"非传统型大学生"；[2] 具有学位授予权（副学士学位或硕士学位或博士学位）；通过了认证（全国性认证或区域认证或专业认证）；由上市公司所有；通过收购、合并等在全国设置有多所分校，实施集团化连锁办学。如，菲尼克斯大学（University of Phoenix）、美国职业心理学校（American Schools of Professional Psychology）、国际艺术学院（Art Institutes International）等。

---

[1] Richard S. Ruch, *Higher Ed，Inc.：The Rise of the For-profit University*, Baltimore MD：Johns Hopkins University Press, 2001, p. 47.

[2] 非传统型大学生不同于年龄在 18—24 岁的全日制学生，他们多以兼职学习为主，年龄在 24 岁以上，主要来自少数族裔和社会边缘群体。

第一节　美国营利性大学异军突起

一　美国营利性大学成为重要研究议题

美国营利性大学发展强劲，引起了研究者的广泛关注。按研究议题的不同可将有关美国营利性大学的研究归为四类：营利性大学的教育原理分析、内部办学特征研究、外部监管政策研究以及与传统高等教育关系研究。

（一）美国营利性大学的教育原理分析

美国营利性大学独特的教育形态，包括营利性组织属性、"非传统型大学生"的服务定位、岗位能力导向的职业教育内容、信息技术为载体的网络教育形式，需要特定的教育教学原理予以解读。

1. 教育的新时间范式：虚拟时间

纵观社会发展历程，总共出现了三种时间范式：钟表时间、社会建构时间（Socially Constructed Time）和虚拟时间。[①] 根据茱莉亚·邓肯等人的分析，"钟表时间"具有客观性、直线性，主要指以钟表和日历为载体的可测量的时间。钟表时间的出现源自现代科学的发展和资本主义的推动。现代科学的发展使时间祛魅，由具有神秘色彩的时间信念转变为世俗化时间概念。世俗化时间概念认为时间是世界内在的一部分，与世界具有共延关系。尤其是达尔文进化论理论的提出，更进一步加速了时间的祛魅进程。现代科学的发展使时间概念世俗化，而资本主义工厂制的大发展使时间概念渗透进人们的工作和生活之中，不但将人们的生活与工作分离开来，而且时间被商品化，成为资本家获利的工具。在资本主义大机器生产的推动下，时间越来越与社会结构、效率、金钱、纪律相关联。

时间的第二种范式为社会建构时间。如果说钟表时间强调时间的客

---

① Julia C. Duncheon, William G. Tierney, "Changing Conceptions of Time: Implications for Educational Research and Practice", *Review of Educational Research*, Vol. 83, No. 2, 2013.

观性、直线性、工具性，① 那么社会建构时间则重视时间所承载的文化、意义、价值，强调不同社会文化背景下人们的时间体验、时间分配、时间信念的多样性。社会建构时间解构了时间在不同时空背景下的统一范式，赋予了时间概念更多的人类学意义和社会学意义。譬如，对美国西部的美洲原住民民族拉科塔族来说，时间不以小时、分、秒等具体概念来计量，而是用清晨、下午等时间段来计量时间。

第三种时间范式为虚拟时间。数字技术的飞速发展从根本上重塑了时间的概念范式，虚拟时间概念随之出现。虚拟时间的出现压缩和破坏了时间的线性流动，人们可以更快地获取信息，时间的先后顺序逐渐被压缩至几乎同步。历史上每一次技术革新，譬如机器生产流水线的引用、电视、电话媒介的出现等，都会改变人们对时间的感知。然而与以往不同的是，数字技术的应用从根本上改变了技术对人的时间概念的单向塑造，展现出了技术与时间概念之间的双向影响。在数字技术的助力下，人驾驭时间、改变时间意义的能力得以增强，人不再仅仅是数字技术的使用者，更是运用数字技术改变传统时空概念的创造者。诸如当下流行的"直播带货"，就把传统的货物生产、销售、服务之间的线性流程融合为一体，改变了时间和空间对货物营销的限制。有研究者将虚拟时间主导的社会描述为一种新型社会形态"网络社会"，将虚拟时间的特性称之为"无时间性的时间"（Timeless Time）。② 总之，虚拟时间具有强大的变革力，并将逐渐取代传统的钟表时间概念，从根本上重塑社会、教育的时空观。

美国营利性大学正是运用虚拟时间范式颠覆传统高等教育时空概念的典型。

一是营利性大学学习者的生活、工作、学习三者融为一体。传统意义上，一般将人的一生划分为几个固定阶段，好像青年阶段是专门用以学习的，中年阶段是用以工作的，老年阶段是用以生活的。美国营利性

---

① 钟表时间的工具性主要指时间在经济利润增长中的作用以及遵从时间所具有的社会控制功能等。

② Manuel Castells, *The Rise of the Network Society*: *The Information Age*: *Economy*, *Society*, *and Culture*, Malden, MA: Blackwell Publishers, 2000.

大学独特的教育教学形态打破了工作、学习、生活的时间区隔，使教育与生活、工作的边界变得模糊。这不仅表现在时间意义上的对学习时间的重置，空间意义上的学习场所的变更，更蕴含在深层意义上的发挥生活和工作所具有的教育价值。时空意义上，周末休息、周一至周五上课，节假日、家庭时间、工作时间、学习时间等传统的时间划分，正在被虚拟时间范式重塑。以菲尼克斯大学为例，菲尼克斯大学的成人学生可根据自己的时间随时随地进行网络学习，而不必局限于在学校规定的时间到指定的地点学习。从教育与生活、工作的深层次统一来看，菲尼克斯大学通过灵活的学分转换制度，对在职成人学生从工作技能培训、职业资格获取、工作经验体悟中学到的知识和技能予以承认，并将其转换为课程学分。

二是营利性大学把具有资源投入属性的时间转化为竞争优势。一般来说，传统大学视时间为一种资源投入，注重教师在工作、教学、科研中的时间投入和产出，关注学生的时间投入与学业成就的正向关系等。营利性大学也视时间为宝贵的办学资源，关注教职员工和学生的时间投入与产出之间的关系。但是营利性大学并非仅仅把时间作为一种办学资源进行管理和分配，而是充分发挥虚拟时间范式的潜在变革力量，在数字技术的助力下，将时间资源转化为差异化竞争优势和成本优势。这表现在：营利性大学重视培养非传统型大学生的时间管理能力，重视教师在课外时间对学生的答疑辅导，强调学生服务的及时性，注重降低学生学习的时间成本等。

三是营利性大学注重协调"钟表时间"和"虚拟时间"之间的张力。钟表时间范式深深嵌入人们的生活、工作和学习之中，发挥着维护社会秩序、协调互动关系的重要作用。但是，数字技术的广泛应用已在钟表时间范式主导的社会秩序里，嵌入了虚拟时间这一新的时间范式。虚拟时间破坏了钟表时间的线性序列，使人们在获取信息、完成任务、互动交往时不再局限于钟表时间的客观规定。虚拟时间具有灵活性、个性化，而钟表时间则具有客观性、统一性，两者不可避免地具有内在冲突。由此，如何调和两者之间的冲突，并使其发挥互补作用，就成为职业场所、教育机构等社会各领域面临的新任务。譬如，很多高校实施网络教学，但却用线下的钟表时间范式，譬如，周一至周五为上课时间，周末为休息时间等此类的校历组织网络教学，这显然抹杀了虚拟时间所具有的灵活性、个性化特点，不便于学生根据自己的时间灵活地进行学习。美国营利性大学通过开展网络教学，充分发挥虚拟时间范式的内在优势，帮助其在职成人学生有效平衡学习与工作、生活之间的时间冲突，受到学生的欢迎，进而为大学自身的生存与发展赢得了独特的竞争优势。

2. 成人学习理论

马尔科姆·诺尔斯认为一般"教育学（Pedagogy）是关于如何教'儿童'的艺术与科学"，其教育原理与方法适用于儿童的教学，且重视"如何教"，对学生"如何学"的关注在早期的教育学发展阶段未引起足够的重视。[1]马尔科姆·诺尔斯还颇有见地地指出，古代伟大的教师像老子、孔子、苏格拉底、柏拉图、亚里士多德，都是成人而非儿童的教师，他们所提出的教学理念，诸如"学习是学习者自主发现的过程""对话""在实践中学习"等，在面向儿童的修道院学校兴起后逐渐失传。因为修道院学校主要以教儿童能读经文、抄经文为目标，培养儿童对宗教的虔诚、顺从，这显然有悖于自主发现、对话等教育理念。一般"教育学"正是在这样一种教学传统基础上发展而来，并逐渐扩散至世俗学校。由此可知，传统教育学主要是关于儿童教学的学问，强调教授读、写能力，注重规训儿童。

用关于儿童教学的"教育学"原理来组织面向成人的高等教育、专业教育显然不合理。马尔科姆·诺尔斯提出了专门面向成人学生的教育教学原则，并将其称为"成人教育学"（Andragogy）。马尔科姆·诺尔斯进一步分析了成人教育学与一般教育学在学生的自我概念认知、经验、学习准备（Readiness）、学习导向方面的显著差异。

首先，成人教育学认为成人的自我概念与儿童的自我概念显著不同。成人具有明显的自我指导特征（Self-directing），而儿童则具有极强的依赖性，不仅在生活、学习中依赖父母和教师的指导，而且在自我认知中

---

[1]　Malcolm S. Knowles, "Innovations in Teaching Styles and Approaches Based upon Adult Learning", *Journal of Education for Social Work*, Vol. 8, No. 2, 1972.

也依赖外在因素来判定"我是谁"。因此，面向成人的教育教学应充分考虑到成人的自我概念特征，并据此创造适合发挥成人自主性的学习氛围和方法，切忌采用填鸭式灌输。

其次，"经验"在成人学习中具有重要作用。成人具有丰富的生活经验、学习经历，忽视成人学生的经验，不去挖掘其已有经验与新知识的内在联系，或者新的认识没有改变成人学生已有的认知和固执己见，都会降低成人学生的学习效果，也会使其丧失学习兴趣和动力。因此，成人教学宜采用有利于发挥成人经验价值的教育教学方法，不宜采用儿童教学中常用的知识传授方法。经验教学法主要有讨论、试验、模拟、观察、展示、行动学习、案例分析等，这些方法有利于成人学生在经验中学习和从经验中学习。

再次，成人教育学认为成人学生的"学习准备"主要来自成人社会角色不断扩展所产生的"需要学习"状态，而儿童的学习准备则形成于儿童身心发展和学业发展进步所产生的儿童"应该学习"信念。也就是说，儿童的学习准备与儿童身心发展的阶段特征、学业知识的内在发展逻辑密切相关，而成人学生的学习准备主要与成人社会角色的不断延展有关，其学习准备衍生于更好地扮演所承担的社会角色的需要之中。譬如，对于"职员"这一社会角色而言，正如儿童在每一成长阶段有其特定的"发展性任务"（Developmental Task）①，他或她所面临的第一项"发展性任务"即是成功找到一份工作。在这一阶段，他或她已经做好学习与求职相关的知识的准备，但对于"如何成为主管"等关于职业阶梯攀升的知识，显然没有做好学习准备，它是职员在求职成功后的下一阶段需要学习的任务。由此可知，成人社会角色的扩展塑造了成人学生的学习准备程度。

成人学生的学习准备来自社会角色的事实启发我们，在组织面向成人的职业教育和专业教育时，应依据职业角色的层层递进的发展阶段来

---

① 发展性任务是一个心理学概念，在此主要指在人的发展的某一特定阶段所应实现的阶段性发展目标和应完成的阶段性任务，并对后续的人的发展和下一阶段任务的完成具有重要影响，也即应用发展的眼光看待每一阶段所应承担的任务。

设计学习内容。譬如职业入门课，应按照现实中初入职场的人的需要来组织课程内容，帮助学生了解该职业领域的职业角色、任务、人际关系原则等，而不是首先呈现职业发展理论和历史知识等抽象内容，这显然不符合成人学生在职业角色初期阶段的学习准备状态。

最后，成人教育学认为成人学生"以问题为学习导向"，而不是以学科为学习导向。相比较来说，成人学生因心智成熟、阅历的累积、对社会现实的感同身受等原因，往往具有更强烈的问题意识。甚至可以说，一些成人学生正是基于为了更好地解决工作生活中面临的难题而再次做出学习选择。成人学生"以问题为学习导向"要求在教育教学中应以学生的问题为出发点来设计学习活动和组织学习内容，摒弃按照学科知识演进、教师的学术兴趣组织教学的做法。

美国营利性大学多以在职成人等非传统型学生为主，他们有着与传统型大学生截然不同的教育需求和教育需要，而且在学习方式、自我概念、学习导向等方面具有成人阶段所特有的个性特征。因此，基于成人学生的个性特征、教育需求等组织教育教学就成为影响营利性大学生存与发展的关键。

以菲尼克斯大学为例，该大学明确提出"以经验为师"的办学理念。为此，菲尼克斯大学大量聘请有实践工作经验的企业人员担任兼职教师，帮助成人学生在经验中学习。不仅如此，该大学还通过灵活的学分转换制度，对学生从经验中获取的认识予以承认。成人学生基于自己的工作经验，形成观察和反思报告，经考核合格后，可转化为课程学分。

菲尼克斯大学"以经验为师"的办学理念还体现在课程开发方面。该大学的课程开发由专门人员负责，在综合学生反馈意见、企业雇主的建议以及行业最新发展的基础上，及时更新课程内容和开发新课程，并在各分校区全面推广。由此可知，营利性大学的课程开发并不是基于学科知识的内在演化逻辑或任课教师的学术兴趣，而是基于岗位实践的知识和技能要求。

此外，菲尼克斯大学还以"经验"为核心要素组织教育教学。一是重视营造主动学习（Active Learning）的氛围，使学生积极参与到学习中来。课堂教学中，教师主要承担着调动学生积极参与学习的促进者角色。

二是重视学生协作。菲尼克斯大学的成人学生具有丰富的工作经验和生活阅历，这本身就是一笔宝贵的教育资源。为此，菲尼克斯大学积极为学生搭建相互学习和交流的平台。三是重视知识应用和知识与现实世界的关联。菲尼克斯大学鼓励学生将所学知识及时应用于实践，在实践应用中构建对新知识的意义的理解。此外，在课堂讨论、个人和小组作业中，有意识地引导学生将自身的工作经验和生活背景与课程内容的学习结合起来。

3. 服务科学的视角

传统意义上一般将经济领域划分为三大产业：第一产业为采掘业（包括农业、渔业、伐木），第二产业为制造业，第三产业为服务业（包括财政金融、保险、交通、娱乐、提供专业服务的行业如教育、医疗、法律等）。近年来，随着发达国家和发展中国家服务产业的蓬勃发展，服务科学的研究逐渐盛行，服务的内涵发生了变化。从更广泛和更抽象的意义上来说，"服务被看作为另一人（或实体）做有益的事情的过程"，而不仅仅是第一、二产业的附属产业。[①]

具体到高等教育领域，传统意义上人们往往从高等教育的产出结果来定义高等教育的服务本质，将高等教育的服务锁定于学位授予数量、学生毕业率等可量化的方面，服务被认为是一种复数形式。而新型高等教育服务观认为服务是一种单数形式，是一种主导高等教育运行和管理的思维方式和核心准则。新服务观主导下，高等教育机构不会仅仅以结果产出作为教育目标，而是把影响教育产出的一系列相关者和关联因素都视为创造教育价值的不可缺少的一部分。在这一意义上，服务既表现为一种教育结果，也是各相关主体、各关联要素相互协作、共同创造价值的过程。以学生坐在教室里听讲座为例，教学服务的提供者绝不仅是教师一人，教室环境是否宜人、座椅是否舒适、电脑设备是否运行正常、有关报告内容的图书资源是否丰富，甚至从更广泛的背景来看，学生是否吃早餐、学生乘坐何种交通工具来校等，都是这一讲座服务的关联者

---

① Robert Lusch, Christopher Wu, " A Service Science Perspective on Higher Education: Linking Service Productivity Theory and Higher Education Reform", Center for American Progress, August 2012.

和影响因素。因此，仅仅将教师视为讲座服务的提供者、学生为教学服务的接受者，显然是不全面的。新型高等教育服务观要求高校应系统了解学生的教育需求，全面审视教育教学过程中有关时间、地点以及其他关联因素之间的相互作用，进而为学生发展提供更优质、更周全的教育教学服务。

新型高等教育服务观认为，高等教育的服务价值并非仅仅停留在学位和学位授予的数量上。学生真正学有所得，在毕业后能有效将所学的知识和技能转化为向他人提供服务的能力，同时也为自己赢取接受他人服务的权力，进而从更大范围内为社会进步和经济发展做出更大的贡献，这是高等教育服务的根本意义所在。

美国营利性大学是新型高等教育服务观的生动注脚。以菲尼克斯大学为例，该大学建立了从招生、财务资助到学习指导、就业的一体化服务流程，将学生与高校接触的每一时间节点、每一空间层次、每一环节流程都视为创造教育价值的场域。也就是说，教育价值是在各方相互协作的过程中共同创造的，而非仅仅发生于教师与学生的教学互动之中。美国营利性大学从学生注册之日起，就为学生配备了招生顾问（为学生提供学分转换服务、资助咨询和申请服务等）、学习顾问（提供选课指导、制定个性化学习计划、保持学生的学习动力等）、就业顾问以及"一对一"校友就业导师（为学生提供最新的行业信息、分享职场经验等）。

正是基于这种服务生态观，美国营利性大学得以不断地提升学生满意度，进而构建起了营利性大学参与市场竞争的核心竞争力。

（二）美国营利性大学内部办学特征研究

美国营利性大学的内部办学特征成为研究者广泛关注的议题。研究者分别对营利性大学的愿景陈述特征、学生群体特征、教师文化、组织结构、运行模式等进行全景式分析，试图呈现营利性大学内部办学图景，将营利性大学这一新型高等教育形态展示在读者面前。

譬如，罗伯特·阿贝尔曼等在对多所营利性大学和非营利性大学的办学愿景陈述的文本分析基础上指出，营利性大学的愿景陈述具有结果导向和务实特征，而传统大学通常采用复杂的、渲染性强的愿景陈述。具体表现为营利性大学的愿景陈述中更多地公开阐述提供学生支持服务的内容。在营利性大学，提供全面的学习咨询、学生服务等是学校层面而非特定专业的做法，这是营利性大学构建竞争优势的重要来源。营利性大学极少运用崇高的学习目标来鼓励学生树立远大理想和抱负，而是更多地描述与就业市场有关的、可实现的和可见的学习结果。① 以菲尼克斯大学为例，其办学使命宣言为"菲尼克斯大学提供高等教育机会，使学生掌握必要的知识和技能，以实现其专业目标，提高其所属组织的绩效，并为其社区提供领导和服务"。从中可知，菲尼克斯大学明确提出了具有结果导向的学习目标"掌握必要的知识和技能"，而没有过多地使用极具渲染性的语言。这体现了营利性大学以市场为导向、实用主义的办学理念。

　　"美国营利性大学的学生是谁"是研究者广泛关注的另一主要议题。譬如，罗纳德·菲普斯等人通过分析美国"国家教育统计中心"的统计数据（1995—1996 年），勾勒出了美国营利性大学的学生特征。研究结果显示，四年制以下营利性学院的学生特征为：58% 的学生为白种人，23 岁或以下学生占比为 46%，女性学生占比为 67%，69% 的学生在高中毕业后推迟一年或更长时间入学，61% 的学生在注册时有工作。与其他非营利性四年制以下学院的学生相比，营利性学院的学生多为女性、有色人种、单亲父母、低收入群体。而对于四年制营利性学院来说，其本科生与四年制以下营利性学院的学生有所不同，四年制营利性学院的男性学生数量、入学时已有工作的学生、高中毕业后未推迟入学的学生的比例相对较高。②

　　营利性大学的教师文化展现出了与传统大学的教师文化不一样的特质。维森特·莱丘加以塑造教师文化的五个层次"社会文化、学校文化、学科文化、学术职业文化、个人信念"为框架，在比较传统大学与营利性大学的教师文化差异基础上，结合对访谈资料的分析，提炼总结了营

　　① Robert Abelman, Amy Dalessandro, et al., "Institutional Vision at Proprietary Schools: Advising for Profit", *NACADA Journal*, Vol. 27, No. 2, 2007.

　　② Ronald A. Phipps, Katheryn V. Harrison, Jamie P. Merisotis, "Students at Private, For-profit Institutions" (NCES 2000 - 175), Washington D. C.: United States Department of Higher Education, National Center For Education Statistics, 1999.

利性大学的教师文化特征。① 在社会文化方面，传统大学视教育为公共产品，而营利性大学视教育为私人商品；在学校文化方面，传统大学的内部决策尊重学术规范，建立在共同治理基础上，而营利性大学的决策模式推崇商业规范，建立在集中治理基础上；在学科文化方面，传统大学以教师的学科领域为建制单位，而营利性大学则以教师的专业角色为建制单位（诸如程序师、会计师）；在学术职业文化方面，传统大学教师承担着教学、研究、服务职责，而营利性大学教师主要以教学和学生服务为职责；在个人信念方面，传统大学教师奉行终身制、学术自由，而营利性大学教师则接受聘任制、绩效考核和有限的学术自由。概括来说，凸显营利性大学教师文化的三个主要维度为"评价、知识和顾客服务"。"评价"在营利性大学教师文化中占有重要地位，营利性大学运用不同层次和类型的评价机制对教师进行考核，包括学生评价、课程评价、同行评价等，且评价结果直接与教师能否续聘相关联。"知识"也是刻画营利性大学教师文化的重要维度，在营利性大学教师的知识结构中，较之于理论知识，实践知识和经验更为重要；"顾客服务"是营利性大学教师职责的重要组成部分，营利性大学的营利属性决定了为学生提供满意的高质量的学生服务是教师不可推卸的重要职责。

（三）美国营利性大学外部监管政策研究

美国营利性大学作为兼具企业性质和教育性质的办学机构，既受到政府机构的监管，也面临第三方认证机构的监督；既受到企业管理部门的规制，也受到教育管理部门的监管。而且自营利性大学获得联邦政府的资助资格以来，美国联邦政府更是强化了对营利性大学教育质量的监管。鉴于此，如何监管营利性大学营利性与公益性的关系，采取何种监管制度以及不同监管制度对营利性大学的影响等，成为研究者关注的主要议题。

譬如，丹尼尔·班纳特等分析了美国政府对营利性大学进行监管的挑战及其所采取的监管举措。他们将美国政府对营利性大学的监管内容

---

① Vicente M. Lechuga, "Assessment, Knowledge, and Customer Service: Contextualizing Faculty Work at For-profit Colleges and Universities", *The Review of Higher Education*, Vol. 31, No. 3, 2008.

归纳为四个方面：消费者保护、公共资助正当使用、教育教学问题和经营管理问题。① 具体来说，在消费者保护方面，对营利性大学的监管挑战表现为学生的联邦贷款违约率较高。对此，美国政府通过出台"优酬就业"（Gainful Employment）政策、取缔不合理的招生补偿、打击虚假宣传等措施予以规制。此外，保护上市公司投资者的利益也是监管部门重点关注的对象。在公共资助正当使用方面，美国政府通过制定"90/10"收益政策②、设定学生贷款违约率比例等措施予以监管。教育教学方面的监管主要是通过第三方认证机构来实施。在经营管理方面，对营利性大学的监管挑战集中表现为营利性大学跨州办学遭遇的各州政策的不一致问题以及州政府对营利性大学办学的行政许可发放等。

再如，斯蒂芬妮·切里尼等探讨了美联邦政府的严厉监管政策对营利性大学造成的影响。③ 该研究表明，美联邦政府采取严厉制裁措施，剥夺不合格营利性大学的学生联邦资助资格后，导致营利性大学招生人数下降，甚至宣布破产。尽管该研究表明，大部分学生转而申请就读社区学院，对深层意义上的剥夺了学生高等教育机会的侵蚀有限。但如何处理好政府与市场的关系，界定好政府在营利性高等教育市场中的角色定位，避免营利性大学陷入"一放就乱、一收就死"困境，考验着政府管理者的执政能力。

（四）美国营利性大学与传统高等教育关系研究

美国营利性大学作为高等教育领域的新兴事物，其与传统大学的异同、竞争合作关系以及对传统大学的借鉴价值、对高等教育未来发展图景的塑造等，受到研究者的广泛关注。

自 20 世纪 80 年代以来，西方高等教育经历了三次结构性变迁，这一变迁是政府、高校、市场三者关系进行结构性调整的过程，集中表现为

---

① Daniel L. Bennett, Adam R. Lucchesi, Richard K. Vedder, " For-profit Higher Education: Growth, Innovation and Regulation", *Center for College Affordability and Productivity*, 2010.

② "90/10"收益政策是指营利性大学的办学收益中来自联邦资助的部分不能超过总收益的 90%。

③ Stephanie R. Cellini, Rajeev Darolia, Lesley J. Turner, "Where Do Students Go when For-profit Colleges Lose Federal Aid?", Working Papers, 2016.

"政府退、市场进"的调整趋势。第一次结构性变迁改变了政府在高等教育中的福利国家身份，政府资助下降；第二次结构性变迁始自 20 世纪 80 年代末，公立高等教育机构开始了一系列旨在提升办学效益和办学效率的改革；第三次结构性变迁发轫于 20 世纪 90 年代初期，政府进一步降低了对高等教育的公共资助，高等教育进入市场化改革轨道。[①]

　　美国营利性大学的崛起就是政府、高校、市场三者关系进行结构性调整的产物，顺应了高等教育市场化改革的趋势。纵观高等教育的发展历史可知，营利性教育机构与传统大学之间呈现二元对立状态，对二者分歧的关注远甚于对共同利益的关注。而在西方高等教育市场化改革潮流中，基于对办学效率和效益的共同追求，营利性大学与传统大学开始相互审视对方的办学优势，以寻求使高等教育更具包容性、创新性、回应性和高效性的治学之道。譬如，让·曼德纳克等分析了营利性大学创新举措对传统大学提升办学效率和效益的借鉴价值，认为传统大学正面临新型中学后教育机构的冲击，应汲取营利性大学主动变革的经验和精神，增强成本效益意识，为更广泛的学生群体提供契合其需求的教育服务，提升回应外部需求的能力。[②]

二　美国营利性大学办学规模不断扩大

　　20 世纪 80 年代以来，美国营利性大学脱颖而出，发展强劲，其招生人数不断扩大、资本市场业绩表现不俗。营利性大学成为美国中学后教育体系中发展最快的部分，其发展速度被描述为指数级增长。[③] 美国国家教育统计中心数据显示，从 1998—1999 年再到 2008—2009 年，营利性中学后教育机构副学士学位授予数量的增幅为 125%，学士学位增幅为

---

　　① Guy Neave, "On Preparing for the Market: Higher Education in Western Europe-Changes in System Management", *Higher Education Policy*, Vol. 4, No. 3, 1991.

　　② Jean B. Mandernach, et al. , "Challenging the Status Quo: The Influence of Proprietary Learning Institutions on the Shifting Landscape of Higher Education", In: *Transformative Perspectives and Processes in Higher Education*, Advances in Business Education and Training, Vol. 6, Springer, Cham, 2015.

　　③ Sharpe R. Vonshay, Steve Stokes, William A. Darity Jr. , "Who Attends For-profit Institutions?: The Enrollment Landscape", In: *For-profit Universities*, Palgrave Macmillan, Cham, 2017.

400%，而同一时期，公立大学的副学士学位授予数量增幅为33%，学士学位增幅为29%。① 相关数据统计显示，自1976年以来，美国营利性大学招生人数以年平均11%的速度增长，明显高于高等教育整体的增长水平。②

美国营利性大学吸引了投资者极大的兴趣与关注，并积极利用证券市场、股票市场和基金市场等多种渠道扩大办学经费来源，不断增强自身资本吸附和整合能力。国际化发展是营利性大学办学实力增长的另一标志。如，阿波罗集团在巴西设置分校以推广现有的专业课程，学生毕业后可获得美国MBA学位；劳瑞德国际大学（Laureate International Universities）面向12个国家约16万学生，提供多种国际化课程与专业项目，包括双学位项目、联合学位项目、在线国际教育等。

三　美国营利性大学合法地位日益巩固

营利性教育并不是新近出现的事物，最早可追溯至古希腊时期。当时向学生出售知识的现象非常普遍。美国殖民地时期私营教育已具雏形。殖民地时期美国高等教育主要有两种类型：一类是宗教附属学院，另一类则是提供职业培训的私营机构。当时，包括哈佛学院在内的九所学院主要以传播宗教教义、培养有文化修养的教士为主要办学使命。这从学院的成立者和成立的目的便可窥见一斑。1636年，哈佛学院成立，其成立的目的就是培养教会所需要的牧师和文明社会所需要的有文化知识的人；1693年，圣公会创立威廉和玛丽学院；1701年，公理会教友创办成立了耶鲁学院，成立的目的是为了捍卫纯正的基督教。随着反对宗教专制、争取信仰自由的"大觉醒"宗教复兴运动的兴起，新教派不断从现有教派中分裂产生，于是又一批学院相继成立。1746年，狂热的长老会教徒成立了新泽西学院（普林斯顿大学），以宣传教义和培养更多的信奉

① National Center for Education Statistics, U. S. Department of Education, "Students Attending For-profit Postsecondary Institutions: Demographics, Enrollment Characteristics, and 6 - year Outcomes", 2011 (https://nces. ed. gov/pubs2012/2012173. pdf).

② James Coleman, Richard Vedder, "For-profit Education in the United States: A Primer", Washington D. C. : Center for College Affordability and Productivity, 2008.

者。从中可知，美国殖民地时期最初建立的九所学院主要以宗教服务为办学目的。

美国殖民地时期经济发展对实用技术人才的需求与以传播宗教为目的的殖民地学院之间的教育供给出现了错位，这为注重实用教育的私营学校提供了发展空间。据理查德·鲁克考证，美国营利性教育的源头可追溯至 17 世纪 60 年代荷兰殖民者开办的夜校。[①] 这些夜校由牧师举办，学生大部分是成年人，主要讲授数学、阅读和写作，后来扩展至语言培训和测量、领航等职业培训课程以及舞蹈、辩论等高雅艺术课程。

殖民地时期，随着古典博雅教育移植北美以及以弘扬宗教为目的的大学学院的建立，私营学校也随之萌芽与发展。私营学校的发展是社会对实用技术人才需求的产物，弥补了传统学校"重古典教学、轻技能养成"的不足。尽管当时这些私营学校在招生宣传上极尽夸张，师资水平不尽如人意，学业期限较短，被当时重视高深文化的保守人士所不齿，然而其在适应社会对技术人才的需求、填补传统教育的空白方面的价值是不容置疑的。可以说，私营学校从一开始，其生命力就寓于社会的实际需求与教育供给之间的空白之处。

1862 年《莫里尔法案》（*Morrill Act*）颁布，公立高校在公共资助的支持下迅速发展。营利性机构的影响力有所削弱。进入美国进步主义时期，在各领域"寻求秩序"的风潮下，美国私营学校的办学质量、招生行为、虚假宣传，引起了政府和进步主义人士的强烈不满。1910 年，亚伯拉罕·弗莱克斯纳（Abraham Flexner）在卡耐基教育促进基金会的资助下，对美国医学院的办学行为进行调查评估并发布《弗莱克斯纳报告》。该报告披露了医学院尤其是私营医学院的种种不良行为，导致大量私营学校关闭。

19 世纪末兴起的工业教育运动（Industrial Education Movement）是导致私营学校出现合法性危机的另一重要事件。在第二次工业革命的推动下，美国一跃成为世界上重要的工业国家。工业的发展必然要求教育进

---

① Richard S. Ruch, *Higher Ed*, *Inc.*：*The Rise of the For-profit University*, Baltimore MD：Johns Hopkins University Press, 2001, p. 52.

行相应的变革，然而公立学校对"理智生活"兴趣的重视，使其在培养学生对体力型职业的兴趣方面较为薄弱。1907 年，罗斯福在国会年度咨文中声称"我们的学校只注重培养学生的识字能力，有把学生带离农场和工厂的倾向"。[①] 此外，参与国际市场的争夺、建立工业霸权，也迫切需要美国教育系统为其打造一支"工业部队"。正是在这样的背景下，有识之士发起工业教育运动，以促进公立教育适应工业发展的新要求。美国工业教育运动有力推动了公立职业教育的发展。1917 年，《史密斯—休斯法案》（*The Smith-Hughes Act*）颁布，工业教育运动达到高潮。该法案旨在通过联邦拨款，资助公立学校开展农业、工业、手工艺、家政等领域的职业教育。在该法案的推动下，一些公立职业学校相继成立。公立职业教育的发展，压缩了以提供职业教育为主的私营学校的发展空间，使其一度危机重重。

尽管如此，在传统大学的缝隙空间以及公立职业教育的薄弱地带，营利性教育机构仍在悄然发展。特别是 20 世纪 80 年代以来，随着美国终身学习需求的增长、信息技术的广泛应用等，一批具有学位授予权、获得认证的营利性大学异军突起。营利性大学的法律地位和社会性合法地位日益巩固。

1972 年《高等教育法》修订案赋予营利性大学与传统大学同等的学生资助资格，允许营利性大学的学生申请佩尔助学金、学生贷款等，这在法律上进一步巩固了营利性大学的合法地位。营利性大学遂与公立大学、私立非营利性大学共同构成了美国高等教育的三大基本类型。

美国营利性大学的社会合法性地位可从其认证制度窥见一斑。对于美国营利性大学而言，通过认证是其获得联邦第四条款资助资格的前提条件，也是其教育质量的彰显，不仅提升了营利性大学的声誉，而且使其获得更广泛的社会认同。

美国营利性大学认证类型包括全国性认证、区域认证和专业认证三类。每一类认证各有其优势，为营利性大学的教育教学质量提供了严密

---

① Sol Cohen," The Industrial Education Movement，1906 – 1917"，*American Quarterly*，Vol. 20，No. 1，1969.

的防护机制。

一是全国性认证。美国营利性大学的全国性认证机构为"职业技术院校认证委员会"（Accrediting Commission of Career Schools and Colleges of Technology，简称 ACCSCT）、"独立院校认证委员会"（Accrediting Council for Independent Colleges and Schools，简称 ACICS）和"远程教育培训委员会"（Distance Education and Training Council）。以 ACCSCT 为例，该认证机构采取契合营利性大学发展特征的"以学生为中心"的评估模式。所谓"以学生为中心"的评估模式主要指，将"学生成功"置于评估的中心地位，对大学其他方面的评估诸如人力、资源投入、大学的组织运行等，均以是否对"学生成功"有所贡献为评估依据。如果将 ACCSCT "以学生为中心"的评估模式比作车轮，那么"学生成功"是车轮的圆心，大学其他方面的因素诸如就业市场需求与专业目标设置的匹配、教师资历、学生招生、学生学习评价、学生服务等则是车轮的辐条。该评估模式认为大学办学的各要素、各环节之间应围绕"学生成功"这一中心相互协调、相互作用，共同提升办学质量。

ACCSCT "以学生为中心"的评估模式兼具质性评估和量化评估的特点。ACCSCT 一方面对营利性大学的学生毕业率、保持率、就业率等进行量化考核；另一方面也对影响学生学业结果的各种因素进行质性分析。这既避免了营利性大学一味地按指标办学，也有利于发挥认证评估的诊断功能和发展功能。

作为主要面向营利性大学的认证机构，ACCSCT 等充分考虑到营利性大学的特殊性，而不是用传统大学的认证标准来评估营利性大学。这对于保持不同类型高校的差异化发展和特色发展具有重要的意义。譬如，ACCSCT 认证标准不太重视通识教育的课程安排，较少强调教师的资历，对新专业设置的限定时间较短。这些认证规定显然充分考虑到了营利性大学的办学实际，营利性大学需要根据市场需求不断更新专业设置，其课程主要以职业类课程为主，而且大量聘用企业兼职教师，以便将工作场所的实用技能、工作经验融入课程教学。当然，全国性认证机构也有其弊端，通过此类认证的营利性大学难以与通过区域认证的学校进行学分转换，雇主更认可区域认证的资质，某些州在审批办学许可时更倾向于支持通过区域认证的高校。

二是区域认证。具有学位授予权的营利性大学中，约有 10% 的大学通过了区域认证。美国共有六大区域认证机构，他们主要负责认证传统大学，在美国享有较高的认证声誉，历史悠久。大部分区域认证机构在认证营利性大学时采取了与公立大学、私立大学类似的认证标准，仅有两所认证机构为营利性大学制定了单独的认证标准和程序。美国营利性大学与传统大学在学生定位、内部治理模式、利润产生机制等方面截然不同。这导致营利性大学在通过区域认证时面临较多的障碍。然而营利性大学一旦通过区域认证，则会显著提升其声誉，进而会提升其在某一区域的竞争力。

三是专业认证。美国营利性大学专业认证直接关系着营利性大学能否取得州政府的办学许可和职业资格证书的授予资格。专业认证主要评估专业课程设置是否合理以及学生专业实践能力的高低。通过专业认证的营利性大学在招生和就业方面保持着较大的竞争优势。总体来看，美国营利性大学的法律、临床心理学、教育、信息技术等专业，获得了较高的认证通过率。

以美国最大的营利性大学菲尼克斯大学为例，菲尼克斯大学已连续多年通过"美国高等教育委员会"（Higher Learning Commission）的认证。此外，菲尼克斯大学的商务管理专业、护理专业、心理咨询专业、教师教育专业均通过了相关专业认证。以教师教育为例，夏威夷校区和犹他校区的小学教育专业、中学教育专业和特殊教育专业均通过了"美国教师教育认证委员会"的专业认证，在教师教育领域享有一定的专业声誉。

四　美国营利性大学社会影响显著

美国营利性大学以特定的教育形态为特定的社会群体提供高等教育机会，在美国高等教育体系中发挥着特殊功能。

（一）为弱势群体提供高等教育机会

美国营利性大学学生主要以社会边缘群体、学业基础薄弱没有机会进入传统大学学习的中学毕业生、少数族裔、低收入家庭学生、工薪族为主。科米诺·梅丽莎等人的数据统计显示，在两年制营利性学院中，少数族裔学生约为 40%，申请佩尔助学金的学生比例高达 72%，家庭中第一代大学生的比例为 55%，既是第一代大学生又是低收入群体的学生比例为 50%。四年制营利性大学与公立大学和私立大学相比，边缘群体的学生比例也非常高。具体来说，四年制营利性大学约有 50% 的学生是黑人或西班牙裔，而在公立大学和私立大学约为 1/3；第一代大学生的比例，四年制营利性大学为 53%，公立大学和私立大学为 18%—22%；既是第一代大学生又是低收入群体的学生比例，四年制营利性大学为 44%，公立大学和私立大学为 12%。① 由此可知，营利性大学在促进高等教育机会公平、开发人力资源方面发挥了重要作用。迭戈·托雷斯等在比较分析了营利性大学、公立大学、私立大学的学生特征和学生的学位获得率结果后，明确指出"在缩小学业鸿沟方面，营利性大学是可靠的替代选择"。②

美国营利性大学之所以对社会边缘群体学生具有吸引力，与其灵活的授课安排、就业导向、优质的学生服务、开放入学政策、就业率高、提供各种财政资助、学校位置便利等因素密切相关。除此以外，还有一些深层次的原因值得关注。譬如克劳德·斯蒂尔的研究表明，一些非洲裔美国大学生遭遇"学业成就越高越感到耻辱"现象。很多非洲裔学生并不认同传统高等教育的内容，认为接受学校文化有脱离本族文化的危险。③ 而选择入读营利性大学，可解除此方面的顾虑。营利性大学专注于提升学生解决实际问题的能力，不会刻意地去教导学生认同主流价值观和主流文化。这一办学理念解除了少数族裔学生对丧失文化身份的担忧。

（二）提高高等教育普及率

长期以来，高等教育普遍采取限制入学政策，重视选拔学术精英以

---

① Cominole Melissa, et al., "2004/06 Beginning Postsecondary Students Longitudinal Study (BPS: 04/06) Methodology Report", National Center for Education Statistics, U. S. Department of Education, 2006.

② Diego D. Torres, et al., "Enrollment and Degree Completion at For-profit Colleges versus Traditional Institutions", In: *For-profit Universities*, Palgrave Macmillan, Cham, 2017.

③ Claude M. Steele, "Thin Ice", *Atlantic*, Vol. 284, Issue 2, August 1999.

培养研究型人员。这一限制政策背后固然与办学经费有限、基础设施不足等办学条件限制高度相关，但还有一项因素不可忽视，即很长一段时间以来，高等教育被视为某些群体的特权，而不是人人享有的权利。高等教育具有高选拔性特征，其严格的入学条件、高昂的学费、形形色色的学业评价制度，将芸芸众生阻挡在高等学府的大门之外，即便取得了通行证者也极有可能面临中途退学的风险。然而，随着高等教育民主化浪潮的兴起以及知识经济的推动，越来越多的民众要求接受高等教育，高等教育权利下移成为不可阻挡的趋势。加之，高等教育在提升个人就业竞争力，开发人力资源，进而提升国家经济竞争力等方面的作用越来越凸显，越来越多的人认识到发展高等教育的战略意义。"二战"后为更多的人提供高等教育机会成为美国政府发展高等教育的主要任务。

奥巴马政府提出力争在 2020 年将美国高等教育的普及率再次提升至 OECD 成员国的首位。为实现这一目标，就不能忽视在美国公民中占比较大、未读过大学的工薪族的再教育问题。然而，私立精英大学较少关注就业导向教育，而公立大学挣扎于财政预算危机和各方利益协调，无力有效承担这一普及任务。美国营利性大学采取开放入学政策，为被传统大学忽视或被拒之门外的学生提供高等教育机会，成为美国提升高等教育普及率的重要载体。

诚然，高等教育机会并非仅仅指入学机会，高等教育为学生打开的成功的可能性是高等教育机会的应然意义所在。美国营利性大学将学生的学业成功和就业前景与大学自身办学成败密切联系在一起。这是因为营利性大学的营利性机构属性决定了其生存与发展取决于能否为学生提供高质量的教育。传统大学办学经费主要来自拨款、捐赠等渠道，学生接受的教育教学质量与高校办学经费之间不存在一一对应关系，而营利性大学唯有为学生提供高质量的教育，切实帮助学生获得更多的成功机遇，才能获得长足发展。可以说，美国营利性大学以学生为中心的教育教学模式，使其在扩大高等教育普及率方面发挥了独特价值。威廉·蒂尔尼指出，在高等教育普及方面，"营利性大学应该而且必须在美国高等教育中占有一席之地"。①

（三）提供终身学习机会

20世纪末，经济衰退导致失业率攀升，越来越多的工薪族寄希望于继续教育以提升自身的就业竞争力。同时，知识经济发展从根本上改变了职业需求结构，对知识型工人的需求超过对体力劳动者的需求。因此，工薪族的终身学习成为高等教育亟须予以回应的新挑战。然而，传统大学并没有做好迎接这一新的学生群体的准备，无论其选拔制度、课程内容、教学模式等都与工薪族特有的教育需求格格不入。与年龄在18—24岁、全日制大学生相比，"非传统型大学生"年龄较大，需要同时兼顾家庭、工作和学习，要求课程设置时间灵活，重视职业技能提升，学习目标明确。美国营利性大学恰好填补了高等教育供需之间的空白，以被传统大学忽视的"非传统型大学生"为特定服务对象，成为提供终身学习的专门机构。美国营利性大学根据"非传统型大学生"的教育需要和需求，主动革新传统的大学教育模式，依据学生的反馈、就业需求变化适时调整、更新课程内容，致力于为学生提供适合其需求的教育形态。这突出表现在营利性大学开展网络教育、重视学生的工作经验并通过学分转换制度将其转换为课程学分、以学生为中心组织教育教学、大量聘请企业兼职教师、提供个性化定制课程等。

纵观美国高等教育发展的历程，面对社会不断提出的新需求，美国高等教育总是创造性地发展新型高等教育机构予以回应。研究型大学的出现、赠地学院的兴起、社区学院的发展都是美国高等教育积极回应社会新需求的产物。如今面对终身学习需求的冲击，美国高等教育并没有把"非传统型学生"塞入传统大学，而是又一次创新性地发展了营利性大学这一新型高等教育机构。美国营利性大学的崛起是美国历史上高等教育供给与外部社会需求平衡规律的又一注脚。

---

① William G. Tierney, "Too Big to Fail: The Role of For-profit Colleges and Universities in American Higher Education", *Change: The Magazine of Higher Learning*, Vol. 43, No. 6, 2011.

第二节　美国营利性大学办学类型及办学特征的比较分析

一　美国营利性大学办学类型

20 世纪 90 年代以来，营利性大学类型不断扩展。美国教育委员会以往按照认证机构或课程专业对营利性大学进行分类的做法，显然已不能准确表征营利性大学的办学特点。于是，美国教育委员会采用了新的分类方法，按所有者、虚拟办学还是实体办学，将具有学位授予权的营利性大学划分为三类：企业型学院（Enterprise Colleges）、超级系统（Supersystems）和虚拟机构（Internet Institutions）。（1）企业型学院大多是地方性学院，由个人、家族或小公司所有，学生规模为 500 人左右，拥有一个或几个分校区，课程多为适应地方需求的职业课程；（2）超级系统是营利性大学中发展最快的部分，校区遍布多个州，拥有多个分校区，由上市公司所有；（3）虚拟机构没有实体校园，网络授课，招收大量的国际学生。[①] 这一分类方法产生了广泛影响，应用普遍。但该分类存在明显的逻辑错误，因为无论是按照虚拟办学还是实体办学、由上市公司所有还是私有公司所有进行划分，应该分为四类而不是三类，况且这一分类也没有真实反映营利性大学的运行全貌，更严重的错误在于，分类应是客观的、描述性的、互斥的、全纳的，而不是评价性的、等级性的。[②] 上述"超级系统"这一分类，尽管表征了营利性大学发展最快的那部分类型，但它明显具有主观评价色彩，违背了分类的一般原则。

凯文·金斯提出了新的分类依据和更细致的分类方案。凯文·金斯指出，一般来说，分类有两种依据：一是按事务的特征分，例如生物学对各种生物的分类；二是按事务的结果分，如企业界按产品的不同对各种企业所做的划分。鉴于教育结果的模糊性和不确定性，凯文·金斯认

---

① Kevin Kinser, "Institutional Diversity: Classification of the For-profit Sector", *ASHE Higher Education Report*, Vol. 31, No. 5, 2006.

② Kevin Kinser, "Institutional Diversity: Classification of the For-profit Sector", *ASHE Higher Education Report*, Vol. 31, No. 5, 2006.

为对营利性大学的类型划分应以"特征"为依据,并指出营利性大学的办学特征差异集中体现在地点、所有者、授予的最高学位三方面。

（1）按地点划分,营利性高等教育可分为三类:地方性大学（Neighborhood）,只在一个州内办学;区域性大学（Regional）,在相邻的几个州内办学;全国性大学（National）,在全美多个州开设分校。

（2）按所有者划分,营利性高等教育包括三类:企业型（Enterprise）,由个人或家族经营;公司型（Venture）,由私立公司负责经营;股东型（Shareholder）,由公开上市交易的股份公司经营。

（3）按授予的最高学位划分,营利性高等教育可分为三类:专科学校（Institute）,授予的最高学位为副学士学位;营利性学院（College）,授予的最高学位为学士学位;营利性大学（University）,授予的最高学位为硕士学位或博士学位。

按照上述分类依据,位于美国加利福尼亚州的 MTI 学院,可划分为地方性企业型专科学校,菲尼克斯大学、德锐大学（DeVry University）属于全国性股东型大学。凯文·金斯运用这一新的分类和"中学后教育综合数据系统"（Integrated Postsecondary Education Data System）提供的统计数据,将具有学位授予权的美国营利性大学进行了初步分类。由于部分营利性高校所有者归属不明确,企业型和公司型大学合并统计。分类结果显示,具有学位授予权的美国营利性大学中,地方性专科学校的数量最多,共计365所;其次为全国性股东型大学,总共有138所;数量最少的是区域性大学。从中可知,美国营利性大学办学规模集中于两端,或者办学规模较大、面向全美多个州办学、具有副学士学位、硕士学位或博士学位授予权;或是办学规模较小,主要集中于某一州内办学、以授予副学士学位为主。之所以出现这一现象,与美国各个州对营利性大学采取差异性政策有关。美国各州在营利性大学的办学许可发放、认证机构认可等方面的要求不一致,限制了营利性大学在多个州扩建分校和扩大办学规模。因此,美国营利性大学中,集中于某一州内办学的地方性专科学校数量较多。对于实力雄厚的全国性股东型大学来说,为追求规模效应,不计各州政策差异也力争在多个州扩建分校,以实现办学利益最大化。

二　美国营利性大学与社区学院办学特征的比较分析

在中学后教育体系内，美国社区学院与营利性大学，除去公立与营利的组织属性差异之外，共享诸多相似之处。达雷尔·克劳维斯曾用中世纪的城堡暗喻两类教育机构在美国高等教育体系中的位置。处于城堡最中心的是由研究型大学和大名鼎鼎的文理学院组成的精英大学；再往外一层是中心城区，矗立着著名的、提供博士教育的区域性大学；中心城区与护城河之间是商人和工匠居住之所，分布着综合性大学和选拔性较低的文理学院；护城河之外则是社区学院和营利性大学栖身之地，营利性大学处于离护城河较远处的山丘上。①

达雷尔·克劳维斯进一步指出，认证标准、学生资助政策的推动，以及政府对社区学院公共资助的锐减，使得营利性大学与社区学院呈现趋同发展倾向。社区学院的教育功能，越来越由"纵向联系"转变为"横向联系"，即由纵向上联结中学与四年制大学的转学功能，转变为横向上向政府部门和工商业机构提供教育服务的职业教育功能。职业教育培训成为社区学院发展的"摇钱树"。随着社区学院对职业教育培训的重视，这与专门针对在职成人、非传统型大学生等群体提供职业教育的营利性大学，不可避免地存在重叠。

尽管营利性大学与社区学院在中学后教育体系中所处位置相近、都提供职业教育服务，但两者的办学模式并不雷同。具体来说，除去营利性和公立性的差异之外，营利性大学与社区学院的办学差异主要表现为以下三个方面。

一是办学使命的不同。营利性大学办学使命集中，专注于为学生的职业发展服务；而社区学院的服务主体更广泛，包括学生、地方政府、社区、企业等，相应地，社区学院的办学职能更加多元，包括提供转学教育、职业教育、继续教育、职业培训、补偿和发展教育，为地方经济

---

① Darrel A. Clowes, "Community Colleges and Proprietary Schools: Conflict or Convergence?", In: *Community Colleges and Proprietary Schools: Conflict or Convergence*, New Directions for Community Colleges, No. 91, Jossey-Bass Publishers, 1995.

发展提供智力支持和人才培养，为社区提供教育服务等。办学使命的差异是营利性大学与社区学院的最大不同。

二是学术文化的不同。办学使命的差异必然导致使命实现路径的不同。营利性大学基于办学成本和经济效益的考量，实施标准化课程计划，教师在课程开发、实施方面拥有较少的决策权。而社区学院教师享有更多的学术自由和共同治理权利。譬如，在课程开发方面，营利性大学由资深教师负责统一开发课程资源，制定标准化的课程实施方案，包括教学建议、多媒体使用参考、授课内容时序安排等。统一的授课计划既有利于保证课程教学质量，也便于在职成人学生选择不同分校区、不同时段的课程。比较来说，社区学院的课程开发需要经过更复杂的资格审查程序，教师设计开发课程内容，需要报系课程委员会审核，再经学校课程委员会、学术委员会审查，最后由国家高等教育部批准。

三是对学生服务的重视程度不同。营利性大学在学生资助申请、课程选择、学业咨询、就业指导等方面的服务质量和效率更胜一筹。[1] 与社区学院相比，营利性大学的竞争优势就在于更灵活、更及时的市场回应能力和更周全的学生服务。营利性大学在学生入学、学业咨询和就业方面提供一条龙服务。"学生资助人员"负责帮助学生完成政府资助和助学贷款的申请工作；"学术顾问"负责帮助学生选择课程并监督学业进展情况；"专业顾问"负责提供专业咨询；"就业顾问"则为学生提供兼职和毕业后的求职服务。比较来说，营利性大学的学生服务，无论在人员配置还是在服务效率方面更具优势。

值得一提的是，有研究者从"培训"与"教育"的角度来界定营利性大学与社区学院办学模式的差异，认为营利性大学是在"培训"学生，而社区学院为学生提供的是"教育"，并对营利性大学只关注提升学生就业力的做法表示担忧。

对此，托马斯·贝利在对某所营利性大学及其相邻的社区学院进行比较研究和案例研究的基础上指出，营利性大学在为已经明确职业方向

---

[1] Thomas Bailey, et al., "For-profit Higher Education and Community Colleges", National Center for Postsecondary Improvement, Stanford, CA, 2001.

的成人学生提供教育服务以及挖掘职业潜能方面，优势显著；对于职业发展方向未明确的学生来说，社区学院提供的多元选择机会，包括转学教育、补偿和发展教育、职业教育等，无疑更具"教育"意义。① 这启发我们，"教育"与"培训"本身并不具有高低层次之分，作为两种不同类型的教育形态，判定其孰优孰劣的标准只能是是否契合学生的需求。我们断然不能想当然地认定营利性大学的职业"培训"是一种低级教育，而社区学院的"教育"就是一种高级形式。毕竟学生的教育需求是不一样的。教育质量的高低蕴含着一个重要的维度，即学生的需求。一定意义上，提升教育质量本身就是提升教育满足学习者需求的程度。

三　美国营利性大学与企业大学办学特征的比较分析

企业大学与营利性大学是两种不同的办学组织形式。企业大学与营利性大学都是在知识经济、全球化发展对在职成人提出了更高的知识技能要求的推动下逐渐发展起来的。作为美国高等教育系统中的两种新型教育形式，他们都是在传统高等教育难以及时、有效地回应新的社会教育需求背景下，美国高等教育又一次创新发展的典范，延续了美国高等教育一贯的创新传统。

企业大学是企业为实现战略发展目标、提升企业人力资本水平、发展企业文化、建设学习型组织而在企业内部创建的一种新型学习机构，其根本宗旨是服务于企业战略发展需要，提升企业人力资本优势和企业竞争力。大多数企业大学提供职业资格证书，也有一些企业大学具有硕士学位或博士学位授予权。

与营利性大学、传统大学的商业教育和 MBA 教育相比，企业大学的学习模式更能契合企业发展的实际需求，更能有效地将员工培训与企业战略发展目标结合起来。除了承担培养知识工人的任务之外，企业大学还承担着收集和整合企业内部有效经验等方面的职责，发挥着"知识管理"职能。正因这些优势，在过去的 20 多年里，很多企业纷纷设立企业

---

① Thomas Bailey, et al., "For-profit Higher Education and Community Colleges", National Center for Postsecondary Improvement, Stanford, CA, 2001.

大学。据统计，美国目前有 1000 家企业大学。企业大学的学习模式逐渐扩展至欧洲、亚洲等其他地区。

尤需注意的是，"企业大学"这一名称有时也被用以泛指以下教育机构：迫于经费压力，借鉴企业管理模式的公立大学；由企业所有且通过认证的营利性大学；创建于企业内部，负责为企业提供教育培训和服务的教育机构。① 从中可知，"企业大学"泛指采用公司管理模式，或由企业管理经营或直接服务于特定企业发展的所有教育形式。但多数情况下，学界更倾向于用"企业大学"指代企业内部创建的教育机构。

四 美国营利性大学与非营利性大学办学特征的比较分析

从表面来看，营利性大学与非营利性大学的最大区别在于是否以追求利润为办学动机。但从实际运行来看，无论公立大学、私立大学还是营利性大学，都需要积极争取办学经费、管理经费盈余等，以保障学校的有序运转与可持续发展。很显然，仅凭是否追求利润已不足以深入揭示营利性大学与非营利性大学的办学区别。

理查德·鲁克凭借在多所公立大学、营利性大学执教数年的经验，深入全面地探讨了利润动机背后营利性大学与非营利性大学在经费来源、组织管理、教育目标等方面的区别。主要观点如下：②

其一，免税与纳税。美国公立大学与私立大学都享有一定比例的政府税收补贴，而营利性大学不仅没有政府的税收补贴，还要承担纳税任务。较之于营利与非营利，纳税与免税更能反映营利性大学与非营利性大学之间的显著差异。因为无论是营利性大学还是非营利性大学，在收入来源和财政开支方面，都存在营利动机，任何一所大学的生存与发展不可能建立在财政收支亏损基础上。

其二，捐赠者与投资者。非营利性大学收入的很大一部分来自校友、社会组织的捐赠，而营利性大学也同样需要积极争取外部资金的注入，

---

① Zimmermann V., "Corporate Universities", In: *Handbook on Information Technologies for Education and Training*. International Handbooks on Information Systems. Springer, Berlin, Heidelberg, 2008.

② Richard S. Ruch, *Higher Ed, Inc.: The Rise of the For-profit University*, Baltimore MD: Johns Hopkins University Press, 2001, pp. 10 – 20.

但向他们提供资金的是投资者。与捐赠者相比，投资者更关心学校的运行以确保投资的高收益。"维护投资者的合理收益"这一目的，深刻塑造了营利性大学的管理模式、课程开发、教育质量观、学生服务模式等，使营利性大学展现出了不同于非营利性大学的显著差异。

其三，利益相关者模式与股东模式。非营利性大学的利益相关者众多，包括学生、政府、社区、校友、捐赠者等，其差异化的利益诉求必然导致学校在协调成本、决策效率方面处于劣势。营利性大学的股东模式，相对来说，操作更简单，股东投资就是为了换取收益，股东与营利性大学的利益诉求高度一致。而且，营利性大学推行的员工持股，更增加了股东、教师、学校管理者利益诉求的高度重合。

其四，共同治理与企业式管理。一般来说，非营利性大学采取教师、管理者等共同治理模式，这在提升决策的科学性、民主性的同时，一定程度上降低了决策的效率。营利性大学采取等级分明的管理体系，管理者与教师、行政人员在决策权、责任、权力方面边界清晰，决策效率相对更高。

其五，声誉动机与利润诉求。非营利性大学追逐学术声誉，看重在大学排行榜上的位置，甚至不惜以更改校名、谋取更多的捐赠来提升学术声誉。营利性大学以获取利润作为组织运行的基本法则，追求规模经济，注重提升办学效率，在学校空间利用、班级规模以及教师聘用等方面更强调资源配置的成本敏感性和经济原则。诚然，营利性大学获取利润的主要渠道还是依靠教学质量和提供优质的学生服务，更不可能不惜以牺牲教育质量为代价，换取办学利润。

其六，知识生产、传播与知识应用。研究型大学通过开展基础研究、科学试验、重大发现等在知识生产和创新方面发挥重大作用；文理学院等在知识传播、发展学生智力、培育学生德行方面具有显著优势；营利性大学则以培养学生运用知识解决问题的能力为目标，更关注知识的应用。

其七，关注投入与关注产出。非营利性大学注重生源筛选、教师资质、课外活动等投入端，而营利性大学更注重学生满意率、就业率、保持率等教育产出端。

第三节　美国营利性大学合法性基础

一定意义上，美国营利性大学的发展壮大是美国高等教育陷入外部合法性危机的产物，然而，营利性大学的出现又为美国高等教育制造了新危机。营利性大学应该称为"大学"吗？它所提供的教育应归入"高等教育"吗？对营利性大学的质疑，除了质疑其"大学"的合法性地位之外，还包括了对其"营利性"的审查。在第三节和第四节，笔者将从营利性大学在高等教育体系中的合法性、营利性与公益性是否矛盾两方面，探讨营利性大学面临的合法性争议。

总结美国高等教育的发展历程不难发现，美国高等教育是在社会质疑和社会回应中不断发展的。一方面，社会发展不断制造出新需求，要求高等教育予以回应，致使高等教育不断陷入合法性危机漩涡之中。如20世纪六七十年代人权运动对高等教育的冲击。另一方面，高等教育每一次创新回应又使得高等教育的职能越来越丰富、机构形式越来越多元、边界不断被突破。这又引发了新的高等教育合法性危机，譬如这些多元的职能能否在一个"巨型大学"中熔于一炉？高等教育概念是否应包含营利性大学、社区学院等，还是将其笼统地称为"中学后教育"。前一种危机是源于社会需求的外部危机，克服这一危机的过程是高等教育努力需求社会合法性的过程；而后一种危机则是源于高等教育自身的内部危机，解决这一危机的过程是高等教育力求保护自身学术传统，以及在大学内平衡诸如自由教育与专业教育、探索高深学问与服务社会、精英教育与平等主义之间关系的过程。美国营利性大学的发展壮大同样难逃"克服了高等教育外部危机又产生了内部危机"的宿命。

一　高等教育之高深学问面临冲击

20世纪六七十年代，越南战争和人权运动打破了大学校园的安宁，大学面对越来越多的来自社会和职业界的质疑：谁应该进入大学？大学在社会中的作用何为？等等。各种有关高等教育的本体危机、合法性危机的声音开始显现。在此背景下，美国高等教育哲学家约翰·布鲁贝克试图从大学发展历史、各高等教育思想流派以及教育实践中找寻高等教育合法存在的哲学基础，尤其是在中学后教育机构，如社区学院、技术教育机构等大量涌现之后，是否应该将它们归入高等教育成为亟须澄清的现实问题。针对这一问题，约翰·布鲁贝克首先为高等教育确立了一个基点，同时也是高等教育区别于中小学教育的"高等"之处，那就是"高深学问"（Expertise）。他认为传统大学的首要职能就是"传递深奥的知识，分析、批判现存的知识，并探索新的学问领域"。"并非每个人都适合这种训练，而那些胜任这种训练的人必然能够发现这种训练，否则，社会所赖以取得的新的发现和明智判断的涓细的智慧溪流将会干涸。"①

然而，在社会越来越需要大学提供社会服务的背景下，"高深学位"的神秘和"价值自由"不断受到挑战。

其一，"政治论"对"认识论"的冲击。约翰·布鲁贝克以"高深学问"为逻辑起点，提出了20世纪大学存在合法性的两种哲学基础：认识论和政治论。认识论主张高等教育应以"闲逸的好奇"精神，追求"价值自由"的纯粹知识；政治论则认为高等教育应为国家和社会发展提供知识和所需人才。两种哲学论在大学没有成为社会中心时，并存于不同的大学或同一大学的不同系里，相安无事。然而，在工业革命的推动下，随着大学与社会的关系越来越密切并成为社会的"服务站"时，政治论压倒认识论成为主流。布鲁贝克不无感慨地说："大学作为知识的生产者、批发商和零售商，是摆脱不了服务职能的。"② 大学日益成为社会生活的中心和国家服务机构。然而，这种以社会服务为取向的知识生产愈来愈远离"闲逸好奇"驱使的高深知识探索，不同程度地违背了认识论哲学所追求的不夹杂价值判断的纯粹性与客观性。持高等教育认识论者认为高深学问的本质基础在于客观性，政治论带来高等教育"学术的贬值"。20世纪政治论的盛行可谓是对大学的象牙塔式高深学问探索的第一次冲击。

---

① ［美］约翰·S. 布鲁贝克：《高等教育哲学》，王承绪等译，浙江教育出版社2001年版，第13页。

② ［美］约翰·S. 布鲁贝克：《高等教育哲学》，王承绪等译，浙江教育出版社2001年版，第18页。

其二，情感对理性的审判。20世纪六七十年代，以"垮掉的一代"为代表的反主流文化者，抨击大学的理性主义传统已使大学远远落后于时代。高等教育给学子们套上了理性主义的枷锁，压制其感觉、心灵、精神，无视人的本能的需求。这一对情感和精神的呼唤，可被视为向大学高深学问发起的又一次诘难。

其三，平等主义对英才主义的挑战。在大学远离社会中心时期，有资格进入高等学府之门的基本上限于少数学术精英。从逻辑上，这也符合高等教育的高深学问的本质要求。然而，20世纪以来，随着高等学校在就业和社会流动中作用的增强，越来越多的学生开始叩击高等学府之门，要求"开放入学"的呼声不绝于耳。然而，即便高等教育由特权演变为权利的属性为越来越多的人所认可，但是作为一项权利的高等教育并不意味着人人都能达到高等教育的学业标准，况且一个国家也没有足够的公共资源用于承担高等教育的全面普及。高等教育入学陷入英才主义与平等主义的尖锐对立。与高深学问相匹配的英才主义，认为公正教育应为才智出众的学生提供更充分的发展机会，为"能人"提供更多的机会。但这样一种教育是真正公正的教育吗？根据约翰·罗尔斯的观点，英才主义教育只有在利用英才们的天赋才能，可以帮助不太幸运的人们时，才是正当的。[1] 按照这一逻辑，真正公正的教育应包含对弱势群体的关注。

关注弱势群体的教育平等主义发起了对英才主义的讨伐，譬如反向歧视政策的出台、倡议发挥教育的反贫困功能、提供均等的教育机会等。然而教育机会的均等，忽视了人的差异，尤其是才能差异这一变量，无论对才能出众者还是才能平庸者都会带来结果不平等。关于这一点，约翰·布鲁贝克颇有见地地指出，平等主义教育并不是无差别的区分，它反对的是不劳而获的各种特权。一种平等的教育区分，应与教育本身的要素有关，无关乎外在于教育的性别、肤色等。[2] 这样一来就澄清了英才

---

① ［美］约翰·S. 布鲁贝克：《高等教育哲学》，王承绪等译，浙江教育出版社2001年版，第70页。

② ［美］约翰·S. 布鲁贝克：《高等教育哲学》，王承绪等译，浙江教育出版社2001年版，第74页。

主义与平等主义之间不和谐的根源。约翰·布鲁贝克进而开出了兼顾教育平等主义与英才主义的药方："使每一个人的特殊才能得到最充分的培养以对整个社会有所裨益的理想的方式是，开设各种形式的高等学校，并使各种学校都在自己的领域中寻求完善。"①

　　面对上述种种冲击与挑战，传统高等教育没有困守在大学高深学问的逻辑内故步自封，而是不断开创出诸如营利性大学等新型教育机构，在高深学问之外，筑起一道道防护墙。这可能就是美国高等教育发展的"以不变应万变"之道。

二　社会需求：美国营利性大学合法性基础

　　伴随高等教育进入社会中心，社会需求不断解构高深学问，知识生产、知识传播、知识应用越来越层次化和专门化。营利性大学就是适应社会新需求，专门负责培养学生应用知识解决问题的能力的专门机构。社会需求是营利性大学存在与发展的合法性基础。

　　美国高等教育的发展历程本身就是不断适应社会需求的过程。"高等教育是以满足各自所属历史时期的不同程度的需要来获得各自的合法地位的。"② 无论是中世纪大学对医生、律师、教师、牧师等社会所需专业的回应，文艺复兴催生的大学对人文教育的关注，还是作为启蒙运动产物、从理性追求中获得合法性的研究型大学，抑或是赠地大学对社会服务职能的重视，都是高等教育在满足社会需要中获取合法性的集中体现。社会发展至今，知识经济、终身教育、民主发展对高等教育提出了新要求。高等教育需要回应工薪族的终身教育需求、为弱势群体提供高等教育机会。在公立大学面临财政经费压缩的不利局面下，美国营利性大学因势而起，及时回应了社会对高等教育提出的新要求。美国高等教育的发展历史是一部适应社会发展需要，界限不断扩大、职能不断丰富、新型机构不断涌现的历史。营利性大学的发展壮大是美国高等教育发展进

①　［美］约翰·S. 布鲁贝克：《高等教育哲学》，王承绪等译，浙江教育出版社 2001 年版，第 74 页。
②　［美］约翰·S. 布鲁贝克：《高等教育哲学》，王承绪等译，浙江教育出版社 2001 年版，第 3 页。

程中又一次回应外部社会需要的产物。

美国高等教育在高深学问传统与社会需求之间展现出的灵活性、包容性，为高等教育家族新成员的不断加入，提供了思想启示。约翰·布鲁贝克将认识论主导下的以探索高深学问为目的的高等教育，视为拥有超长智力、创造力、好奇心等品质的少数天才胜任的高等教育；将以初级学院（即后来的社区学院）等为代表的高等教育，视为另一种水平的高等教育，并特别指出两者间的差别是"程度"上的而不是"性质"上的。尽管在约翰·布鲁贝克生存的年代，营利性大学还没有发展壮大到今天的规模，但约翰·布鲁贝克的高等教育观却为营利性大学的大学身份归属提供了思想指导，即营利性大学也属于高等教育家族中的一员，是另一种水平的高等教育。

第四节 美国营利性大学营利性与公益性争议及协调机制

"教育是公共产品，因此应由公共机构提供"的论断需要具体问题具体分析。其中最突出的问题就是没有区分基础教育和高等教育。对于这一现象，密尔顿·弗里德曼在《政府在教育方面的作用》一文中明确指出，以"临近影响"和"家长主义"作为政府介入教育的理由，应注意区分学校教育与教育、公民的一般教育和专业的职业教育，因为在不同的领域"政府干预的理由具有很大程度上的不同之处，而且所应采取的行动的类型也是非常不相同的"。① UNESCO 报告《反思教育：向全球共同利益的理念转变?》也指出"国际上常常将教育作为一项人权和一项公共利益事业。国家在保护接受基础教育的权利和确保机会平等方面的作用是无可置疑的。但这些原则能否适用于基础教育之后的各个阶段，目前尚未达成共识"。②

---

① ［美］密尔顿·弗里德曼：《资本主义与自由》，张瑞玉译，商务印书馆 1986 年版，第 83 页。

② 联合国教科文组织：《反思教育：向"全球共同利益"的理念转变?》，联合国教科文组织总部中文科译，教育科学出版社 2017 年版，第 58 页。

美国营利性大学的发展壮大，更增加了对教育公共产品认识的复杂性，相关争议不断。从传统公共产品定义来看，营利性大学教育服务属于私人产品，那么应如何认识美国联邦政府对营利性大学的公共资助？政府又是如何对营利性大学的公益性进行监管的？未来教育营利性与公益性协调发展的趋向是什么？笔者尝试对上述问题进行分析，以对我国中学后教育领域多主体供给制度设计、深入认识教育营利性与公益性关系有所启发。

一　美国营利性大学营利性与公益性争议

一般来说，对教育公共物品的争论聚焦于三方面：一是教育内容。如教育作为公共物品应以公民发展为主还是应服务学生就业？二是教育提供形式。如教育一定由公立学校提供吗？政府应对私营学校进行资助吗？三是教育公共产品的界定。如相对于私人收益来说，教育在多大程度上属于公共产品？① 美国营利性大学的"营利"属性使其在这三方面遭遇更深层次的争议。

（一）围绕教育内容的争议

反对向营利性大学提供公共资助者，就以营利性大学的教育内容为诟病，认为公立高等教育有着更为高尚的教育目标和课程内容，而营利性大学仅仅提供就业培训，只对提升个人的就业力有所帮助。对此，理查德·鲁克认为，对于"什么是真正的教育"，自古希腊罗马时期就存在应"发展智力"还是"培育美德"的争论，直到今天没有定论。高等教育领域存在多种多样的教育模式和教育观念，营利性大学正是高等教育千差万别的办学理念和多元化使命的一部分。② 诚然，美国营利性大学有自己独特的办学使命与定位，致力于为弱势群体、工薪族等提供职业教育，瞄准的正是社会对教育的差异化需求市场。

关于高等教育的公共性，布莱恩·普瑟（Brian Pusser）认为主要体

---

① Guilbert C. Hentschke, et al., *For-profit Colleges and Universities: Their Markets, Regulation, Performance, and Place in Higher Education*, Sterling: Stylus Publishing, 2010, p. 171.

② Richard S. Ruch, *Higher Ed, Inc.: The Rise of the For-profit University*, Baltimore MD: Johns Hopkins University Press, 2001, p. 8.

现在高等教育充当了"公共领域"角色。他援引哈贝马斯的定义，进一步解释说，"公共领域"摆脱了政府和私人利益的控制，各种有关政府和私人利益的观点可以在此自由辩论和表达，在这里发生着公共对话、思考、观点碰撞，并最终达成社会共识。[①] 将高等教育的公共性界定为"公共领域"，显然更适用于研究型大学。某种意义上，研究型大学的学术自由、学术自治、知识生产可使其发挥"公共领域"作用。从"发表"（Publish）与"公共"（Public）具有相同的词根来说，教授们知识成果的公开出版就可算作营造"公共领域"之举。但对于以知识应用为主的营利性大学来说，其教育内容显然支撑不起"公共领域"职能。

（二）围绕教育提供形式的争议

从营利性大学的营利性提供形式来看，保罗·萨缪尔森、詹姆斯·布坎南提出的公共产品概念（Public Goods，公共产品复数形式），都不能用来分析营利性大学教育服务的公共属性。20 世纪 50 年代，保罗·萨缪尔森提出公共产品概念，从产品的生产与分配角度确定公共属性，认为公共产品与私人产品相对，具有"非排他性"与"非竞争性"。詹姆斯·布坎南从产品供给角度出发，认为由集体组织提供的产品或服务可被定义为公共产品。营利性大学提供的教育服务具有排他性和消费竞争性，不付费者被排除在外，且其提供者为私人集团。从上述两种定义来看，营利性大学的教育服务不具有公共产品属性。

另外一种从营利性提供形式争议教育公益性的观点颇具代表性。邦尼·加里蒂认为，传统高等教育与社会之间确立了"信任"市场，营利性大学在信任市场环境下运行，但在法律上并不受"非分配约束"限制。[②] 由于教育服务的无形性、质量标准的不确定性、教育过程中师生参与的协作性等特征，高校与学生之间存在信息不对称，公立高校依托"信任"建构双方的合作关系。相应地，政府对公立高校提出"非分配约束"，以限制公立学校破坏信任关系的动机。邦尼·加里蒂认为，营利性

---

① Davis W. Breneman, et al., *Earnings from Learning: The Rise of For-profit Universities*, Albany: State university of New York Press, 2006, p. 34.

② Bonnie K. Fox Garrity, "What Is the Difference? Public Funding of For-profit, Not-for-profit, and Public Institutions", In: *For-profit Universities*, Palgrave Macmillan, Cham, 2017, pp. 9–15.

大学在法律上不受"非分配约束"限制，在信息不对称环境里，营利性大学作为占有信息优势的一方，其逐利动机会驱使其利用公众和学生的信任，为自己谋取利益。然而，在主张公共服务民营化的萨瓦斯看来，如果存在信息不对称，只能通过监测、深入的对话和交流、常态化的信息反馈等途径予以弥补，而要运用这些途径最有利的条件是"生产者与消费者之间没有任何第三方存在"。① 这表明，由于教育信息不对称，为提升教育质量的满意度，理想的做法应是尽量减少教育服务的组织者、生产者、消费者之间的分离。从这一点来说，美国营利性大学的学生作为消费者，直接与作为教育服务生产者的大学进行对话，以决定是否购买教育服务，一定意义上有助于规避信息不对称问题、增强教育服务供给的回应性。

对教育营利性的非议还表现在，长期以来，社会对教育抱有一种反营利的偏见与思维惯式。在很多人的观念里，很难将"营利"与"大学"联系在一起，往往认为"营利"是低俗的、利己的，而"大学"是神圣的、利他的。对此，乔治·凯勒指出，"诞生于中世纪后期的最古老的大学就属于营利性社团行会，今天教授们在毕业典礼或特殊场合穿的黑色长袍上的深深的口袋就是十三、十四世纪的学生们往里投学费的地方"。②

另外一种盛行的偏见认为教育经营者为获得高额利润，会精于算计、斤斤计较教育"成本—利润"收支，想方设法降低成本，甚至不惜以牺牲教育质量为代价换取高额收益。稍加分析不难发现，教育质量与利润动机之间并不存在必然矛盾，很难想象教育质量低劣的机构能够存在多久。关于这一点，加里·伯格在"运用资本主义改革高等教育？——营利性大学的公益性与营利性"一文中明确指出，"对于一个商人来说，认为营利会导致'产品'质量差的论点看起来很愚蠢、很糟糕，甚至是一

---

① ［美］E. S. 萨瓦斯：《民营化与公私部门的伙伴关系》，周志忍等译，中国人民大学出版社 2002 年版，第 93 页。

② Richard S. Ruch, *Higher Ed*, *Inc.*: *The Rise of the For-profit University*, Baltimore MD: Johns Hopkins University Press, 2001, p. 1.

种侮辱。然而，这在高等教育中是一个普遍的假设"。[①] 那么教育质量与利润动机之间的矛盾究竟何在？邦尼·加里蒂的观点具有一定的洞察力。在他看来，营利性大学为提升市场竞争力，吸引更多消费者，常常牺牲"难以观察"或"非契约性"的教育质量内容，转而寻求"可感知的质量"。[②] 比如，有些营利性大学向学生提供现代化的教育设备、便利的服务，注重看得见的职业技能水平的提升，而对于学生社团、通识教育等有助于学生素养发展的方面则未加重视。关于这一点，美国政府推行的"三维一体分类管理"体系及其认证制度可以说有效解决了这一问题。后文会进一步展开论述。

二 美国营利性大学教育公益性解读

上述从教育内容、教育供给方式争议营利性大学教育服务公益性的思路，已不符合20世纪80年代以来美国大力推行的教育公共服务市场化改革实践。新的实践形式需要新的认识视角。面对公立机构之外的多元供给制度安排，例如合同承包、凭单制、营利性高等教育等，需要转换思路，从公共产品视角转换为公共收益，来界定教育公益性。西蒙·马金森就曾指出，从意识形态角度定义"公"与"私"，尽管看上去很简洁、清晰，但是高等教育的"公共性"，绝非"非私有性""非市场化""政府所属机构""政府资助机构"等概念所能涵盖的，定义高等教育公共性的一般方法应立足于高等教育的社会功能或政治功能。[③] 也就是说，需要从教育结果、教育的社会收益来界定高等教育的公益性。

1998年，"美国高等教育政策研究所"提出的"高等教育收益分析框架"，为全面解读营利性高等教育公益性提供了参考。该框架认为提升社会成员的高等教育水平，具有以下四方面的收益：一是公共经济收益，

---

① Gary A. Berg, "Reform Higher Education with Capitalism? Doing Good and Making Money at the For-profit Universities", *Change*, Vol. 37, No. 3, 2005.

② Bonnie K. Fox Garrity, "What Is the Difference? Public Funding of For-profit, Not-for-profit, and Public Institutions", In: *For-profit Universities*, Palgrave Macmillan, Cham, 2017, pp. 9 – 15.

③ Simon Marginson, "Higher Education and Public Good", *Higher Education Quarterly*, Vol. 65, No. 4, 2011.

表现为社会成员因受教育水平提高所带来的生产能力、消费能力、税收的提高以及充足的劳动力后备力量、公共开支下降等；二是私人经济收益，包括个人就业力的提升、收入和储蓄的增加、劳动力市场流动性增强、工作条件改善等；三是公共社会性收益，表现为社会成员受教育程度提高所带来的公民参与、投票率、慈善、公共卫生等方面的改善；四是个人社会性收益，包括个人寿命延长、闲暇时间增多、社会地位提升、信息获取途径增多帮助个人做出更明智的决策等。[1]

由上述分析可知，理论上来说，提升受教育者的高等教育水平具有多重收益，不仅包括个人收益也包括社会收益；既包括经济性收益，也包括社会性收益。对营利性大学来说，其所产生的社会意义更为突出，因为营利性大学致力于为没有机会进入高水平大学的社会边缘群体、低收入群体、工薪族等提供高等教育机会，[2] 这对促进社会平等、缩小贫富差距具有显著的社会意义。相关实证研究也对营利性大学所产生的收益进行了考察。如斯蒂芬妮·切里尼等人的实证研究显示，对于取得副学士学位的营利性大学学生来说，其个人经济回报的年增长率为8%左右。也有研究确证了教育的社会性收益，比如降低犯罪率、提升公民参与率等。[3]

综上所述，尽管美国营利性大学的营利性与公益性关系引起了广泛争议，但综合各争议来看，两者并不具有内在冲突。营利性大学的教育服务虽不是公共产品，也不具有公共领域职能，但其教育结果具有公共收益，具有"正外部性""临近影响"。[4] 也就是说，一个人受教育，其结果不仅有利于自己，其他社会成员也会受益，"但由于无法识别受到利

---

① Davis W. Breneman, et al. , *Earnings from Learning: The Rise of For-profit Universities*, Albany: State university of New York Press, 2006, p. 37.

② Kevin Kinser, "Access in U. S. Higher Education: What Does the For-profit Sector Contribute?", PROPHE Working Paper Series. WP No. 14, Program for Research on Private Higher Education, University at Albany, State University of New York, 2009.

③ Stephanie R. Cellini, "For-profit Higher Education: An Assessment of Costs and Benefits", *National Tax Journal*, Vol. 65, No. 1, 2012.

④ 王一涛、安民：《"教育是公共产品"吗？——对一个流行观点的质疑》，《复旦教育论坛》2004年第2期。

益的具体个人（或家庭），所以不能向他们索取劳务的报酬，因此，存在相当大的'临近影响'"①。教育这种固有的公益性是不因其提供方式的改变而改变的。

其他一些围绕营利性大学公益性的争议是社会固有的偏见和思维惯式导致的，如认为营利性机构的逐利动机会降低教育质量、损害教育的公益性。这显然割裂了营利对质量的依赖关系，而且也低估了政府在教育供给中，除了可以作为教育服务的直接生产者之外，所应承担的监管、治理等其他职责。总之，认识营利性高等教育的公益性，需要摒除偏见，转换思路，不应执念于教育供给端的"营利性"，应从输出端的社会收益和教育所固有的外溢效应来解读。营利性高等教育的社会收益，为美国联邦政府的公共资助奠定了部分合法性基础，但从更大的社会背景来看，这一公共资助具有更深层次的意义。

三　美国营利性大学营利性与公益性协调机制：公共资助与"三维一体"分类管理

美国联邦政府一方面为营利性大学的发展营造公平的政策环境，对其实施公共资助；另一方面采取"三维一体"分类管理机制，以最大限度地发挥营利性大学教育的公益性。

（一）美国联邦政府对营利性大学的公共资助

美国政府对营利性大学的资助是通过直接资助学生实施的，其实施载体包括《退伍军人法》（G. I. Bill，以下简称"GI法案"）、《后911退伍军人法》中规定的退伍军人学费补助金以及《高等教育法》第四条款下的佩尔助学金和斯塔福德学生贷款。② 依据"GI法案"，退伍军人入读大学可获得教育补助和生活补助，这其中就包括了营利性大学。营利性大学因其课程的实用性、课时安排的灵活性等，深受退伍军人青睐。美国营利性大学的第一次飞跃发展就受益于这一资助政策。

---

① ［美］密尔顿·弗里德曼：《资本主义与自由》，张瑞玉译，商务印书馆1986年版，第84页。

② 吴玫：《美国营利性高等教育的新危机》，《高等教育研究》2018年第4期。

1972 年，美国国会通过了《高等教育法》修正案。在新法案中，用"中学后教育"指代"高等教育"，将佩尔助学金的适用高校扩大到提供职业培训课程的营利性大学。因美国营利性大学学生以低收入群体为主，联邦学生资助政策有力推动了营利性大学的发展。相关统计表明，联邦助学金和学生贷款项目成为营利性大学学费收入的主要来源。在 2008—2009 学年，营利性大学的学生人数占美国高等教育人数的 11%，但却获得了 24% 的佩尔助学金、25% 的补贴性斯塔福德贷款和 28% 的非补贴性斯塔福德贷款。[①]

概括来说，美国联邦政府通过直接资助学生而非学校的"便携式资助"、依据学生的家庭经济状况提供资助额度、授予营利性大学平等的法律资助地位等，将营利性大学纳入公共资助范围。正如亨利·汉斯曼（Henry Hansmann）所指，政府在高等教育中的角色逐渐由"公共供给"转变为"公共资助"；由资助"供方"（学校）转变为资助"需求方"（学生）。[②]

依据 E. S. 萨瓦斯提出的公共服务民营化理论，可深入认识美国联邦政府对营利性大学公共资助的本质。E. S. 萨瓦斯打破了公共物品与私人物品的二元划分，依据"排他和消费"将人类所需服务和物品划分为四类：个人物品、可收费物品、共用资源、集体物品。[③] 在不同物品的供给安排中，政府所承担的角色是不一样的。萨瓦斯指出，对于个人物品、可收费物品、共用资源，政府的作用主要体现于管制、规范、确立供给原则等，而对于难排他且不具有消费竞争性的集体物品，集体行动在保证有效生产方面是必不可少的，但集体行动并不是政府行动，也就是说，集体物品可由政府直接提供，也可通过其他供给形式予以提供。出于成本—收益、效率、服务需求回应、服务质量等考量，政府无须总是担任

---

① 曾小军、喻世友：《美国联邦政府对营利性高等教育的财政资助》，《高等教育研究》2018 年第 6 期。

② Davis W. Breneman, et al. , *Earnings from Learning：The Rise of For-profit Universities*, Albany：State university of New York Press, 2006, p. 34.

③ ［美］E. S. 萨瓦斯：《民营化与公私部门的伙伴关系》，周志忍等译，中国人民大学出版社 2002 年版，第 45 页。

生产者。在 E. S. 萨瓦斯看来，"对于许多集体物品来说，政府本质上是一个安排者或提供者，是一种社会工具"①，而非直接生产者。

E. S. 萨瓦斯主张利用社会组织和市场的力量提供公共服务。为阐释可采用的具体供给制度，他颇有见地地剥离了公共服务供给中生产者与组织安排者角色，改变了以往认为公共服务必然由政府机构卷入生产的认识。一般来说，公共服务的组织安排者主要是政府，但也可以是教会、志愿团体、私人部门以及消费者自己，同样，公共服务的生产者也不仅限于政府机构。萨瓦斯根据生产者、安排者的不同组合，提出了公共服务供给的十种制度安排：政府服务、政府间协议、合同承包、特许经营、补助、政府出售、自由市场、志愿服务、自我服务、凭单制。②　（见表1—1）

表1—1　　　　　　　　　　　公共服务供给制度安排

生产者	安排者（提供者）	
	公共部门	私人部门
公共部门	政府服务、政府间协议	政府出售（如私人向政府购买水资源）
私人部门	合同承包、特许经营、补助	自由市场、志愿服务、自我服务、凭单制

资料来源：[美] E. S. 萨瓦斯：《民营化与公私部门的伙伴关系》，周志忍等译，中国人民大学出版社2002年版，第68页。

上述十种供给形式在美国地方政府的教育供给中都有所应用。如表1—2所示，公立中小学系统属于"政府服务"供给制度；私立学校是一种"自由市场"制度；大学退伍军人的教育福利是一种"凭单"供给制度；在家上学是一种"自我服务"制度。以"在家上学"供给安排为例，教育服务生产者、组织安排者以及消费者都是家庭自己。

---

① [美] E. S. 萨瓦斯：《民营化与公私部门的伙伴关系》，周志忍等译，中国人民大学出版社2002年版，第65页。

② [美] E. S. 萨瓦斯：《民营化与公私部门的伙伴关系》，周志忍等译，中国人民大学出版社2002年版，第67页。

表1—2 美国地方政府教育服务供给制度

制度安排	教育
政府服务	传统公立中小学系统
政府出售	地方公立中小学因接收外区学生，向父母收费
政府间协议	不同城镇学生的转学收费
合同承包	政府雇佣私人企业提供职业教育培训
特许经营	特许学校
补助	私立学校因接收学生，而接受政府的补助
凭单	大学中的退伍军人福利
自由市场	私立学校
志愿服务	教会学校
自我服务	在家上学

资料来源：［美］E. S. 萨瓦斯：《民营化与公私部门的伙伴关系》，周志忍等译，中国人民大学出版社2002年版，第89页。

就美国联邦政府对营利性大学的公共资助来说，其本质是萨瓦斯提出的十种公共服务供给制度中的"凭单制"。美国联邦政府通过助学金和学生贷款直接向学生提供资助，使学生根据自身的教育需求、教育质量等在取得法律资助资质的营利性大学、社区学院之间进行选择。这一安排使学生成为教育服务消费者、高校成为服务生产者，政府则一改过去教育服务生产者的角色，成为教育服务的组织安排者。

从更大社会范围来说，美国联邦政府对营利性大学的公共资助，是20世纪70年代美国公共管理市场化改革的一部分。当时不仅在教育领域，在医疗、社会保障等其他领域，政府高度介入逐渐让位于市场高度介入的制度安排。这一改革的动因在于，公立机构普遍存在效率低、服务质量不尽如人意、官僚制管理严重、服务缺乏回应性、机构使命多元且相互矛盾等弊端。尤其自20世纪70年代始，西方国家陷入经济危机漩涡，政府收缩公共开支，教育公共经费锐减，政府用于培训和再培训工人的经费也被大幅压缩。在此背景下，在公共服务领域打破政府单一供应者的做法，引入竞争机制，提升公共资源配置效益，就成为不同领域政府公共服务供给改革的共同诉求。这与以往片面地追求流行的管理技术，或诉诸于道德呼吁，或一味地加强问责，来改善公立机构运行效益的做法，显然大相径庭。

（二）美国联邦政府"三维一体"分类管理

美国政府在中学后教育公共服务供给中由直接生产者转变为组织安排者，并非意味着政府完全放弃了政府在公共服务中应承担的职责。相反，这是政府职能和发挥作用方式的变化。尤需说明的是，教育公共服务市场化改革，只是一种供给形式、服务生产过程的变革，"而非政府责任的市场化"[1]。很多对营利性教育抱有偏见者，正是由于混淆了教育市场化改革的内容，将供给形式的市场化等同于政府责任的完全让渡而加以反对。美国政府对营利性大学的公共资助及其监管告诉我们，在推行教育公共服务多主体供给过程中，"政府卸去的往往是生产者的角色，但是政府的监管和财政角色并没有'失位'"[2]。

美国联邦政府在中学后教育领域实施凭单制，并没有听任其无序竞争，而是积极利用法律规制、第三方认证等治理工具予以监管。美国政府既通过竞争激发各类办学主体的活力，又通过有针对性的规制来维护教育的公益性；既没有因为过度规制、一刀切管理，压抑办学主体的积极性，也没有放弃应承担的公共职责、维护教育公益性，政府在竞争与规制之间巧妙地平衡着。

概括来说，美国政府对营利性大学的监管机制为"三维一体"分类管理。"三维"指的是联邦政府、州政府、认证机构三类监管主体；"一体"指美国国会根据营利性大学的实际发展需要、办学过程中出现的新问题、面临的新背景，每隔五年左右对《高等教育法》中有关营利性大学条款的重新修订和授权，以及对三类监管主体施加的约束与监督，体现了对营利性大学的动态监管和最高层次的规制；"分类管理"指美国政府采取符合营利性大学办学情形、针对营利性大学存在的问题且专门对营利性大学具有约束力的规制措施，以保障监管的针对性和有效性。"三

①　孔营：《公共服务民营化的理论逻辑与实践反思——萨瓦斯民营化理论评述》，《观察与思考》2017年第5期。

②　梅锦萍、杨光飞：《从公共服务民营化到政府购买公共服务——基于公共性视角的考察》，《江苏社会科学》2016年第4期。

维一体"分类管理构成了维护营利性大学教育公益性的防护网。

具体来看，美联邦政府的监管通过教育部具体实施，主要负责《高等教育法》授权的资助项目的行政管理工作，包括审议高校参与资助项目的合法性，根据《高等教育法》制定高校参与资助项目的资格条件；州政府负责制定高校办学过程中的法律制度，以保护消费者权益；认证机构负责监管办学质量，政府极少直接干预高校办学。各监管主体各有分工、相互配合，营利性大学要获得联邦政府的资助资格，首先需要得到州政府的许可证，并通过美国教育部认可的认证机构的认证。美国国会对《高等教育法》的重新授权，对美国营利性大学公益性监管产生极大影响力。其中具有转折意义的一次发生于1992年。面对营利性大学学生贷款还款违约率较高、招生舞弊严重等现象，美国国会对《高等教育法》做出较大修改，包括限制学生违约率、审核机构财政责任、限制招生补贴、制定短期课程的就业率和结业率、制定设置分校的办学资格条件等，并对教育部和认证机构提出了更为严格的监管要求，规定认证机构应独立于相关专业协会，要求教育部完善对认证机构的认可资质。

美国政府对营利性大学的分类管理集中体现为，在《高等教育法》中逐步为其确立了单独的机构名称"营利性高等教育机构"，以使监管更具针对性。1972年，为确立营利性大学获得学生资助的合法性，《高等教育法》修订案重新界定"高等教育机构"的办学目的，将职业技术训练、有薪就业等纳入学生资助的目的，扩展了一般性的高等教育概念。20世纪90年代，随着营利性大学办学规模的扩张，其破坏教育公益性的现象逐渐增多。1992年《高等教育法》修订案明确提出了"营利性高等教育机构"概念，并在此概念框架下制定了主要针对营利性高校的监管措施，如90/10分配原则、禁止招生补贴、更严苛的优薪就业政策等。这意味着政府对营利性大学的分类管理向前迈出了一大步。此后，美国营利性大学的全国性代表机构"职业学院协会"，尽管一直游说在《高等教育法》中与公立大学使用统一的"高等教育"概念，以获得与其对等的管理条件、改变"二等公民"的严密监管，并没有获得成功，反对者给出的理由正是其"营利性"特征。

四　教育营利性与公益性协调发展趋向：维护教育"共同利益"

西蒙·马金森认为，较之于"复数形式公共产品"（Public Goods），高等教育的公共性更多地表现为"单数形式公共产品"。"单数形式公共产品"强调集体行动和集体利益、集体共享的资源，常常与民主、开放性、透明、大众主权、草根主体相关联。① 单数形式公共产品的意义接近于公共核心利益或"共同利益"（the Common Good）。② 从广泛意义上来说，高等教育的共同利益系于其推动社会的民主化进程以及促进人类发展的进程。在狭隘意义上，共同利益体现为社会收益。③

联合国教科文组织也在《反思教育：向全球共同利益的理念转变?》报告中高瞻远瞩地提出教育是"共同利益"主张，并建议用"共同利益"取代"公共利益"。所谓教育的共同利益是指"人类在本质上共享并且相互交流的各种善意，例如价值观、公民美德和正义感"。④

用"共同利益"取代"公共利益"顺应了私营部门在教育事业中的发展规模、发展范围不断扩大的发展趋势。"与教育有关的活动、资产、管理、职能和责任从国家或公共机构转移给个人和私营机构。"⑤ 面对这一发展趋势，传统的公共利益概念越来越难以为实践提供有效的解释，且容易引起误解。因为"'公共'一词往往造成一种常见的误解，认为'公共利益'就是由公众提供的"。⑥ 公共服务民营化倡导者 E. S. 萨瓦斯也敏锐地看到了这一点，在其著作中用"集体物品"代之传统意义上的

---

① Simon Marginson, "Higher Education and Public Good", *Higher Education Quarterly*, Vol. 65, No. 4, 2011.

② Davis W. Breneman, et al. , *Earnings from Learning: The Rise of For-profit Universities*, Albany: State university of New York Press, 2006, p. 26.

③ Simon Marginson, "Higher Education and Public Good", *Higher Education Quarterly*, Vol. 65, No. 4, 2011.

④ 联合国教科文组织：《反思教育：向"全球共同利益"的理念转变?》，联合国教科文组织总部中文科译，教育科学出版社 2017 年版，第 69 页。

⑤ 联合国教科文组织：《反思教育：向"全球共同利益"的理念转变?》，联合国教科文组织总部中文科译，教育科学出版社 2017 年版，第 65 页。

⑥ 联合国教科文组织：《反思教育：向"全球共同利益"的理念转变?》，联合国教科文组织总部中文科译，教育科学出版社 2017 年版，第 69 页。

"公共物品"，以摒除"公共物品"概念所蕴含的必须由公立机构供给的刻板印象。

如果说教育是"公共利益"的主张更多指向了政府行动，那么"共同利益"主张则凸显了共同行动的重要性。"共同行动是共同利益本身所固有的，并且有助于共同利益，而且在共同行动过程中也会产生裨益。"[①] 这表明，为维护教育共同利益，政府应协调各方共同行动。为此，需要政府机构转变自身角色，厘清在教育服务供给中生产者、组织者的角色定位；超越公私对立的界限，摒弃所有制偏见，创造包容性的政策环境，以充分发挥第三方评估机构、社会组织、家庭、营利性机构等在教育供给中的优势，激发各类办学主体的活力；同时提升在教育治理工具选择、公共政策制定、动态监管等方面的治理能力。

"共同利益"的提出及其所指向的"共同行动"，为包括营利性大学在内的教育私营机构，从理论上确立了存在的合法性基础且在实践上指明了未来发展的方向。营利性大学在致力于提升学生就业力的同时，也应将人类共享的各种善意融入其中，捍卫教育"共同利益"。教育私营机构与企业的不同之处在于其提供教育服务、传播知识以及立德树人的本质，因此，任何时候都不应放弃对教育本真价值的追求、维护教育"共同利益"，这无关教育的供给形式，而是教育的应有之义。

---

① 联合国教科文组织：《反思教育：向"全球共同利益"的理念转变?》，联合国教科文组织总部中文科译，教育科学出版社 2017 年版，第 70 页。

第二章

美国营利性大学宏观发展背景

美国营利性大学宏观发展背景分析是审视营利性大学发展所面临的外部机遇与挑战的重要内容。在战略管理领域，PEST 是分析外部宏观背景的常用工具。PEST 将外部宏观背景化分为政治（Political）、经济（Economic）、社会文化（Social）、技术（Technological）四个维度。[①] 本章分别从美联邦政府对营利性高校的规制（P）、知识经济的新要求（E）、新自由主义教育改革思潮（S）阐述美国营利性大学面临的发展机遇与挑战，以为后续章节对美国营利性大学具体竞争战略的分析确立逻辑起点。有关互联网技术（T）引发的网络教育革命将在"美国营利性大学颠覆式创新战略"部分予以阐述。

第一节　二十一世纪以来美国联邦政府对营利性大学的规制：历程、工具及范式

自 1972 年美国《高等教育法》修正案赋予营利性大学与公立大学、私立大学同等的联邦资助地位以来，联邦政府便开始介入和监管营利性大学的办学。一方面营利性高等教育固有的正外部性，即营利性大学办学行为未经交易而对社会、其他相关方产生的收益，使联邦政府需要为营利性大学发展提供公共资助；另一方面，营利性大学的逐利本性以及在市场化办学经营中存在的向学生消费者施加了未加明确界定的成本或

---

① 马瑞民：《战略管理工具与案例》，机械工业出版社 2009 年版，第 56 页。

者向其提供低质量的教育服务等信息不对称、市场失灵问题，需要对营利性大学加强监管。

美国营利性大学作为纳税的经济产业组织，受到营业执照管理部门和消费者保护法的监管；作为接受联邦政府资助的教育服务提供者，需要在"三维一体"监管体系下运行。"一体"指国会通过立法、《高等教育法案》重新授权，为各监管主体提供法律依据；"三维"涉及联邦政府、州政府和认证机构三类监管主体，其中，联邦政府依托教育部主要负责营利性大学联邦资助合法性事宜，但营利性大学取得资助资格的前提条件是通过教育部认可的认证机构的认证；认证机构主要负责评估营利性大学办学质量；州政府则负责签发营利性大学办学许可、跨州办学、消费者保护等经营操作层面的事项。① "三维一体"监管体系各有分工、相互协作，共同支持和规范着营利性大学的健康发展。

监管与规制是两个不同的概念。监管包含规制，监管的主体可以是各级政府，也可以是社会机构等，而规制的主体主要是政府机构；监管的内容更为广泛，可以是教育质量、财政收入、资产、学生就业等方面，而规制的对象主要是学校办学中的不良行为。"规制更多强调政府对经济主体不良行为的限制。以社会机构为主体的规制，是由司法机关、行政机关以及立法机关进行的对私人以及经济主体行为的限制。"②

美国被公认为是最早产生政府规制制度也是政府规制最为成熟的国家。尽管美国崇尚市场自由，反对政府过多干预，但它却形成了一套最精致、最广泛的依法规制体系。③ 美国营利性大学的发展就处于政府规制环境之中。

一　21世纪以来美联邦政府规制营利性高校的"宽严交替"历程

美国营利性大学的发展随美国政治浪潮而起伏。21世纪以来，共和

---

① Guilbert C. Hentschke, et al., *For-profit Colleges and Universities：Their Markets*, *Regulation*, *Performance and Place in Higher Education*, Sterling：Stylus Publishing, 2010, pp. 92 – 97.

② ［日］植草益：《微观规制经济学》，朱绍文等译，中国发展出版社1992年版，第1—2页。

③ 茅铭晨：《政府管制理论研究综述》，《管理世界》2007年第2期。

党布什政府实施宽松政策，营利性大学获得了繁荣发展；民主党奥巴马政府通过颁布《优酬就业条例》、取缔营利性大学认证机构的认证资格等措施，对营利性大学施加严厉规制，致使其发展陷入萎缩；而目前共和党特朗普政府在竞选期间，就承诺通过扩大学生贷款渠道、降低营利性大学准入门槛等措施，大力支持营利性大学发展。

（一）布什政府时期（2001—2009）：放松规制

1. 放宽"激励性薪酬"分配限制

1992 年《高等教育法》修正案颁布"激励性薪酬"禁令，禁止营利性大学根据学生招生数量奖励招生人员。但在 2002 年，布什政府在《联邦规制规范》中推出"12 条安全条例"新规定，放宽了对高校"激励性薪酬"限制，允许以下情形中的激励性薪酬分配行为：非联邦资助学生招生、网络招生、利润分享或奖金支付、向第三方支付招聘费用等共计12 条举措。[①]

2. 取消网课数量 50% 的限定

1992 年《高等教育法》修正案规定高校的网络课程数量，或者网络课程项目中的学生数量不得超过 50%，教师的面授教学时间应占一半，否则高校将被取消联邦资助资格。2006 年《高等教育和解法》（*Higher Education Reconciliation Act*）取消了上述规定。这对以网络教学为主的营利性大学来说是一大利好政策。

总体来看，布什政府扭转了 20 世纪 90 年代对营利性大学的严苛规制局面，营利性大学呈现出积极发展态势。统计显示，营利性大学在联邦佩尔助学金和斯塔福德贷款中的占比分别由 1997 年的 12.2%、1998 年的7.7%，增长至 2007—2008 年度的 21%。[②] 营利性大学的招生人数，较之于公立大学和私立大学也有显著提升。统计显示，与 1995 年的招生人数相比，2006 年具有学位授予权的营利性大学的招生人数增幅为 200%，而同一时期公立大学为 20%，私立大学为 −20%。2005—2006 年度，具有

---

① Daniel L. Bennett, et al., "For-profit Higher Education: Growth, Innovation and Regulation", Center for College Affordability and Productivity, 2010.

② Daniel L. Bennett, et al., "For-profit Higher Education in the United States", In: *The Profit Motive in Education: Continuing the Revolution*, The Institute of Economic Affairs, 2012, pp. 120 – 142.

学位授予权的营利性大学数量由 1995—1996 年的 345 所增至 936 所，而公立大学和私立大学的机构数量几乎未变。①

（二）奥巴马政府时期（2009—2017）：收紧规制

1. 严格实施"优酬就业"

奥巴马执政以来，针对营利性高等教育发展过程种暴露出的招生欺诈和联邦资助滥用问题，采取更为严苛的规制措施。其中，为保障高校证书项目的教育质量，严格实施《高等教育法》规定的"优酬就业"并出台《优酬就业条例》（*Gainful Employment Regulation*），是其严苛规制的集中体现。

美国《高等教育法》明确将以学生就业为导向、帮助学生实现优酬就业的教育项目纳入联邦"第四条款"资助范围，并将其专门定义为"优酬就业"项目（Gainful Employment，简称"GE 项目"）。然而，诸多GE 项目却使学生毕业后陷入资不抵债、无力偿还学生贷款的困境。具体表现为：一是未向学生提供所承诺的职业技能培训；二是学生毕业后工资收入低于学费成本；三是学生的课程完成率较低。有关政府调查以及法律诉讼事件表明，若干 GE 项目涉嫌卷入诈骗招生，误导学生做出错误的教育决策。

针对上述种种弊端，奥巴马政府于 2010 年出台《优酬就业条例》并推出了"问责和信息透明"两大规制制度。（1）问责制度。该制度要求GE 项目提供者应通过认证、获得州政府的办学许可、符合相关职业资格要求。问责制度旨在确立问责标准以评估 GE 项目是否真正为学生提供了优质教育与培训，使学生毕业后有能力偿还联邦贷款。同时，该制度还规定了学生的"负债—收入比率"标准，对学生还款额度占学生年收入的比例等做出了明确规定。"负债—收入比率"不达标者，将被取消联邦学生资助资格，并且要求相关机构应提前告知公众相关信息。（2）"报告"和"信息公开"制度。《优酬就业条例》规定 GE 项目机构向美国教育部报告学生学业情况、课程完成率、学习成本等方面的信息，以便教

---

① X. Li, "Emergence of For-profit Higher Education", In: *International Encyclopedia of Education*, Elsevier Ltd., 2010, pp. 705 - 710.

育部评估其是否具有获得联邦资助的资格；同时该条例规定，GE 项目机构应按照美国教育部规定的信息公开内容，向学生、政府、纳税人等，提供有关学生学业表现、GE 项目整体质量方面的信息。[①]

2. 取消对营利性大学认证机构的认可

2016 年 12 月，在奥巴马政府时任教育部长约翰·金的推动下，联邦政府取消了对"独立院校认证委员会"（Accrediting Council for Independent Colleges and Schools，简称 ACICS）的认可资格。调查显示，ACICS 未能有效发挥对营利性大学质量的评估功能，它一再的错误判断致使数百万学生和数十亿纳税人面临利益损失风险。ACICS 认证资格的取消导致该机构所认证的 269 所高校被要求在 18 个月内重新获得新机构的认证，否则将被取缔联邦学生资助资格。这一政策变更也引发了一连串的集体诉讼事件。

奥巴马政府的严格规制使美国营利性大学的发展态势急转直下。美国国家教育统计中心的年度报告显示，有资格获得联邦学生资助的营利性大学的数量，由 2014—2015 年度的 3436 所下降至 2017—2018 年度的 2791 所。营利性大学的证书授予数量也大幅下降，相关统计指出，从 2012—2013 年到 2016—2017 年，大学的证书授予总量增加了 1.2%，但营利性大学的证书授予数量却下降了 29.2%。[②]

（三）特朗普政府执政以来（2017 年至今）：放松规制

美国现任教育部长贝特西·德沃斯（Betsy DeVos）上任之初就宣告，将开启学校按商业模式运作的新时代，并声称将终结奥巴马时代对营利性大学"学生结果"（Student Outcome）施以严厉问责的做法。

1. 试图废除《优酬就业条例》

对于《优酬就业条例》提出的学生"负债—收入比率"标准，相关统计表明，营利性大学中符合标准要求的比例约为 55.6%，不达标者约

---

① Department of Education, " Program Integrity：Gainful Employment", *Federal Register*, 2014（https：//www. federalregister. gov/documents/2014/10/31/2014 - 25594/program - integrity - gainful - employment）.

② Doug Lederman, "For-profit Free Fall Continues, U. S. Data Show", *Inside Higher ED*, June 2018（https：// www. insidehighered. com/quicktakes/2018/06/06/profit-free-fall-continues-us-data-show）.

为20%，处于观察期者约为24%；私立大学中通过、未通过、观察期的比例分别为59%、18%、22.7%；而公立大学的通过、未通过、观察期的比例分别为70%、7.2%、22.3%。① 整体来看，营利性大学与私立大学的表现相当，而公立大学表现较好。分析者认为，公立大学因有政府拨款，学生的学费成本通常较低，其毕业生的债务较低。贝特西·德沃斯认为《优酬就业条例》无视营利性大学与公立大学、私立大学之间是否交税的差异，这对赋税的营利性大学来说是一种歧视行为。2019年7月，美国教育部提出废除《优酬就业条例》决议。随后，美国教育部收到了数以万计的公众审查建议，贝特西·德沃斯被要求召集包括行业代表和消费者在内的新规则制定小组，但该小组未能就新的规制标准达成共识，废除进程被推迟。

2. 欲恢复ACICS认证资格

2018年11月，美国教育部部长贝特西·德沃斯发布决议欲恢复此前被奥巴马政府取缔的ACICS认证资格。这意味着之前在该机构获得认证的大学将继续享有联邦学生资助资格。他们指出奥巴马政府在取缔ACICS认证资格时，存在行政操作程序不当问题，并进一步指出，ACICS基本符合美国"国家机构质量诚信咨询委员会"（National Advisory Committee on Institutional Quality and Integrity）所提出的21条标准，尽管在"认证人员能力"和"规避利益冲突"方面需要限期整改。若在12个月之内整改达标，ACICS将被重新授予认证资格。

3. 谋求废除"90/10"规则

美国联邦政府的学生资助成为营利性大学办学收益的重要来源。为督促营利性大学扩大资金来源渠道，提升教育质量，美国联邦政府规定营利性大学从联邦资助获益的比例不得超过办学总收益的85%。1998年《高等教育法》修正案将这一比例限制由之前的85%放宽至90%，并延续至今。特朗普执政以来，国会共和党人认为"90/10"规则专门针对营

① Kery Murakami, "Many Nonprofit College Programs Would Fail Gainful Test", *Inside Higher ED*, January 2020（https://www.insidehighered.com/news/2020/01/16/profit-programs-not-only-ones-would-fail-gainful-employment-test）.

利性大学，就其规则的公平性提出了质疑。反对者认为完全废除"90/10"将产生严重的负面影响。2018 年美国国会预算办公室的一份报告估计，废除该规定将在未来十年内使纳税人的损失接近 20 亿美元。[①] 尽管如此，特朗普政府积极回应取消"90/10"规则的呼吁，并谋求废除这一专门针对营利性大学的差异性规制。

对于严重依赖美国联邦学生资助的营利性大学来说，政府围绕资助所采取的规制措施，成为左右其发展的最大背景。总体来看，美国营利性大学随民主党和共和党执政地位的更替，陷入联邦规制"宽严"交替循环，其发展态势也随之向好与衰退。根据这一规律，当前美国营利性大学因联邦政府规制政策的松绑，也许会从奥巴马政府执政期间的发展萎缩再度进入布什时代的繁荣发展期。

二 21 世纪以来美国联邦政府规制营利性大学的工具

根据规制理论的研究，以保障公民安全和健康、促进环境保护、提升教育质量等为目的的社会性规制，可采取的规制工具有：禁止特定行为、限制营业活动、提供信息，辅以资格制度、标准认证制度等。[②] 美国联邦政府为规制营利性大学合理使用联邦学生资助，也不同程度地采用了上述规制工具。

第一，禁止特定行为和限制办学活动。譬如，1992 年《高等教育法》修正案禁止营利性大学发放招生激励报酬，要求营利性大学网络课程数量不得高于 50%。此外，美国联邦政府提出的"90/10"收益来源限制、高校学生贷款违约率标准（Default Rate）等都属于此类工具范畴。

第二，报告和信息公开。美国联邦政府通过立法和行政，加大营利性大学信息披露制度的强制力度，要求营利性大学提供办学成本、学生学业完成率等内部信息。譬如，2008 年 7 月，美国国会通过《高等教育

---

① Congressional Budget Office, "Promoting Real Opportunity, Success, and Prosperity through Education Reform Act（H. R. 4508）", February 2018（https：//www. cbo. gov/system/files/115th – congress – 2017 – 2018/costestimate/hr4508. pdf）.

② ［日］植草益：《微观规制经济学》，朱绍文等译，中国发展出版社 1992 年版，第 23、287 页。

机会法案》(*Higher education Opportunity Act*)，要求包括营利性大学在内的高校公布以下信息。一是高校收费清单。为控制高校学费攀升现象，从 2011 年 7 月 1 日开始，教育部针对九类高校分别发布国家清单，列出在学费最高、最高 "净价"①、学费涨幅最大、净价涨幅最大四方面排名前 5% 的院校。学费或净价都有较大涨幅的高校被要求向教育部提交报告，以说明增长的原因以及所采取的降低成本的措施。教育部会将相关报告发布于 "大学导航" 网站。二是消费者信息。该法案颁布后一年内，教育部将在 "大学导航" 网站上发布参与联邦第四条款学生资助的每所院校的 27 类信息，包括机构使命，有关申请、招生、入学、SAT 或 ACT 成绩、学分转换、男女生数量、州内和州外学生、族裔群体、残障学生、学位授予、学位完成时间、教师数量、学习成本和资助的统计数据，以及校园安全等信息。此外，教育部还将在权威网站上发布高校办学成本信息。②

　　第三，资格制度。美国联邦政府以联邦学生资助资格为杠杆，对营利性大学在办学收益来源比例、学生贷款违约率、优酬就业比例等方面设定标准，作为营利性大学获得联邦资助资格的条件。譬如，为解决营利性大学的学生债务率较高的问题，1990 年《综合预算调整法》(*Omnibus Reconciliation Act*) 提出了学生贷款违约率标准，规定高校连续三年违约率在 30% 以上或一年高于 40% 以上，将被取消联邦学生资助资格。此外，认证制度也是美国联邦政府规制营利性大学的重要辅助工具。美国营利性大学取得资助资格的前提即是首选通过第三方认证证机构的认证。

　　为保证上述规制得以贯彻执行，美国联邦政府依托国家政府权威，采取了要求规制对象必须遵守和执行的强制性实施工具，包括法律法规、政策以及行政规则。

---

　　①　净价指高校对首次入学、接受资助的全日制本科生，在扣除其学生资助（包括学生贷款、助学金、奖学金）后，每年向其收取的平均费用。

　　②　American council on education， "ACE Analysis of Higher Education Act Reauthorization"，2008（https：//www. acenet. edu/Documents/ACE – Analysis – of – 2008 – Higher – Education – Act – Reauthorization. pdf#search = for% 20% 2Dprofit% 20higher% 20education）.

一是法律法规。由于行政规制存在信息不充分、规制成本等问题，因此单纯地依靠行政管制并不是最优方案。美国联邦政府在规制营利性大学办学过程中，采取了行政与立法相结合的路线。"法律是社会控制的工具。"① 对政府规制而言，法律具有普遍适用性、强制性、事先规定、内容稳定等优势，且震慑力强，以较低的投入成本可获得有效的结果。美国《高等教育法案》是美国联邦政府规制营利性大学办学行为的重要法律依据。针对营利性大学办学经营中出现的新问题，通过《高等教育法案》重新授权，不断更新、补充相关条款。如 1992 年《高等教育法案》修正案针对营利性大学学生的贷款违约率较高、学生贷款滥用等现象，确立了由联邦政府、州政府和认证机构组成的"三维一体"监管体系。截至目前，美国《高等教育法案》已获 8 次重新授权，最近一次的重新授权发生于 2008 年。目前，"美参议院卫生、教育、劳动和养老金委员会"（The Senate Committee on Health，Education，Labor and Pensions）正在推动《高等教育法案》重新授权，建议对联邦学生资助的问责依据应从统计贷款违约率转向统计按时还款的学生人数，审查对象应从学校整体转向教育项目质量。

二是公共政策。公共政策是指"尚未被整合进法律之中的政府政策和惯例"②。与规范清晰的法律相比，政策更多的是依托公权力，针对现实公共问题而提出的一个问题解决框架，具有时效性，但强制性程度要低于法律。美国联邦政府在规制营利性大学过程中，运用法律和政策的组合拳，发挥各自的互补优势。上文述及的奥巴马政府颁布的《优酬就业条例》就是联邦政府运用公共政策工具规制营利性大学的表现。特朗普政府欲废除这一政策，也佐证了政策规制稳定性较低的事实。

三是专业行政规则。在美国的行政体制结构中，执行和管理法律与公共政策的专业行政部门所制定的行政规则也占有重要的地位。行政规则介于法律和法律所欲实现的目标之间，在由国会通过、总统签发的法令所规定的任何领域内，通过对既定法律和政策的执行、解释和规定来

① 卓越、郑逸芳：《政府工具识别分类新捋》，《中国新政管理》2020 年第 2 期。
② 卓越、郑逸芳：《政府工具识别分类新捋》，《中国新政管理》2020 年第 2 期。

发挥作用。① 换言之，既定法律、公共政策为规则制定提供权威来源和程序合法性，行政规则则是法律条款、政策执行的技术阐释，是在既定法律和政策框架内，专业行政部门做出的自由裁量。规则因其现实回应性、灵活性、时效性，填补了政策、法律和现实情境之间的空白。美国营利性大学的行政规则规制主要来自：联邦贸易委员会 、问责办公室、证券交易委员会和教育部等。例如，证券交易委员会要求公开上市的营利性大学提交详细的季度财务报告，以向投资者提供充分的财务信息。②

尤需说明的是，上述规制工具的分类并非泾渭分明，相互之间没有纯粹的排他性，而是存在一定的交集空间。如教育部颁布的某一规则规章也可能上升为公共政策，进而有可能进入国家法律层面，而且规则、政策的制定需要在法律授权的范围内进行。

三　21 世纪以来美国联邦政府规制营利性大学的范式

哈佛大学政治学家彼得·霍尔根据政策目标和政策工具的变化情况，将政策范式的演变分为三种类型。一是第一序列政策变迁，政策目标和政策工具没有改变，但政策基本工具使用程度发生了变化（Instrument Settings）；二是第二序列政策变迁，政策总体目标未变但政策工具发生了改变；三是第三序列政策变迁，政策目标、政策工具和政策工具使用均发生了彻底改变。③ 根据上述分类逻辑可知，美国联邦政府对营利性大学的规制变迁主要发生于第一序列。也就是说，在规制目标未发生改变的前提下，联邦政府在不同时期主要通过调整规制工具使用强度来规制营利性大学的办学行为。

（一）不变的规制目标：联邦资助的合理使用

美国联邦政府对营利性大学的规制主要围绕联邦学生资助的合理使

---

① ［美］科尼利厄斯·M. 克温：《规则制定：政府部门如何制定法规与政策》，刘璟等译，复旦大学出版社 2007 年版，第 2—5 页。

② Carol E. Floyd, "For-profit Degree-granting Colleges: Who are These Guys and What do They Mean for Students, Traditional Institutions, and Public Policy?", In: *Higher Education: Handbook of Theory and Research*, vol. 20, Springer, Dordrecht, 2005.

③ Peter Hall, "Policy Paradigms, Social Learning, and the State: The Case of Economic Policymaking in Britain", *Comparative Politics*, Vol. 25, No. 3, 1993.

用问题展开。1965年《高等教育法》颁布，确立了联邦学生资助的法律地位，规定联邦政府通过助学金、贷款、工读、奖学金等形式为学生提供平等的高等教育机会，但营利性大学并不在资助范围之内。1972年《高等教育法》修正案改变了过去以学校为资助对象的做法，直接面向学生提供资助，通过认证机构认证的营利性大学，也被纳入资助范围。

每年联邦政府都会根据《高等教育法案》第四条款授权的各项学生资助计划提供资金支持。在2016—2017年，联邦政府提供了大约1230亿美元的财政资助，帮助近1300万学生支付大学费用，其中，佩尔助学金和其他补助金约为280亿美元，联邦学生贷款约为940亿美元，工读援助约为10亿美元。[①] 联邦学生资助成为营利性大学收入的主要来源。统计表明，2007—2008年，营利性大学招生人数仅占全美中学后招生人数的7.7%，但营利性大学获得的佩尔助学金比例为21.1%，所获取的补贴性和非补贴性斯塔福德贷款的比例分别为21.3%和22.4%。[②] 总体来看，营利性大学高度依赖联邦学生贷款。

营利性大学对联邦学生资助的高度依赖，滋生出了利用招生套取联邦学生贷款等不良行为。营利性大学毕业生偿还能力不足、贷款违约率较高的现象，进入了政府规制的视野。由此，围绕如何监管营利性大学有效使用联邦资助，各届政府都注重加强对营利性大学的规制。总体来看，无论是"90/10"分配原则的设限、《优酬就业条例》的出台，还是取消对营利性高校认证机构的认可资格，本质来说，都是为了保障联邦学生资助得以合理有效地使用，维护纳税人和学生消费者的合法利益。

（二）规制工具使用强度的调整

分析21世纪以来美国联邦政府对营利性大学的规制历程可发现，各

---

① Senate Committee on Health, Education, Labor and Pensions, "Higher Education Accountability", (https://www.alexander.senate.gov/public/_cache/files/cfd3c3de – 39b9 – 43dd – 9075 – 2839970d3622/alexander – staff – accountability – white – paper.pdf) .

② Daniel L. Bennett, et al. , "For-profit Higher Education: Growth, Innovation and Regulation", Center for College Affordability and Productivity, 2010.

届政府尽管表现出了截然不同的规制倾向，或放松、或严苛，但其实是在规制目标未变的前提下，对既有规制工具的量化标准、技术统计方法、执行强度等所进行的渐进式调整。例如，1992 年《高等教育法》修订案提出"85/15"收益来源限制；1998 年《高等教育法》修正案将其放宽至"90/10"比例；最近，特朗普政府谋求废除这一限制，而民主党代表则主张扩大限制比例，将营利性大学从退伍军人资助中获得的收益也纳入统计范围。再如，对营利性大学网络课程数量的限制与取消；对营利性大学招生激励补偿的规定与布什政府通过颁布"12 条安全港条例"对其放宽限制；奥巴马政府严格实施"优酬就业"与新任政府谋取废除、但是反对者极力主张修改而非废除等，均是美国联邦政府围绕既有规制工具调整使用强度的表现。

之所以出现上述渐进式规制演变，受制于以下几方面因素的影响。

一是美国联邦政府规制营利性大学的问题和目标是既定的。如前文所述，美国联邦政府的规制主要围绕联邦学生资助展开。不同执政政府围绕这一规制目标上下起伏，或放松规制、或施以严苛规制。

二是政策惯性的牵引。根据霍尔的分析，较之于对社会和经济状况的回应，政策更多的是在对过去政策的结果做出回应。决策者在任何时候追求的利益和理想都受到"政策遗留"或"对先前政策的有意义的反应"的影响。[1] 受制于政策惯性，美国联邦政府对营利性大学的规制总是围绕先前政策做文章。不同的政策权威主体，通过调整既有规制工具的执行标准，以实现对营利性大学的规制更符合自身的政治立场和所代表的集团利益的目的。

三是规制标准博弈的结果。政府对教育、环境、卫生等领域的社会管制，"无不涉及管制规则和标准的制定和实施"[2]，其制定过程是各利益相关方讨价还价、博弈的过程。在这一过程中，较之于引入新的规制工具，政策权威者通过调整既有规制标准的宽严程度，更有利于在各方博

---

① Peter Hall, "Policy Paradigms, Social Learning, and the State: The Case of Economic Policy-making in Britain", *Comparative Politics*, Vol. 25, No. 3, 1993.

② 程启智：《国外社会性管制理论述评》，《经济学动态》2002 年第 2 期。

弈中胜出，进而把规制标准引向符合自身利益主张的方向。

综上所述，美国联邦政府一方面为营利性大学提供与公立高校平等的学生资助地位，为营利性大学发展营造公平的政策环境；另一方面为规制营利性大学逐利动机驱使下的不良办学行为，切实维护教育公共利益，美国联邦政府通过禁止特定行为、限制办学活动、报告和信息公开，同时辅以资格制度、标准认证制度，依托法律法规、政策以及专业行政规则，对营利性大学实施规制。

21 世纪以来，美国联邦政府对营利性大学的规制随执政党的更替呈现"宽严"交替。深入分析可知，在这剧烈的"宽严"交替规制背后，其实是联邦政府对既有规制工具使用强度的调整，执政党围绕"营利性大学合理使用联邦资助"这一"不变"的规制问题，根据自身政治立场和执政理念，放宽或收紧既有规制工具的量化标准或执行程度。在此尤需说明的是，美国联邦政府对营利性大学的公共资助支持与规制是相辅相成的，从其规制目标和目的来说，美国联邦政府的规制举措基本是围绕联邦资助的合理合法使用展开的。也就是说，美国联邦政府对营利性大学的干预与规制是有一定边界的，营利性大学依法自主办学的权利并没有受到侵害。

由于规制具有相互性，"为了保护一方不受伤害而进行的管制，可能会对另一方甚至双方造成更大的伤害"。① 对营利性大学的严苛规制一定程度上保护了消费者的利益，但也可能抑制营利性大学的办学积极性，甚至使其濒临破产，并最终侵害了通过联邦公共资助扩大低收入群体的高等教育机会的初衷。美国营利性大学随规制"宽严"变化而呈现出的发展繁荣和衰退，表明对营利性大学的规制需要有效平衡市场竞争与政府规制之间的关系，避免营利性大学陷入"一放就乱、一收就死"的局面。这考验着政府规制者的执政智慧。

---

① 程启智：《国外社会性管制理论述评》，《经济学动态》2002 年第 2 期。

第二节　美国营利性大学发展的经济动力：
知识经济社会的新要求

越来越多的事实和数据表明，正如200多年前资本和能源对土地和劳动力的取代，如今知识和信息正在取代资本和能源成为经济增长的重要生产要素。知识经济时代，知识和人才将成为经济发展的重要引擎，而这都与教育密切相关。教育不但承担着知识生产的重任，而且通过知识传播承担着提高劳动者素质、开发人力资源、形成人力资本的重要职能。毫无疑问，教育事业，尤其是高等教育事业，在知识社会中的重要性将达到前所未有的新高度。

知识经济社会动摇了高等教育的知识合法化叙事基础、改变了知识生产资助主体、塑造了知识传递的新目的、构建了合法知识的新形态、提出了人才培养的新要求。在这些剧烈的变革契机中，美国营利性大学脱颖而出，以其独特的知识传播方式、特定的知识传递对象、聚焦个体知识等主动适应知识经济发展新要求，获得了飞速发展。

一　知识合法化叙事基础：由哲学版本到政治版本

后现代主义者利奥塔尔指出，知识合法化有两大叙事版本：一个偏重于政治，另一个偏重于哲学。哲学版本知识合法化认为思辨精神是知识的主体，通过在哲学中建立一种理性的元叙事，将各经验科学中分散的知识体系有序地整合起来，并使之成为各经验科学和民间知识的合法性的元主体。知识的合法性就在于知识自身，其价值既不取决于对社会和国家的利益的维护，也不在于对人民的自由、尊严等人本主义理念的实现，而是在于其对自身发展进程的内在推动作用，即"各种知识陈述成为自身的自义语，他们被放入一种相互生成的运动中"。①

然而，后现代社会中大学知识生产从知识自身的生命发展中谋求合

---

① ［法］利奥塔尔：《后现代状态：关于知识的报告》，车槿山译，生活·读书·新知三联书店1997年版，第73页。

法性的哲学基础逐渐丧失，知识合法性的"政治"版本逐渐占据主导地位。根据利奥塔尔的分析，在政治版本知识合法性叙事中，作为实践主体的人类取代知识自身成为知识合法性的主导力量，"命令""规定"取代知识本身的"精神""生命"成为知识合法性的主流叙述话语。知识的合法性越来越被限定在"应该"的主观范畴之内，致力于为人类实践和行为提供可操作的指南，越来越背离"是什么"的客观事实描述。这就意味着知识合法性哲学元基础的分裂，"实践主体说出的规定性陈述在这里享有特权，这种特权使规定性陈述在原则上独立于科学陈述，对实践主体而言，科学陈述从此只具有信息功能"。[①]

事实上，19 世纪柏林大学成立时，洪堡就确立了人民为知识主体的思想。尽管他坚定地宣称应"把科学当作科学来研究"，然而在宣扬大学知识生产的纯粹性的同时，他却又声称"大学应该把自己的材料，即科学，用于民族精神和道德培养"。[②] 一方面是为知识而知识，追求"真实"；另一方面却顺从政治和伦理实践的要求，崇尚公正、实用。最终洪堡借助于"科学对真实的探究必须符合道德和政治生活的公正理念"来整合两者。

20 世纪末，知识合法性"政治"版本的盛行，导致知识生产场所由大学"象牙塔"逐渐扩展至研究中心、智库中心、工业实验室等更广阔的社会领域。知识生产逐渐褪去了思辨色彩，"不再局限于智力活动，而是进入了生产过程，并在应用过程中不断再创造"。[③] 知识生产这一新合法基础的确立，解构了传统大学知识生产的哲学思辨属性，为专注于知识传播和知识应用的营利性大学提供了知识合法性基础，使营利性大学也可以以"大学"身份自立于美国高等教育体系之中。

---

① ［法］利奥塔尔：《后现代状态：关于知识的报告》，车槿山译，生活·读书·新知三联书店 1997 年版，第 75 页。

② ［法］利奥塔尔：《后现代状态：关于知识的报告》，车槿山译，生活·读书·新知三联书店 1997 年版，第 68—69 页。

③ ［英］杰勒德·德兰迪：《知识社会中的大学》，黄建如译，北京大学出版社 2010 年版，第 127 页。

二　知识生产资助主体：由国家到市场

曾经国家是大学知识生产的主要资助者。根据皮埃尔·布尔迪厄的观点，大学是国家文化再生产的重要机构，大学教授是国家象征性资本的重要维护者。然而，随着全球化、知识民主化、高等教育大众化以及经济生产、日常生活政治管理等社会各领域对知识依赖性的增强，象征性资本主导大学改革与发展的理念难以为继，取而代之的是经济资本、市场、信息技术、全球化成为大学改革的主导力量。相应地，现代知识生产资助主体由国家逐渐转移至市场。国家在知识生产中的作用由直接资助者向管理者转变。

此外，民族国家逻辑不断受到挑战也是导致知识生产资助主体转移的重要推动力量。信息技术的发展、跨国金融资本的流动、区域组织的大量涌现以及政策体制的全球化等对传统的民族国家逻辑带来了挑战。为适应这一挑战，许多国家采取多元治理策略，向社会组织放权，扩大社会组织参与国家治理的机会。在全球化治理和社会治理参与的双重夹击下，知识生产与国家之间的历史契约逐渐突破，导致"知识生产的去国家化"。[1] 以往由国家大规模提供科学研究资助的"大科学"理念逐渐消退，大学急需寻找新的资助者以填补政府退出的空白。在这一背景下，美国营利性大学通过资本市场融资，恰恰迎合了政府与科学之间契约终结的趋势，体现了大学资助主体由国家向市场的转移。

三　合法知识形态：由命题知识到个体知识

以往社会形态里，合法知识是被确证和编码的知识，大学学术人员是这一知识宝库的监护人，大学图书馆是其存储地。随着信息技术在社会各领域的应用，合法知识的存在形态、生产、存储和传播方式被重塑。信息技术提供了全新的知识表达媒介、知识概念化模式，改变了旧有的思维方式。有关神经可塑性的研究已证实，"数字居民"一代的大脑思

---

① ［英］杰勒德·德兰迪：《知识社会中的大学》，黄建如译，北京大学出版社 2010 年版，第 127 页。

维，由于早期使用电子产品的经历，已导致其表现出迥异的特征。①

每一种媒介都有其固有的交互价值，塑造了人的思维方式和对知识的理解。纸质印刷内嵌了知识可被衡量、知识的线性演变、内省式意识类型等特征；而电子媒体更多地与临时性、试验性、访问的偶然性和多种用途相关联。过去的知识隐喻是静态的、权威的"大不列颠百科全书"，现在代之而起的是具有平等意义、临时性、共享性的"维基百科全书"。②

如果说以纸质印刷为载体的知识传播形式形塑了传统知识的静态、稳定特性，那么以数字为媒介的知识传播，赋予了知识的开放性，不断挑战知识的稳定现状。有研究者预测说知识将更多地被定义为过程和表现，越来越失去外部赋予的权威意蕴，信息技术电子媒介创造了一种新的"真理"模式，即知识由过去作为一种脱离真实世界的抽象存在，强调可证实性、客观性，演变为越来越强调内嵌于特定情境中。③

以信息技术为媒介的知识传播和知识存储所具有的开放性、公共性，使知识性质逐渐摆脱了纯粹客观性、权威性，越来越呈现出个性化、情境化色彩。理论上来说，知识形态的变化可追溯至卡尔·波兰尼提出的显性知识和隐性知识（Tacit and Explicit Knowledge），唐纳德·舍恩（Donald Schon）提出的命题知识和程序知识（Propositional and Procedural Knowledge）概念。

1958 年，英国著名的物理化学家、思想家卡尔·波兰尼在《个人知识：朝向后批判哲学》一书中，面对自 17 世纪以来西方经验主义、理性主义主导下学术界对"纯粹""客观""普遍性""非个人性"知识的信奉与追求，及其所引发的理智与情感、科学与人文、科学精英与普通大众之间的断裂，创新性地提出了"个体知识"概念。个体知识并非与"科学知识"对立，而是强调个体的情感、意志、审美等个体因素在科学

---

① Marc Prensky, "Digital Natives, Digital Immigrants", *On the Horizon*, Vol. 9, No. 5, 2001.

② Peter John Williams, "Valid Knowledge: The Economy and the Academy", *Higher Education*, Vol. 54, No. 4, 2007.

③ Peter John Williams, "Valid Knowledge: The Economy and the Academy", *Higher Education*, Vol. 54, No. 4, 2007.

知识发现过程中的全面介入。也就是说，科学知识并非纯粹客观的，所有的科学知识甚至人类的所有知识，都是个体精神活动的产物，深深地打上了个体的烙印。卡尔·波兰尼在分析了大量的科学发现的基础上，揭露了客观主义知识的虚妄，一语中的地指出，科学发现并非科学家客观地认识所研究对象的过程，而是一个蕴含着理解的过程。[①] 卡尔·波兰尼提出的个体知识概念揭开了以往知识的客观性的面纱，使其从冷冰冰的实验室、数字世界走进了个体的精神生活和日常经验。在此基础上，卡尔·波兰尼进一步提出了隐性知识和显性知识概念，在可被言说、以各种概念、原理、公式呈现的显性知识之外，让大量存在的、难以言说、难以以规则的形式进行传递且时刻左右人们的思想和行为的隐性知识得以露出真容。

在信息技术的推动下，命题知识权威色彩的褪化，个体知识、隐性知识、程序知识的浮现，深刻影响着大学的教学观、课程观、教学方式等。教育不应只是传递既定客观知识的过程，学生不是等待被罐装的容器。学生在学习学科知识过程中的个体知识不应被悬置，它既是学生学习新知识的起点，也是理解新知识的重要建构因素。

美国营利性大学在授课过程中特别重视学生的个人参与和体验，设置安排了大量的实验课程、实用操作课程，目的正是实现学生个体知识的生长，提升就业胜任力。营利性大学对个体知识和隐性知识的重视，使其与注重客观概念、命题演绎的传统大学的课程教学模式显著不同。合法知识形态的变化为美国营利性大学确定合理的办学定位提供了参考依据。

四　知识传递（教学）目的：由解放到优化社会系统性能

按照系统论的观点，高等教育被认为是社会的子系统。因此，高等教育应适应社会系统的需要，通过培养社会系统所需要的人才和能力，以为优化社会系统性能做出贡献。这种功能主义取向的知识教学观，不

---

① 石中英：《波兰尼的知识理论及其教育意义》，《华东师范大学学报》（教育科学版）2001 年第 2 期。

仅使教学与科研日益分离，而且极大改变了高等教育知识传递的内容、对象、方式和目的。

就高等教育知识传递的内容而言，利奥塔尔在《后现代状态：关于知识的报告》一书中指出，为适应社会系统的需要，高等教育致力于培养两种类型的人才与能力：一类是能够引领国家发展，力保在国际竞争中取胜的精英人才和高级能力；另一类是维持社会系统运行、符合社会系统内在要求的人才和能力。而且对后一类人才和能力的要求已由之前具有解放意蕴的、培养和传递一种理想的生活方式，转向为培养胜任职业岗位要求的专门人才和职业能力，高等教育的职业化功能越来越凸显。

就高等教育知识传递的对象来说，社会系统运转对高等教育提出了为在职成人提供继续教育的新任务。过去那种一劳永逸地、为人的一生作准备的一次性学校教育模式，越来越难以适应工作岗位对新技术、新知识的要求。在职成人的继续教育和终身学习要求，需要高等教育予以回应。

就高等教育知识传递方式而言，信息技术发展对高等教育的知识传播方式创造了革新机会。鉴于高等教育传递的主要是既定的知识内容，应用信息技术进行传递可极大提高知识传播的效率。况且知识传递已逐渐摆脱人类解放的宏大叙事，越来越强调知识的实用性，这更增加了利用信息技术取代教师进行知识传递的合理性。正如利奥塔尔所言，"仅仅当我们从精神生命和/或人类解放这些合法化大叙事的角度看问题的时候，机器部分地取代教师才会是一种缺陷，甚至是不可容忍的"[1]。

就高等教育知识传递的目的来说，教育教学实体机构呈现出两大分化趋向：一种指向了能力的简单再生产，另一种指向了能力的扩大再生产。[2] 前者属于大众化教育，限于信息的简单传递、信息的良好记忆以及优良的信息检索能力；后者则强调利用信息解决问题的策略、跨学科联结知识的能力，致力于"想象"精神的提升。

---

[1] ［法］利奥塔尔：《后现代状态：关于知识的报告》，车槿山译，生活·读书·新知三联书店1997年版，第107页。

[2] ［法］利奥塔尔：《后现代状态：关于知识的报告》，车槿山译，生活·读书·新知三联书店1997年版，第111页。

美国营利性大学属于以"能力的简单再生产"为目的的实体机构，专注于知识传递，并积极利用网络教学，专门为在职成人提供继续教育，帮助成人学生提升职业能力。这适应了社会系统运转优化对高等教育提出的新要求，是社会系统性能优化催生高等教育机构不断推陈出新的产物。美国营利性大学的知识传递模式在优化社会系统性能中获得了合法性基础。

五　人才培养规格：由常规生产人员到符号分析人员

尽管有关知识经济概念的界定没有达成共识，但普遍认为知识经济时代信息处理能力、知识专长以及知识人才的重要性将愈加凸显。知识经济将需要越来越多的知识劳动者。罗伯特·赖克（Robert Reich）将知识社会中的这一新群体称为"符号分析人员"（Symbolic-analytic）；曼纽尔·卡斯特（Manuel Castells）提出知识社会将需要大量的"自我编程型人员"（Self-programmable）；杰里米·里夫金（Jeremy Rifkin）认为技术正在使"工作终结"。人才结构需求的变化无疑会对高等教育改革产生强大的推动力量。美国营利性大学正是从人才结构需要变化中获得了发展动力。

根据罗伯特·赖克在《国家的作用：21世纪的资本主义前景》一书中的分析，随着全球化竞争的加剧，大机械生产主导的、标准化的"高产量"模式，逐渐转型为"高价值"生产模式。人们关注的焦点由产品数量转换为产品质量，而且从关注一般使用价值的质量深化为关注特定用户需求、顾客满意等产品的高附加值。随着由大规模生产向高附加值生产的转型，之前依靠扩大规模、增加资源投入来增加企业效益的做法难以为继。高价值生产模式下，识别顾客需要（发现问题）、满足顾客需要（解决问题）以及将两者关联并付诸实施的能力格外重要。在高价值生产模式下，知识、信息以及运用知识、信息提升产品价值的能力将成为重要的生产资本。

高价值主导下全球化生产模式滋生了新的人才需求。罗伯特·赖克认为未来职业主要包括三大类：常规生产人员、符合分析人员、直接服务人员。"常规生产人员"从事各种简单重复性的工作，主要包括蓝领工人、企业中基层管理人员等，需要具备基本的阅读、计算能力，以及忠诚、可靠、愿意接受指导等品德，其薪酬一般按工作量或工时计算；"直接服务人员"主要是从事家务劳动外包和辅助劳动的人员，如商品零售、幼育老养、文秘等。"直接服务人员"与"常规生产人员"最大的区别在于"直接服务人员"需要与服务对象面对面地接触。"符号分析人员"主要负责提升产品价值，需要具备在分析和综合现有的知识、信息基础上识别问题、解决问题进而创造新的知识价值的能力。之所以称他们为符合分析人员，是因为他们把社会现实抽象为各种符号，利用理论、概念、数学公式等操作工具，进行试验、重新设计、分享交流，然后再将其作用于社会现实。值得一提的是，符合分析人员不同于以往标准化生产模式下的专业人员，专业人员倾向于仅仅掌握既定的专业知识并将其应用于既定的情境，在确定性环境中进行简单重复地操作；而符号分析人员面对的是不确定的情境，需要具备有效运用现有知识识别问题，进而创造性地解决问题的能力。也正因如此，实际上很难去界定符号分析人员的工作内容，也很难给他们冠以固定的工作头衔，有时他们是某一项目的战略分析师，有时在另一项目中担任创意顾问，有时又负责系统开发。这需要他们具备在不同情境中进行学习、团队合作的能力等。

鉴于高价值生产模式对知识增值的依赖，罗伯特·赖克认为，从事重复劳动的"常规生产人员"的需求正在下降，尤其在越来越多的美国企业将生产线移至其他国家后，更加剧了常规工作消失的趋势。"直接服务人员"也面临被自动化机器替代的竞争，但由于其面对面的服务性质，以及美国老龄化人口增多催生了养老行业的服务需求等因素，形势较为乐观一些。与上述两种职业形成鲜明对比的是，对"符合分析人员"的需求呈加速上涨趋势，如摄影师、土木工程师、投资师、律师、销售人员等各类从事知识创新和价值提升工作的人员。"符号分析人员"积极参与全球市场，并获得丰厚的报酬，成为知识经济社会中依赖知识资本获取利润且富有竞争优势的一类群体。

无独有偶，曼纽尔·卡斯特在其信息时代三部曲第三卷《千年终结》一书中，在描述未来新社会的生产系统时，把未来社会的工作者划分为两类，一类是无标签一般劳工，另一类是自我编程型劳工。两者最大的区别在于是否具有从实践中不断学习的能力。曼纽尔·卡斯特指出"只要受教育，任何人在适当的组织环境中，都能朝向生产过程无止尽变化的任务来重新设定他/她自己"。① 这里的教育更多地表现为学习者随时随地学习的能力。也就是说，知识信息社会中，劳动者从环境中获取知识信息、加工处理信息、最大程度利用环境的自我创新能力，变得至关重要。与此相反，无标签劳工只是在重复工作，执行既定的工作任务命令，也因此很容易被自动化机器所替代。

自动化、信息化、智能化技术的发展正在终结传统工作类型。杰里米·里夫金在1995年出版的《工作的终结》(*The End of Work*) 一书中指出，自动化、信息化、智能化正在替代人的劳动，迫使众多的蓝领工人和白领工人加入失业者的行列，带来传统工作的终结。尽管社会经济发展对蓝领工人的需求数量不断减少，但制造业的劳动生产率却在上升，"从1979年到1992年制造业部门的生产率提高了35%，而就业人数减少了15%"。② 在过去的十多年里，美国白领工人的工作岗位也面临被信息化技术、智能技术取代的趋势，越来越多的人遭遇着"技术性失业"。以往技术革命对就业机会产生威胁，往往会有新兴部门及时吸纳剩余劳动力，比如因农业机械化而失业的农民和农场主，可被迅速崛起的工业制造业吸纳；20世纪五六十年代因自动化生产而被迫失业的蓝领工人，可被迅速发展的服务业吸纳。但此次信息化、智能化革命横扫社会各行业领域，大大压缩了技术性失业者再就业的空间。

无论是罗伯特·赖克提出的"符号分析人员"，还是曼纽尔·卡斯特提出的"自我编程型人员"，抑或是杰里米·里夫金宣称的"工作的终结"，尽管他们使用的表述名称不同，但其实质并无多大差别，都强调知识信息社会里劳动者获取知识信息、运用知识信息以提升知识价值、进行知识创造的重要性，均在强调对传统的简单重复性劳动需求下降的趋势。有关美国就业变化的统计，也恰恰印证了对符号分析人员、自我编

---

① ［美］曼纽尔·卡斯特：《千年终结》，夏铸九等译，社会科学文献出版社2003年版，第409页。

② ［美］杰里米·里夫金：《工作的终结：后市场时代的来临》，王寅通译，上海译文出版社1998年版，第13页。

程型人员需求的增加。相关统计表明，千年之交美国职业中 80% 以上的工作本质上属于"脑力"工作。[①] 知识型工人取代体力劳动者，成为最大的工作群体。美国社会对劳动者的需求正在朝着知识不断升值的方向演变。

面对这一颠覆性的职业结构大巨变，成人教育和培训被提上美国政府工作议程。曾担任美国克林顿政府劳工部长的罗伯特·赖克就曾警告说，面对高度竞争性的全球经济，我们的工人必须有更好的教育、高超的技术、有适应能力和具有达到世界水平的培训。[②] 扩大符号分析人员、自我编程型人员队伍，以适应知识经济社会"高价值"生产模式的需要，成为教育界不容回避的一项重要任务。为此，罗伯特·赖克给出了如下建议，在基础教育阶段，必须锻炼四项基本技能：抽象能力、系统思维、实验和协作；在高等教育阶段为青年提供更多的高等教育机会；保证符号分析人员得到充足的在职训练等。[③]

对知识工作者需求的激增，为美国营利性大学创造了发展空间。随着"常规生产人员"需求的下降，越来越多的成人需要终身提升职业能力，越来越多的中学毕业生需要接受高等教育，以从事更为复杂的知识价值提升工作。美国营利性大学正是抓住了美国企业生产模式由"高产量"向"高价值"转换所带来的从业人员需求变化契机，专门致力于为成人、社会边缘群体提供高等教育机会和就业培训，从而获得了空前发展。

第三节　美国营利性大学发展的社会文化背景：新自由主义教育思潮

20 世纪七八十年代兴起的新自由主义，与美国 19 世纪早、中期倡导

---

① 金吾伦：《知识管理：知识社会的新管理模式》，云南人民出版社 2001 年版，第 10 页。

② ［美］杰里米·里夫金：《工作的终结：后市场时代的来临》，王寅通译，上海译文出版社 1998 年版，第 44 页。

③ ［美］罗伯特·赖克：《国家的作用：21 世纪的资本主义前景》，上海市政协编译组、东方编译所译，上海译文出版社 1998 年版，第 232 页。

的自由主义一脉相承，但与 20 世纪上半期的自由主义截然不同。在美国，19 世纪早期的自由主义视自由为崇高理想，在经济上反对国家干预，支持海外自由贸易；政治上反对政府集权，倡导保护个人权利，实施议会制和代议制。然而在 20 世纪，这些主张有所改变，自由主义越来越多地与国家政府干预相联系，中央集权、福利和平等逐渐代替自由成为最高追求。在这一背景下，新自由主义扛起了自由主义的大旗，为自由鼓与呼，并号召重新界定政府在各领域中的作用，这里也包括政府在教育中到底应发挥什么作用的审问。

新自由主义倡导发挥私有企业在经济发展中的作用，认为政府的作用在于保护个人的自由免受侵害。新自由主义没有把政府和个人看作站在彼此对立面位置上。"自由人既不会问他的国家能为他做些什么，也不会问他能为他的国家做些什么。他会问的是：'我和我的同胞能通过政府做些什么'，以便尽到我个人的责任，以便达到我们各自的目标和理想。"①

美国新自由主义代表人物、经济学家密尔顿·弗里德曼是 20 世纪 80 年代运用新自由主义思想改革教育的倡导者，其观点集中反映在他的三篇文献中，分别是 1962 年出版的《资本主义与自由》一书中收录的《政府在教育中的作用》、1979 年出版的《自由选择：个人声明》一书中收录的《学校的问题在哪里》以及 1995 年发表在《华盛顿邮报》上的《公立学校：使其私有化》。密尔顿·弗里德曼的思想主导了美国教育市场化改革运动。他提出的政府对大学生进行股份式投资的观点被转化为学生资助政策制度，成为影响美国营利性大学生存与发展的决定性条件。

一 政府在教育中的作用

密尔顿·弗里德曼在《政府在教育中的作用》一文的开篇就指出，政府向正规学校教育提供经费并对其管理，几乎成为理所当然的事情。为推翻这一普遍预设，弗里德曼以政府干预教育的依据"邻近影响、家

---

① ［美］密尔顿·弗里德曼：《资本主义与自由》，张瑞玉译，商务印书馆 1986 年版，第 3 页。

长主义、技术垄断"为出发点，解构并重构了政府在教育中的作用。在密尔顿·弗里德曼看来，"邻近影响、家长主义、技术垄断"既不是政府干预教育的必要条件也不是充分条件，而且对于不同层级的教育，它们的影响程度也是不一样的。因此，笼统地以"邻近影响、家长主义、技术垄断"作为政府干预教育、学校国有化的理由是完全站不住脚的。在不同层级教育中，政府介入教育的理由是不相同的，而且政府所应发挥的作用也不一样。

（一）对于公民的一般基础教育：发放教育券

就公民的一般基础教育而言，存在大量的"邻近影响"。公民的一般基础教育对维持民主社会的稳定与运行是必不可少的，儿童受到的基础教育不仅对自身有利，也会受益于其他社会成员。但由于难以排除、识别具体的受益人，单纯由私人供给动力不足，加之公民的一般教育对维护整体社会的秩序与发展具有重要意义，所以需要政府"保障每一个儿童受到最低数量的一种特殊的学校教育"。[①] 但即便如此，政府也无须直接经营学校。对于政府如何保障供给最低数量的学校教育，弗里德曼开出了两种药方。

一是政府可以制定政策，规定家长承担起保证儿童获得基本教育的责任，正如政府要求建筑物必须符合一定标准，以免带来安全隐患一样。当然，对于极端贫困的家庭，政府可以向其提供补助。

二是即便由于家庭之间经济状况水平不一、子女数量不同导致家庭之间的教育费用负担不一样，由家长承担子女教育的责任可能面临困难，政府也无须直接向学校提供经费，可采取向家长发放教育券的形式，赋予家长在营利性教育机构和公立教育机构之间选择的权利。政府负责制定学校应达到的标准，并予以监督。发放教育券的益处包括扩大家长选择的范围；促进私立学校、公立学校、教会学校等各类型学校竞争发展；扩大家长与学校直接对话的渠道，如果家长不满意，可选择其他学校，而无须求助于烦琐的政治渠道表达自己的教育诉求。

---

① ［美］密尔顿·弗里德曼：《资本主义与自由》，张瑞玉译，商务印书馆1986年版，第84页。

很显然，"临近影响"并不能为政府干预学校教育提供充分的支持。为社会稳定提供共同价值标准的"家长主义"也不是学校国有化的充分论据。密尔顿·弗里德曼认为"它和保存自由本身发生冲突"，"灌输思想妨碍思想和信仰的自由"。① 在 19 世纪至 20 世纪初，面对巨大的移民流，美国这一"人的熔炉"需要公立学校为其提供维系统一的共同价值观，但就目前而言，"我们受到过多一致性的威胁，我们的问题是扶植多样化"。②

密尔顿·弗里德曼进而批判了"家长主义"的另一版本，即认为政府统一领导的公立学校有助于各阶层子女的交往，弥补阶层隔阂，而私立学校会扩大阶层差异。对此，密尔顿·弗里德曼认为现行公立学校在低收入居民区和高收入居民区的教育质量具有较大差异，造成各阶层子女的教育机会不均等，贫穷家庭子女只能就近入学，对于才能出众的学生也难以获得优质教育资源。密尔顿·弗里德曼认为废除学校国有化，向家长提供更多的选择机会，这反而有利于各阶层子女的交往，增加贫穷家庭子女社会流动的机会。

"技术垄断"也不是支撑学校国有化的充分论据。所谓技术垄断是指，小城镇和乡村地区因儿童数量较少，难以形成多所学校竞争的局面，只能采取国有化策略。根据密尔顿·弗里德曼的分析，由于交通运输工具的改善和人口向城市集中，乡村地区的学校国有化也并非合理的安排，最理想的安排是向家长发放补贴，使其在不同地区的公立学校和私立学校之间进行选择。这既有利于推动学校多样化、灵活性发展，也有利于提升教育经费的使用效率，使其切实被用以改善学校教育质量，而且也有利于愿意投资子女教育的家长更有效地购买他们所需的学校教育服务，而不是被迫花钱购买校外教育。打破学校国有化，在公立学校和私立学校之间引入竞争，也将有助于完善教师工资制度。目前的教师工资制度没有发挥激励作用，也反应不出市场供需变化。在教师工资制度中引入

---

① ［美］密尔顿·弗里德曼：《资本主义与自由》，张瑞玉译，商务印书馆 1986 年版，第 88 页。

② ［美］密尔顿·弗里德曼：《资本主义与自由》，张瑞玉译，商务印书馆 1986 年版，第 94 页。

竞争机制，按照教师工作绩效给予报酬，这样会真正吸引有能力者从教，改善教育质量。

在密尔顿·弗里德曼看来，支持学校国有化的三大论据"邻近影响、家长主义、技术垄断"，在 19 世纪曾经具有合理性，因为当时的交通工具不发达，只能采取"技术垄断"（学校国有化）。加之，当时的移民浪潮的确需要能够提供统一价值标准的公立学校教育。而且，当时的行政机构的规模和行政人员的执政能力不足以去有效实施教育券制度。但是社会发展至 20 世纪 60 年代以后，再以"邻近影响、家长主义、技术垄断"作为支持学校国有化的论据，已失去了社会土壤。新的社会发展背景，需要政府在教育中发挥不同的作用。改革政府直接经营学校的国有化方案，向家长发放教育券，在不同类型学校之间引入竞争机制，已成为新社会背景下，政府在公民的一般基础教育中发挥作用的理想选择。

（二）对于学院和大学水平的学校教育：资助个人而非学校

对于学院和大学水平的学校教育，密尔顿·弗里德曼认为，以"邻近影响或技术垄断"作为政府负担高校教育经费的理由，显得苍白无力。大学生在不同州之间流动，不存在"技术垄断"问题。对于"临近影响"，普遍认为基础教育会产生较大的"临近影响"，基础教育阶段的阅读、写作、计算对于提升公民素养具有重要作用。加之，从目前来看，高等教育的公共开支有很大一部分被用于职业技能训练，这与培养社会公民的理想目标相距甚远。基于此，密尔顿·弗里德曼毫不掩饰地指出"把对学校教育的补助限制于公立学校的范围是不能以任何理由来为之辩护的"。①

那么政府在高等教育中应发挥什么作用？弗里德曼给出的改革方案是，直接补助个人，让学生在达到一定标准的公立、私立高校中自己选择，公立高校按成本收取学费。② 这将在公立学校与处于同一水平的私立学校之间引入竞争机制，提升各高校的资源使用效率，保持高校多样性

---

① ［美］密尔顿·弗里德曼：《资本主义与自由》，张瑞玉译，商务印书馆 1986 年版，第 96 页。

② 此处弗里德曼排除了高校的研究经费。

和办学的独立性。

（三）对于职业和专业学校教育：政府由直接资助转变为股份投资

如果基础教育所具有的"邻近影响"决定了政府应负担最低水平的学校教育，但"邻近影响"并不能成为政府负担职业教育的理由。因为职业教育没有一般教育所具有的"邻近影响"，职业教育和专业学校教育是一种"对人力资本进行投资的方式"，"其功能是提高人类在经济上的生产力"。[①] 这种投资类似于对设备等生产资料的投资，都是为了投资者获取更大的收益。因此，发展职业教育应秉持"谁获益谁投资"的原则。

对职业教育的投资存在"技术垄断"，市场发育并不充分。"技术垄断"表现为人力资本投资的不确定性、高风险性，以及契约管理所产生的高昂的交易成本。与物质投资相比较，对人力资本的投资往往伴随较大的风险和不确定性。一是被投资者学生的能力提升、学习精力投入、身体健康状态等都会左右投资人的投资回报率，使投资人的收益预期充满了未知，而且较之于对机械设备的投资，人力资本的投资风险难以有效防控和抵押；二是通过订立契约，投资人预支学费、购买被投资者未来部分收入的方式，尽管增加了投资回报的保障力度，但在甄选投资对象、协调各方诊断学生就业收入情况等会产生高昂的行政管理成本，这将大大抵消投资收益。因此，单纯通过市场进行职业教育人力资本投资有一定的局限性。

密尔顿·弗里德曼并不反对政府干预职业教育，他反对的是政府的干预方式。以往美国政府采取的干预方式是直接补助学校，在弗里德曼看来，这将会造成政府的过度投资，其投资收益大部分被个人获得，实质是用纳税人所交的税款进行的一次收入再分配。对政府在职业教育中的作用，弗里德曼开出的药方是"政府对学生进行股份式投资"[②]，政府向个人提供满足最低质量标准的训练费用，要求学生在一定期限内用一定比例的收入予以偿还。

----

① ［美］密尔顿·弗里德曼：《资本主义与自由》，张瑞玉译，商务印书馆1986年版，第98页。

② ［美］密尔顿·弗里德曼：《资本主义与自由》，张瑞玉译，商务印书馆1986年版，第102页。

二　政府资助方式改革

密尔顿·弗里德曼认为美国高等教育的症结在于教育质量与教育公平问题。公立高校学费低廉，吸引了一批搭便车的学生，退学率居高，教学质量并不理想。比较来说，私立高校通过收取较高的学费，出售诸如以个人命名的建筑物等纪念品，以及通过开展科学研究获得个人和基金会捐赠，在这样一种类似自由市场制度下，学生和学校的动力被激活，高校焕然一新。

关于平等问题，弗里德曼对使用税款资助高等教育的两大依据"促进社会收益和增进教育机会均等"进行了严厉批判。

一是社会收益。关于高等教育所产生的社会收益，大部分说辞集中于经济效益的提高。对此，密尔顿·弗里德曼认为，这与投资有形资本所产生的收益并无根本区别，但是我们并没有据此为企业的有形投资提供公共补助。再者，高等教育会带来个人收入的增加，这会驱使个人热心投资高等教育，无须政府介入。关于其他的一些非经济福利，目前没有证据充分证明高等教育的税款补助是否取得了任何真正积极效果，也没有证据显示如果不提供税款所带来的社会影响。即便没有政府补贴，高等教育的社会收益也会作为"私立高等教育的副作用"而显现。①

二是教育机会均等。私立学校为来自低收入家庭的学生提供了比公立大学更多的教育机会，公立大学四年制学校中，来自高收入家庭的学生占比高于来自低收入家庭的学生。也就是说，高收入家庭的学生获得了更多的教育机会。

公立高校在维护高等教育公平和提升高等教育质量方面，并非万能的。针对高等教育存在的教育质量问题和公平问题，密尔顿·弗里德曼开出了两种药方：一是政府预付学生求学费用，入股投资，将来按学生收入分红。二是实施高等教育凭单计划。公立学校与私立学校一样收取学费，政府发放教育凭单，学生可在取得资质的高校中进行选择。如果

---

① ［美］密尔顿·弗里德曼、罗斯·弗里德曼：《自由选择：个人声明》，胡骑等译，商务印书馆 1982 年版，第 185 页。

申请人数过多，高校可根据考试成绩、家庭收入等进一步分配凭单金额。

综上所述，密尔顿·弗里德曼对政府资助各级教育的理由"邻近影响、家长主义、技术垄断"进行了深入的分析和批判，并进而提出了政府在各级教育中发挥作用的方式。对于高等教育和职业教育，政府改变直接资助高校的做法，采取股份性质投资，向学生提供助学贷款。这一改革建议被政府采纳，其使用范围也包括了美国营利性大学。密尔顿·弗里德曼对政府在教育和高等教育中作用的分析，以及提出的政府资助改革建议，为美国营利性大学获得联邦政府学生贷款提供了理论支持。也正是受益于政府资助方式的变革，美国营利性大学在20世纪80年代获得了飞速发展。

第 三 章

美国营利性大学微观竞争环境

大学竞争战略是从长远和整体的视角确定自身竞争方位和谋划发展方式。对此,首先需要对大学所处环境进行科学、全面、系统的分析。美国营利性大学居于其中的高等教育结构是其竞争发展所面临的最直接的外部环境。分析美国高等教育结构的整体特征和各竞争主体的关系,是进一步探析美国营利性大学竞争方位构建和竞争方式选择的前提。

美国高等教育整体呈现出发展成熟化、市场化和数字化特征。自20世纪 70 年代以来,美国高等教育内部的竞争主体更为多元和复杂,这不仅表现在现有竞争者之间,而且还体现在高等教育潜在进入者和替代者的异常活跃。美国高等教育竞争主体的不断拓展,进一步加剧了竞争内容的复杂化和竞争程度的激烈化。这从根本上塑造了美国营利性大学的竞争方位、竞争内容和竞争方式。从竞争方位来看,应选择被传统大学忽视的边缘地带和缝隙空间;从竞争内容来看,应"以对手为导向"的模仿追随过渡到"以核心竞争力构建为导向"的价值创新;从竞争方式来看,应积极谋求差异化竞争。

第一节　美国高等教育发展图景

一　美国高等教育成熟化

美国高等教育产业已从成长型产业转变为成熟型产业。[①] "二战"后

---

① ［美］菲利普·G. 阿特巴赫等:《为美国高等教育辩护》,别敦荣等译,中国海洋大学出版社 2007 年版,第 30 页。

为更多人提供上大学的机会，成为政府发展高等教育的主要目标。政府加大了对公立高校、私立高校的财政投入、研究资助和政策支持力度。美国高等教育进入发展的"黄金时代"。[①] 20 世纪八九十年代，美国高等教育已发展为成熟产业，由高等教育大众化迈向普及化。高等教育产业发展程度的变化必然引起政府管理方式的变化。对待成长型产业，政府意在提供更多的扶持以促进其发展，而对于成熟产业，政府往往会降低财政投入，加强问责、约束与规范，关注高校办学效益和学生学业成就，其中最明显的变化在于政府财政投入的减少。营利性大学的发展顺应了政府对高等教育投资减少的趋势，其在资本市场的融资能力、向政府交税，为政府和高校应对办学经费紧张开拓了新思路。

成熟产业发展到一定阶段，或者能充分地满足市场的需求，或者无力或不愿提供市场所需的产品。[②] 传统高校由于历史传统与办学的路径依赖，已不能满足知识经济社会提出的全面提升劳动者知识技能水平以及劳动者的终身学习需求。知识经济社会知识更新周期缩短，要求社会成员及时更新知识水平，因此需要教育模式由传统的为未来职业生活做准备的"预备教育"，转向随时满足学习者终身学习需求的"适时教育"。另外，非传统型大学生数量不断增长，传统高等教育模式难以有效满足他们的教育需求。非传统型大学生不同于传统意义上的全日制在校大学生，他们往往兼职上学、年龄较大、有家庭，对高等教育的便利性、教育成本、服务质量等方面提出了更高的要求。对于这一群体的高等教育需求，传统大学显然还没有做好充分的回应准备。传统大学办学规模扩张、行政机构膨胀等导致其办学成本居高不下、学费上涨。降低办学成本、提高办学效益成为政府和社会的共同呼声。

面对种种冲击和挑战，作为成熟产业的传统高等教育在回应外部社会环境的新变化时，往往表现出惰性和滞后性。纵览美国高等教育发展历程可发现，面对外部社会的新挑战，高等教育往往以创造新型教育机

---

① ［美］罗杰·盖格、刘红燕：《美国高等教育的十个时代》，《北京大学教育评论》2006年第 2 期。

② ［美］菲利普·G. 阿特巴赫等：《为美国高等教育辩护》，别敦荣等译，中国海洋大学出版社 2007 年版，第 34 页。

构予以回应。美国营利性大学的发展正是美国高等教育回应外部教育新需求的结果。营利性大学在满足成人学生的终身教育需求、降低办学成本、提高办学效益方面，具有传统大学无可比拟的办学优势。

二 美国高等教育市场化

美国高等教育市场化与新公共管理运动和新自由主义思潮密切相关。新自由主义倡导"经济自由和去中心化"原则，主张"自由贸易、市场开放、私有化、解除管制、削弱政府的福利提供者职责"。[①] 这些主张也被引入政府的公共管理改革中，以提升公共部门的效率和效益、缩减政府开支。

20世纪七八十年代西方国家普遍陷入经济滞胀，传统的官僚制政府面临诸多危机与挑战，改革迫在眉睫。在此背景下，一场声势浩大的旨在提升政府效率、促进政府公共部门现代化的新公共管理运动兴起。新公共管理是一系列创造性地改革公共行政的统称，其最核心的观点是"将市场机制引入政治领域"，[②] 具体表现为在公共行政中引入市场激励、顾客满意、放松管制、交易成本分析等机制。美国营利性大学的发展即是政府改革自身在高等教育公共服务中的角色、引入市场机制的体现。

新公共管理运动倡导政府改革的市场化取向，包括政府功能定位的市场化与公共物品供给的市场化。政府功能定位的市场化主要表现在，政府收缩社会职能、将社会福利项目市场化和放松管制、收缩经济职能；公共物品供给的市场化表现为政府、私人部门、消费者自己、志愿者等都可以成为公共物品的生产者与提供者（安排者）。教育作为一种准公共物品，也在这场新公共管理运动中获得了新的供给制度安排。譬如，教育凭单制、特许经营、营利性大学模式等都是新公共管理运动中公共物品供给市场化的集中体现。

---

① Sophie E. F. Bessant, et al. ，"Neoliberalism, New Public Management and the Sustainable Development Agenda of Higher Education: History, Contradictions and Synergies", *Environmental Education Research*, Vol. 21, No. 3, 2015.

② ［美］E. S. 萨瓦斯：《民营化与公私部门的伙伴关系》，周志忍等译，中国人民大学出版社2002年版，第318页。

尽管新自由主义倡导政府放松管制，但是市场失灵和信息不对称的大量存在要求政府承担起监管市场的职责，需要对市场竞争中出现的不良行为予以规制，以维护公共利益、保障市场主体有序竞争。为此，政府一方面在高等教育系统中引入市场机制（如高校从企业获得研究资助）和准市场机制（政府规制和引导下的市场行为）；另一方面通过绩效评估、认证制度、质量保障机制等加强对高校的问责。在政府监管高校的新工具中，会计制度（Technologies of Accounting）和审计制度（Technologies of Audit）的应用尤为值得关注。①

其一，会计制度。新公共管理背景下经济财务思维取代学科专业规范和科层规范，成为主导高校组织运行、系部运作、个人行动的主要观念。高校的系部按照市场和准市场机制重构组织工作流程，采取企业式"成本—收益"模式来管理内部事务。与市场化密切相关的效率、透明、竞争、顾客回应等元素渗入高校成员的思想观念中，进而约束着学校成员的行为模式。经济财务原则成为支配高校组织运行及其成员的主导观念。此外，高校的知识生产也受制于节约成本、收益产出的考量，学术研究成为实现经济收入的重要来源。会计制度在高校得以实施的具体工具主要包括"竞争性拨款、用户驱动生产模式、创业型组织、产出测量、绩效管理"。②

其二，审计制度。新公共管理背景下政府运用审计制度管理高校的做法嵌套于政府的问责制度之中。审计制度维护高校的独立自主性，但却通过问责、评估等措施使高校决策符合政府的相关要求。审计制度实施的具体工具包括"政府按契约拨款、绩效评估外部化（同行评审和自我评估成为外部监管的工具）、外部审计、外部质量保障机制、大学排名"。③

---

① Simon Marginson, "Academic Creativity under New Public Management: Foundations for an Investigation", *Educational Theory*, Vol. 58, No. 3, 2008.

② Simon Marginson, "Academic Creativity under New Public Management: Foundations for an Investigation", *Educational Theory*, Vol. 58, No. 3, 2008.

③ Simon Marginson, "Academic Creativity under New Public Management: Foundations for an Investigation", *Educational Theory*, Vol. 58, No. 3, 2008.

　　会计制度和审计制度的实施，加剧了高校办学的市场化倾向和"公司化"倾向，增加创收、商业管理、创新创业成为大学战略发展的方向和大学政策的优先事项。索菲·贝桑特在分析新自由主义和新公共管理对英国高等教育的一般影响时指出，英国高等教育更加商业化，注重产出、财务控制、效率、战略规划，与企业、商业部门互动频繁，采用商业话语界定大学与利益相关者的关系和角色（如学生为顾客、大学为服务提供者）。[1]

　　新自由主义和新公共管理改革引发的高等教育教学和研究的市场化倾向，在美国高等教育中表现得更为突出。正如詹姆斯·杜德斯达在《美国公立大学的未来》一书中所指出的，美国"高等教育正快速地从一个为本地社区传统意义上的学生服务的学院和大学的松散联合系统向一个受强大的市场力量驱动的全球化的知识和学习产业发展"。"州政府和联邦政府越来越接受这样一种观点：大学教育不仅应被看作在有教养的市民身上的一种公共投资，而且更多的应被看成一种消费商品。"[2]

　　在新公共管理和新自由主义的推动下，政府在高等教育中的作用已发生了显著改变，由传统的教育公共服务的生产者转变为组织安排者、监管者。在政府角色转变的过程中，市场竞争成为美国高等教育产业发展的中枢机制。加之，知识经济催生了新的高等教育市场需求，满足高度多样化的人口群体的高等教育需求正在演变为一个巨大的市场空间。这其中非传统型大学生的高等教育需求成为高等教育产业的生长点。信息技术的发展降低了高等教育的投资成本，有助于新的高等教育提供者开发新型教育模式，根据学习者的学习需求、便利要求，灵活地为非传统型大学生提供高质量的、注重结果产出的教育服务。在上述有利条件下，美国营利性大学敏锐地察觉了高等教育所具有的投资潜力，瞄准弱势边缘群体、工薪族等非传统型大学生的高等教育需求，成为高等教育

①　Sophie E. F. Bessant, et al. , "Neoliberalism, New Public Management and the Sustainable Development Agenda of Higher Education: History, Contradictions and Synergies", *Environmental Education Research*, Vol. 21, No. 3, 2015.

②　［美］詹姆斯·杜德斯达：《美国公立大学的未来》，刘济良译，北京大学出版社2006年版，第62—63页。

市场中的活跃力量。

三　美国高等教育数字化

数字技术正在重塑整个社会和世界的秩序，它改变了知识收集、生产和传播的方式，使人与人之间的信息交流和交往打破了时空限制。对于作为知识密集型组织的大学来说，数字技术所引发的变革更具颠覆性。

大学的基本使命包括教学、研究和社会服务，深层次来说，他们反映了大学承担的知识创造、知识保存、知识整合、知识传播和知识应用的角色，大学是社会的"知识服务器"。尽管从抽象意义来看，数字时代的大学所承担的提供知识服务的角色并未发生根本改变，但大学履行角色的方式却发生了显著变化。

就大学的知识传播"教学"而言，传统的课堂教学将被网络学习取代。今天"数字化的一代"，相对于按照课本所设定的学习顺序，更习惯于网络环境中的参与式学习和探索式学习。过去那种单打独斗式的个人学习逐渐向网络合作学习转型。相应地，教师的角色逐渐出知识传授者向学习体验和学习环境的设计者转变，由传统的教授者向合作小组的咨询者和教练转变。

大学承担的知识创造、知识应用和知识保存角色的履行方式也因为数字技术的广泛应用而发生了根本的改变。尤需指出的是，数字技术对高等教育的变革推动力，并非仅仅体现在使传统高等教育模式更有效率，更不是将传统教育模式移植到网络空间。数字技术最根本的变革力量在于重塑人类互动和交流的方式，它将引致各种非正式互动社群的大量涌现，这将从根本上重塑高等教育教学、科研、社会服务的内容和方式。

数字技术对高等教育变革所带来的挑战，不仅从根本上改变着大学承担的知识服务角色的履行方式，而且对高等教育的组织形态、高校之间的竞争合作方式等也具有颠覆性的变革力量。在数字技术的推动下，高等教育发展呈现出新特征。譬如虚拟大学的兴起、教学资源外包的盛行、各类型高校联盟的成立以及高校竞争程度加剧等。很显然，数字技术为高等教育的发展带来了前所未有的机遇与挑战。尽管很难具体描述数字时代高等教育的发展形态，但根据历史上美国高等教育发展一贯具有的多样性传统，在数字技术推动下，未来将会有更丰富多样的高等教育新形态出现。

詹姆斯·杜德斯达将数字时代高等教育发展所呈现出的新特征归纳为以下几方面。

（1）终身学习。社会成员具有强烈的学习意愿，需要教育机构予以回应，为社会成员提供灵活、多元的终身学习机会。

（2）无缝网络。为适应社会成员终身学习的需要，需要各层级教育机构、各类型教育形式融合发展，建立从小学、中学到大学、研究生教育、继续教育的统一连续体。

（3）异步学习。社会成员依据自身的个性化需求，自主决定何时、何地、以何种方式进行学习。

（4）价格的可承受性。大学具有广泛的可及性，为所有社会成员提供可负担得起的教育机会。

（5）互动式和合作式学习。数字时代的学习方式更加注重信息技术的运用、更重视学习者的互动与交流、更强调学习与生活、职业的融会贯通。

（6）多样性。数字时代的高等教育机构类型更加丰富，以适应日益多元化的社会成员的多样性教育需求。

（7）教育成为必需品。数字时代知识不仅是国家发展的重要战略资源，也是个人提升生活质量的必需品。为社会成员提供高质量的、承担得起的、便利的、个性化的学习机会，成为当代民主社会应承担的重要职责。①

数字时代的高等教育面临前所未有的发展机遇与挑战，它不仅为高等教育的知识传播、知识生产提供了新的技术支持和变革动力，而且也从根本上重塑着高等教育机构形态。美国营利性大学正是在这一变革机遇中脱颖而出，其网络教学形态、聚焦在职成人的再教育需求，适应了数字时代和知识社会对终身学习、网络学习的需要。美国历史上高等教

---

① James J. Duderstadt, "The Future of the University in the Digital Age", *Proceedings of the American Philosophical Society*, Vol. 145, No. 1, 2001.

育的历次创新发展，不论是公立大学、赠地学院还是社区学院的出现，都在某种程度上扩大了社会成员的高等教育机会。美国营利性大学的发展，可以说是对这一创新传统和使命的继承，是在新的数字时代背景下，面对社会成员的终身教育需求，美国高等教育又一次创新发展的集中体现。

第二节　美国高等教育结构"五力模型"分析

1979 年，哈佛大学经济学教授迈克尔·波特在《哈佛商业评论》上发表论文《塑造战略的竞争力量》(*How Competitive Forces Shape Strategy*)，提出了著名的"五力模型"。[①] 迈克尔·波特认为，战略制定的实质是应对竞争，然而，人们往往认为竞争主要来自看得见的、既定的竞争对手，没有意识到其他潜存的竞争威胁和机会。他富有见地地提出了五种竞争力量，分别是"现有竞争者、顾客、供应商、替代品、潜在进入者"。"五力模型"的提出为全面、深入地分析竞争主体所处的竞争位置、如何进行战略定位和制定发展战略，提供了新的视角。

一是潜在进入者。潜在进入者竞争威胁的大小与进入障碍、现有竞争对手的反应密切相关。潜在进入者的进入障碍主要来自现有竞争者的规模经济模式、既有产品的认同度高、进入资本门槛、政府的规制政策等。此外，现有竞争者对市场新进入者的强烈反击，甚或击败潜在进入者的先前案例，也是阻止新竞争主体进入的障碍。

二是强有力的供应方和顾客。供应方的议价能力会影响产品的成本和质量，同样，顾客也具有降低产品定价、要求提高质量和提供更多服务的威胁。他们都是竞争主体制定竞争战略时应考虑的重要因素。

三是替代品。能实现同种功能的其他产品且在价格和质量方面具有优势，是不可忽视的重要竞争力量。

四是现有竞争对手。现有对手的数量、产品和服务特点、成本控制

---

① Michael E. Porter, "How Competitive Forces Shape Strategy", In: *Readings in Strategic Management*. Palgrave, London, 1989.

等都会影响竞争强度。

总体来看,美国高等教育竞争激烈,面临强有力的潜在进入者威胁;学生和雇主对高等教育服务的质量要求较高;新型教育形态成为现有高校的强有力的替代品;现有高校在争夺生源、提升声誉排名等方面竞争激烈。

一　现有竞争者

美国高等教育体系中现有主要高校之间竞争激烈。随着高等教育大众化、普及化的发展,社会用于发展高等教育的资源相对紧缺,加之高等教育学术组织的"资源依赖性"特征,各高校在办学资金、生源、声誉、师资、广告宣传等方面展开了激烈争夺。

美国高等教育体系中多种所有制类型学校并存必然包含着更加复杂的竞争行为。美国非营利性大学的政府拨款、学费、私人捐赠、免税政策使其具有了强大的竞争资源,但政府监管以及"非分配约束"限制某种程度上遏制了非营利性大学开拓市场、降低办学成本、增加工作效率的积极性。美国营利性大学虽无政府拨款、无私人捐赠资金而且需要缴纳财产税和销售税,但美国营利性大学对利润动机的追求使其积极开拓新市场,降低办学成本,努力满足学生和雇主的需要。同时,美国营利性大学还积极利用证券市场、股票市场、基金市场等多种形式扩大融资渠道和途径,增强自身资本吸附、整合以及资源配置能力,不断提升竞争力。

美国高等教育竞争主体之间不仅有所有制形式的差异,而且同一所有制形式下包含的学校类型各异。这些学校在办学使命、规模、地理位置、学位授予、大学排名、学习年限等方面均表现出不同的特点。美国公立大学包含州立大学、社区学院等;私立非营利性大学包括著名的研究型大学、文理学院、选拔程度较低的大学等;营利性学校类型包括公开上市交易的大学、私人或企业开办的学校以及不具有学位授予权、以职业技能培训为主的营利性学校等。美国营利性大学的发展丰富了高等教育竞争主体。作为一种以追求利润为动机、按市场化运作的新型组织形式,营利性大学扩大了高等教育竞争范围,使美国高等教育竞争更加激烈。

与经济领域竞争所带来的企业倒闭、合并、转制以及新企业的不断涌现一样，高等教育竞争也使得院校处于倒闭、合并等流动状态。从1988年起，每年平均有24所四年制大学成立，美国营利性大学约占当年新成立的四年制大学的41%。若将大学范围扩展至不具有学位授予权的学校，则每年平均有100所中学后教育机构成立，在这些新加入者中，营利性机构约占88%。从1988—2005年，约有30所四年制大学关闭，每年平均有13所学校转制，约30%的学校是由非营利性大学转为营利性大学。①

二 潜在进入者

美国营利性大学面对的潜在进入者主要指新营利性大学的开办。潜在进入者面临的进入壁垒主要包括：一是现有大学提供的教育服务质量、专业特色赢得了学生忠诚，享有较高信誉，从而对潜在进入者形成了进入壁垒。二是政府政策也是一种重要的进入壁垒。在高等教育产业中，政府通过设定办学许可证限制了某些大学的进入。三是美国现有大学不断扩建分校、扩大规模，依靠规模经济实现边际效益递增，这也对潜在进入者构成了进入壁垒。但是也应看到，新进入者的资本需求壁垒相对较低，一所营利性大学的开办无须过高的资本投资，不存在较高的投资风险，也不需要大笔投入开展科学研究。据前文分析可知，从1988年起，平均每年有24所四年制大学成立，如果将范围扩展至不具有学位授予权的学校，则平均每年有100所中学后教育机构成立。美国营利性大学潜在进入者的威胁是存在的。

三 供方和买方的讨价还价能力

美国营利性大学"购买者"和"供方"的议价能力强，学生和雇主通过要求更高的教育质量和更好的教育服务实施讨价还价的能力。对依

---

① Burton A. Weisbrod, et al., *Mission and Money: Understanding the University*, New York: Cambridge University Press, 2008, p. 40.

靠学费为主要收入来源的美国营利性大学来说，学生的议价能力更强。美国营利性大学的主要供应方包括信息技术资源提供者、联邦政府的学生资助以及来自资本市场的风险投资等。美国营利性大学供应方的议价能力较强，因为大学属于"资源依赖型"组织，依靠外部资源投入获得发展。如果供方不满意，营利性大学在技术资源、资金资源等方面就会陷入困境。另外，由于美国营利性大学对信息技术的依赖性较强，信息技术供应方的议价能力也是美国营利性大学面临的不可忽视的竞争力量。

四　替代者

在知识经济、信息技术、终身学习的推动下，高等教育供给形式愈加多元，在传统高等教育之外，出现了多种多样的新型提供者。这些新型提供者从地理意义和概念范畴上超越了传统高等教育的边界，被称为"无边界教育"。[①] 具体来说，新型高等教育提供者在以下几方面打破了传统高等教育的固有界限：（1）时间边界。高等教育的学习机会贯穿于人的一生，高等教育的学习时间不再仅仅限定于特定年龄段。（2）地点边界。信息通信技术的发展使高等教育穿越了大学的围墙，为各地的学习者提供学习机会。（3）大学生群体界限。传统大学生群体所具有的人口特征，诸如年龄在18—24岁、在学校寄宿、全日制等，已不足以描述新时期大学生的特点。在知识更新周期缩短的压力下，越来越多的成人成为"大学生"群体的新成员。（4）类型边界。为回应多元学生群体的终身学习、专业发展需求，适应知识经济时代的社会发展需要，研究型大学、社区学院、营利性大学等各类型大学之间，以及大学与企业界、海外大学之间，不断创新合作形式，积极探索高等教育供给的新模式，这进一步加剧了大学类型边界的模糊性。（5）营利性与公益性边界。公立高等教育面对公共资金支持的下降，市场化办学行为明显，而私立高等教育越来越依赖于联邦政府的学生资助。

现阶段，高等教育新形式不断涌现，为学生提供了多元的接受高等

---

① Robin Middlehurst, "University Challenges: Borderless Higher Education, Today and Tomorrow", *Minerva*, Vol. 39, No. 1, 2001.

教育的新途径。美国营利性大学面临强大的"替代者"竞争威胁，主要包括公司大学、媒体出版业提供的教育服务、西部州长大学等。

（一）公司大学

美国公司大学发展迅速。公司大学代表了人力资源教育与培训的新形式，主要有两种类型：一类是培训型，注重提高员工的绩效和生产力，传播公司文化，确保公司所提供的服务的一致性。它除了重视本公司员工的培训以外，也会关注供应商和顾客对本公司文化和服务的认同。另一类是"培训＋研究"型，在为员工提供教育培训活动的同时也开展研究、咨询、公司内部知识管理等活动。公司大学的发展主要得益于在职成人继续教育需求的增长以及一些公司对高等教育人才培养现状的不满。公司大学的学生群体主要是在职成人，这与美国营利性大学的主要学生群体重合。美国营利性大学面临来自公司大学的强有力的竞争。

（二）媒体出版业提供的教育服务

近几年，一些大型出版商与传统大学合作提供教育服务，成为美国营利性大学教育服务的强有力的替代者。麦格劳·希尔公司成立了一家附属机构"麦格希在线教育"（McGraw-Hill OnLine Learning），它根据本公司的出版目录，提供相应的网络课程，网络课程由课程作者或其他学术专家负责提供指导和监督，课程结业后颁发相应的学业证书。哈考特出版公司于 2000 年 8 月获得了马萨诸塞州高等教育局的认可，开始提供高等教育课程。其他一些传播媒介也不同程度的提供教育服务，如 BBC 与国家开放大学（National Open College Network）合作提供网络学分课程。美国公共广播公司与微软公司合作，采用电视和网络相结合的方式提供远程教育服务。

（三）西部州长大学

西部州长大学成立于 1997 年，是一所非营利性网络大学，是在"西部州长协会"倡议下，为提升本州劳动者的受教育水平、满足企业雇主需求而创办的，致力于为工薪族提供符合他们时间安排的高等教育机会。西部州长大学利用互联网技术改变传统的大学教育模式，实施能力本位教育，为成人学生提供不受时间或地点限制的学习方式，帮助学生获得在学术界和企业界都有较高认可度的学位证书和资格证书。

西部州长大学办学特色鲜明，主要表现为以下两方面。

一是能力本位教育模式（Competency-based Education）。西部州长大学能力本位教育改革由"美国劳工部就业和培训管理局"和"比尔和梅琳达盖茨基金会"提供资助，并在全美推广。能力本位教育模式按学生对学习目标（能力）的掌握情况，由学生自主设定学习节奏，改变了传统的按学期划分统一安排学生学习进度的做法。该模式为学生提供清晰的能力目标，学生通过能力评估或能力展示合格者，可结束该课程的学习，开始学习新课程，而不用等到学期结束才能在新学期开始学习新课程。

能力本位教育模式的基本要义包括：

其一，学位充分体现了相关专业领域的能力要求。"能力"是课程开发、课程实施以及评估的核心要素，"能力"的界定需反映企业界的最新要求、学生的实际需求以及学术领域的专业标准。西部州长大学"专业委员会"负责开发能力指标，该委员会由学术界、企业界的权威专家组成。能力指标确立后再交由专门的团队，分别负责开发课程、制定能力评估方案。

其二，学生可按不同节奏学习课程并得到及时、个性化的指导。能力本位教育模式充分尊重学生学习经历、背景的不同，以及每个人的学习节奏不同的事实，借助便利的网络、电话等沟通手段，及时跟踪、发现学生学习过程中存在的困难，为学生提供一对一个性化指导和帮助。

其三，提供可供学生随时随地学习的有效的学习资源。学习资源为提升学生能力提供有力支撑。学习资源是否方便学生随时、反复使用，是否科学，难度是否适宜，与课程目标是否匹配等，都是影响能力本位教育模式能否有效实施的关键因素。

其四，按"能力"开发课程、确定学习目标、制定能力评估方案的步骤清晰且环环相扣。西部州长大学在上述各环节都配备了专门的教师团队，让专业人员做专业的事情，且相互之间及时沟通、密切合作。

其五，确保学生测评的有效性和科学性。西部州长大学充分发挥企业人士和学术人员的专长，使其共同确定测评内容，保障测评的效度。测评方案制定后，需要进行小规模的模拟测试，以诊断测评要求是否清晰、合理。西部州长大学的学生能力测评采取多种形式，包括能力展示、论文、客观测试、网络考试等。[①]

二是结构化教师队伍。结构化教师队伍是美国西部州长大学的另一显著特征。西部州长大学结构化教师队伍和专业角色分工为能力本位教育模式的实施、一对一个性化学生指导提供了有力保障。

西部州长大学教师角色分工如下：

其一，专业导师。专业导师根据学习目标、成人学生的实际工作和生活情形，为其量身定制个性化的学期计划，提供从入学到毕业的全程专业指导以及有关专业、政策和学习程序方面的信息，负责诊断学生的学习优势、发展需求等。截至 2020 年 1 月，西部州长大学共有 1622 名专业导师，负责学生的专业发展，帮助学生实现专业能力目标。

其二，课程教师。课程教师负责帮助学生制定个性化的课程学习计划；通过"一对一"或"一对多"等网络论坛形式，帮助学生将课程学习融入实际生活；课程教师的教学方式依据学生的特定需求作出调整；负责为学生提供专长知识。截至 2020 年 1 月，西部州长大学共有 848 名课程教师。

其三，测评师。测评师主要负责评估学生是否实现了既定的学习能力目标，一般具有博士学位，或接受过评估培训，或持有评估资格证书。测评师为学生提供明确的、全面的能力评估反馈，为学生发展提供服务支持。他们专注于对学生的能力进行客观、公正的评估，因其不负责课程教学，也不承担制定具体的评估方案任务，这就排除了影响他们作出客观评估的一些不利因素，保证了测评的有效性。截至 2020 年 1 月，西部州长大学共有 1141 名测评师。

其四，课程开发教师。课程开发教师一般由各学院组建，大多是学习科学领域的专家，熟悉各专业的学术标准及其所服务的行业的能力要求，确保课程和教学资料有坚实的证据基础，学术严谨。各学院的课程开发教师团队与学校负责学术事务的副校长，以及由学术人员和企业人

---

① Sally M. Johnstone, Louis Soares, "Principles for Developing Competency-based Education Programs", *Change*: *The Magazine of Higher Learning*, Vol. 46, No. 2, 2014.

员组成的专业委员之间保持密切沟通，以确保课程内容的严谨、科学、准确，实现最佳的教学效果。

其五，测评方案制定专家。"测评"是西部州长大学实施"能力本位"教育模式的关键。西部州长大学测评方案的制定和实施分别由专业人员负责。测评师负责按测评方案评估学生的能力目标完成情况。测评方案制定团队一般由各学院组建，接受学术副校长的统一领导，与课程教师、专业导师、评估师、学科专家等保持密切沟通，以确保测评方案有证据可循，从而为评估学生能力提供科学、有效的评估方案。

美国西部州长大学的教育模式具有个性化、灵活性、学费价格可承受性等优势，被称为高等教育领域的颠覆式创新。它充分利用互联网技术、面向成人提供在线教育，充分满足了成人学生重视学习结果和教育价值，而不太注重校园体验的需求，在降低教育成本和提升学术质量方面实现了有效统一，帮助更多成人获得了更多的成功机会。美国西部州长大学因其面向成人提供能力本位教育，与美国营利性大学的学生群体定位有重合，成为营利性大学强有力的替代者。

综上所述，美国营利性大学的潜在进入者面临较少的进入壁垒，供应商和买方有较强的讨价还价能力，现有高校之间的竞争异常复杂、激烈，而且面临替代者强有力的竞争威胁。因此，营利性大学要在高等教育竞争中取胜，需审时度势采取有效的竞争策略，在高等教育结构中进行科学合理的"定位"，积极构建"差异化竞争优势"，才能在高等教育"五种竞争力"面前建立起进退有据的地位。

其一，从竞争方位来看，需要立足被传统大学忽视的边缘地带和缝隙空间。美国营利性大学作为高等教育结构体系中的后来者，在生源、声誉、政府拨款都不占有优势的情况下，避免盲目追随传统大学的办学模式，着眼于社会经济发展提出的新教育需求，填补高等教育的空白。

其二，从竞争内容来看，需要由"以对手为导向"的模仿追随过渡到"以核心竞争力构建为导向"的价值创新。传统大学竞争往往以竞争对手为中心，采取模仿竞争对手战略而不是主动创新适应新发展。随着高等教育需求的多元化，高等教育竞争内容越来越多地体现于对市场需要的满足程度，通过为顾客创造价值获得竞争力。这里的顾客可以是学生、企业、雇主，也可以是政府等相关利益主体。

创新是知识经济的本质，是大学竞争力的重要源泉，新形势下大学之间的竞争不仅仅是财力、物力、生源等有形资源的竞争，更重要的是创新能力的竞争。新的竞争焦点是在特定的教育技术和特定的市场之间寻求正确定位的能力，从某种意义上说，新的高等教育传播途径、新技术的运用、新组织类型等领域的创新发展，要比传统的学费、声望竞争更有效。美国营利性大学在追求价值创造过程中，不断追求价值的创新性、独特性以更好地满足顾客需求，进而获得持久竞争力。价值创新不仅需要关注竞争对手，更要关注顾客的现实需求和未来需求，不断培育新的顾客群体，积极拓展自身的发展空间。

其三，从竞争方式来看，积极谋求差异化竞争。差异化竞争充满了理性色彩。美国营利性大学没有与精英大学开展搏击式竞争，追求"你有我有"，而是避免狭路相逢，择道而行；没有模仿社区学院、西部州长大学等竞争对手的办学模式，而是基于自身的灵活性组织优势，进行差异化竞争，实现"你有我优"，构建核心竞争力。

第 四 章

美国营利性大学发展定位：
集中化战略

第一节　集中化战略理论

　　集中化战略是迈克尔·波特提出的"三类通用竞争战略"之一。迈克尔·波特竞争战略在战略发展思想史上具有重要地位。根据亨利·明茨伯格在其著作《战略历程：纵览战略管理学派》一书中对战略形成学派的划分，集中化战略属于十大战略形成学派中的"定位学派"。

一　集中化战略在战略思想史中的历史坐标

　　亨利·明茨伯格所提出的十大战略形成学派包括设计学派、计划学派、定位学派、企业家学派、认识学派、学习学派、权力学派、文化学派、环境学派、结构学派。[①] 不同学派基于不同的学科视角，分别从战略形成过程、战略内容的某一侧面，试图揭示战略形成的黑箱。下面择其主要观点予以阐述，以为在纵向的战略理论发展脉络中更好地认识"集中化战略"理论提供坐标点。

　　（一）设计学派

　　该学派盛行于20世纪60年代前后，认为战略制定是在充分分析外部

---

　　① ［美］亨利·明茨伯格等：《战略历程：纵览战略管理学派》，刘瑞红等译，机械工业出版社2002年版，第4页。

环境中的机遇、挑战基础上，结合对组织自身优势、劣势的分析，进而在组织能力与外部环境之间构建匹配的过程。"匹配""整合"是该学派的关键词。"SWOT 分析"是该学派常用的分析工具。设计学派将战略制定视为组织深思熟虑的结果，追求明确、清晰的战略，看到了组织战略制定与外部环境之间的匹配性，尤其适用于新创建的组织确定发展方向。然而，该学派的缺陷也是暴露无遗的。首先，组织优劣势的确定应是动态的认知过程，是随外部环境的变化而变化的，而非战略制定者思维意识的产物。其次，设计学派以制定清晰、明确的战略为目标，但是战略随周围环境的动态调整、战略的实施并没有引起足够的重视，也就是说，战略制定与战略实施是截然分开的。这在面临外部复杂的不确定环境时必然使战略实施效果大打折扣。尽管如此，设计学派作为战略形成史上的初始学派，为后续其他学派的发展提供了基础框架。

（二）计划学派

计划学派的盛行时间与设计学派基本一致。与设计学派相比，计划学派更注重战略制定的专业性、系统性和程序性。战略规划一般由组织内部专门负责战略制定的部门完成，战略制定被分解为一系列规范的操作程序。在战略规划制定过程中，需要运用专门的战略分析工具，对外部不确定环境进行确定化处理，严密论证每一步骤。根据亨利·明茨伯格的分析，计划学派的战略制定过程包括目标确定、外部环境审查、内部能力审查、战略评价与选择、战略实施。其中，战略实施过程也需制定明确的实施体系，将宏观战略规划分解为一系列可操作的实施程序，并进行清晰的预算，明确行动方案。计划学派所倡导的战略形成观点，适用于相对成熟、稳定的组织机构，推动了战略制定的规范化和专业化程度。然而，计划学派的缺陷也是显而易见的。一是过于强调战略规划人员的作用，而相对忽视了组织管理者的责任和能力。二是计划学派存在"不确定环境与程序化规划"的悖论，即试图用静态的目标来应对动态的不确定环境，这就忽视了战略实施对战略规划的调整作用。计划学派与设计学派一样都试图为组织发展确立清晰的目标蓝图，这在外部社会发展环境较为稳定、易于预测的时代，具有合理性，但在复杂性、不确定性成为主导外部环境的特征时，其弊端显现无疑。

（三）定位学派

定位学派融合了设计学派、计划学派的观点，但在其中引入了经济学界的"产业结构"视点。产业结构成为定位学派进行外部环境分析的最大背景，相应地，战略形成过程也由战略设计、战略规划演变为在产业结构中选择恰当的战略位置。设计学派和计划学派都特别关注战略形成的过程，计划学派更是将战略形成过程的程序化推向了新高度。然而，定位学派却将对战略过程的关注转移到了对战略内容的关注。设计学派和计划学派都认为，在既定环境中，存在多种战略，需要通过战略评估从中择其最优战略，而定位学派认为对组织发展与生存来说，关键战略是相对固定的。这与定位选派视战略为定位、注重战略内容的主张在逻辑上是相通的。总体来说，定位学派过于强调经济思维在战略形成过程中的作用，相对忽视了政府政策的影响，而且定位学派还存在过于重视外部环境，尤其是外部产业结构对组织战略的影响，而忽视了组织自身的能力。

（四）企业家学派

该学派从个体的组织领导者视角揭示战略形成，将战略视为组织内部最高领导者的"远见"，而非如设计学派和计划学派所主张的那般，视战略为可被详细阐述的计划。根据亨利·明茨伯格的分析，远见既是一种观念，也是一种对战略任务的感觉、方向感，以及对未来的一种预见。企业家学派的代表性观点包括创造性破坏理论、企业家精神等。

（五）认识学派

认识学派引入认识心理学的视角，视战略形成为一种认识过程，关注战略形成过程中人的经验、理智、思维过程、直觉等心理层面的认识过程和思维过程。该学派又可细分为客观派和主观派，前者具有实证主义倾向，认为战略形成是战略家对客观世界的认识和反映，而后者倾向于认为战略形成是战略家对外部环境的一种主观解释。不论哪一流派，认识学派扭转了前期战略研究重视外部环境的倾向，开始关注人的心理层面的认知过程在战略形成中的作用。

（六）学习学派

学习学派重在回答战略在组织内部真实的形成过程，改变了以往把战略形成看作有序、理性、计算的过程理念，提倡战略形成的"草根模式"，即战略观点来自于组织成员的集体智慧，战略形成是组织成员共同学习的结果，战略根植于组织积累经验、创造知识的过程之中。由此，学习学派克服了以往学派中存在的战略制定与战略实施分离、思维与行动脱节的缺陷，实现了两者的有机统一。总体来说，学习学派认为战略形成是一种渐进的、不断调适的过程，这既包括战略自身的不断完善，也包括战略实施进程的渐进式调整。计划学派、设计学派倡导一劳永逸地制定出清晰的规划供他人去实施。学习学派则认为战略的形成与实施根植于组织成员积累经验的学习过程之中。学习学派的战略形成模式尤为契合专业型组织的战略需要，以及在面临新事物需要组织共同学习去发现解决问题的答案的情形。该派理论的典型代表有彼得·圣吉（Peter M. Senge）提出的五项修炼、学习型组织的构建等。

（七）权力学派

权力学派把政治学的权力概念用以分析组织战略的形成过程。如果说上述几大学派视战略形成为计划（由专业规划人员或组织权威人士制定）、分析、学习或认识的过程，那么权力学派把战略形成看作具有不同利益诉求、价值观念、信仰的个人或利益集团之间博弈、说服、讨价还价的过程，组织战略的形成成为"政治竞技场"。战略制定过程中的博弈、战略实施过程中的执行变通、象征性执行等行为都是权力学派试图予以揭示的现象。需要说明的是，该学派中的权力具有两个层次，一是组织内部的不同个体或集团之间的博弈；二是组织机构与外部环境之间合作与博弈关系。关于后者，又可细分为两方面：一方面组织努力适应外部环境，这就是后面将要论述的战略形成"环境学派"的观点；另一方面是组织机构努力改变外部环境以为自身发展创造有利条件，在此，战略成为组织协调外部环境、谋求与其他机构合作、联盟的一种方式。权力学派的一些典型观点包括利益相关者分析、战略联盟等。

（八）文化学派

文化学派认为组织战略的形成根植于组织长期积累而成的文化观念之中，建立在组织成员的共享的价值观念基础上，战略以观念的形态存在。该学派看到了文化存在的普遍性，以及组织文化的独特性。可以说，组织文化是组织成员的思维方式、知觉的过滤器和透镜，影响了组织成员的认知范围、行为方式，进而影响了组织决策、战略的形成。文化学派主要从文化资源如何构建为组织战略优势、文化惯性对组织战略变革的抵制、不同组织进行合作时的文化冲突、组织如何进行文化变革等方面探讨文化与组织战略之间的关系。如果说计划学派、设计学派、企业家学派都是从个体角度、侧重于从组织外部环境，探讨战略形成，那么文化学派则注重从集体观念、组织内部资源视角，揭示战略形成的稳定性和保守性。该学派对探讨成熟型组织发展何以陷入停滞、组织特色资源是否就是组织的战略优势等具有很强的解释力。

（九）环境学派

在战略形成中有三类主导性力量，分别是领导者（战略家）、环境、组织。设计学派、企业家学派属于领导者主导的战略模式；计划学派、定位学派属于专业人员主导的战略模式；学习学派、权力学派、文化学派则分别从组织集体的知识积累和创造、政治博弈、价值信念角度，来诠释战略形成的内部过程；环境学派则是从"环境"探讨战略形成的模式，凸显了环境在战略形成中的主导作用。在此，"环境"泛指生态意义上的组织外部活动范围。在环境学派看来，组织领导者的作用从属于"环境"，领导者应善于观察外部环境并确保组织战略适应外部环境。环境学派代表性的观点包括权变理论、制度理论等。

（十）结构学派

结构学派用"结构"整合了影响组织战略形成的领导者、组织、环境三类主导力量，用"结构—变革"两个关键因素勾连了影响战略形成的外部环境因素、组织内部的领导者、组织成员学习、文化等因素。结构学派认为，上述九大学派的每种战略形态，都具有合理性，适应了组织发展生命周期特定阶段的变革需要。

结构学派视战略形成为组织变革的过程，主要研究议题涉及组织变革的模式（由上而下还是由下而上）、组织结构与组织变革关系（机械型组织、专业组织、个人组织等）、组织变革方式（渐进性变革与革命性变革）等。

迈克尔·波特提出的集中化战略属于战略流派中的"定位学派"。定位学派认为战略形成就是在外部环境,尤其是产业结构环境中,谋划合理定位的过程。在影响战略形成的"三维结构"领导者、环境、组织中,该学派特别强调领导者依据外部环境进行战略定位能力,并确保组织结构为战略定位服务。定位学派中,战略更多地表现为一种理性的、正式的概念规划,而非作为难以言说的领导者的远见或组织文化存在。

二　集中化战略内涵解析

集中化战略是迈克尔·波特提出的三类通用战略之一,另外两类通用战略为成本领先战略、差异化战略。在迈克尔·波特看来,战略的本质是确定组织在产业结构中的定位。由此,外部产业结构就成为战略制定的重要依据。为分析产业结构,波特提出了"五力模型"分析工具,将组织面临的复杂的外部环境化约为"供方、买方、潜在进入者、替代者、现有竞争对手"五种竞争力量。

(一)　战略定位原则

迈克尔·波特认为战略就是组织的"定位",寻求合理定位是组织发展的重要驱动力,其本质是采取与竞争对手不同的活动与行为。迈克尔·波特提出的战略定位原则主要包括以下几方面。[①]

其一,战略就是在产业结构中创造一个独特的、有价值的位置,并据此采取一系列独特的活动。战略定位路径包括基于顾客特定需求的定位、基于产品服务种类的定位和基于客户接触途径的定位。

其二,战略需要组织在发展中做出权衡,权衡意味着选择、取舍,有所为有所不为。

其三,组织内部活动之间的契合度和相互强化程度是确保获得竞争优势的战略保障。战略由一系列不同的活动组成,各种活动之间的契合度越高,组织竞争力就越强,且越有利于维持竞争力的持久性。这是因为处于相互契合状态下的各种活动,很难被竞争对手模仿。迈克尔·波特提出了组织活动契合的三种类型:一致型、相互强化型、投入最优化。"一致型"活动指组织内部的各项行为在统一的战略观念指导下运作,各

---

① Michael E. Porter, "What Is Strategy?", *Harvard Business Review*, Vol. 74, No. 6, 1996.

项活动的实施由共同的目标维系，"一致型"活动确保组织的竞争优势得以不断积累，而不是相互排斥与抵消；"相互强化型"活动在功能和作用上相互补充、相互提升，有利于组织获得差异化优势和低成本优势；"投入最优化"活动主要指组织各项活动不仅在目标方向上具有一致性，在功能上互补，而且在投入上有利于降低成本。总之，迈克尔·波特把组织整体活动的系统性和契合程度视为获取竞争优势以及实现竞争优势可持续的主要来源。

产业结构分析是战略制定的前提和基础。迈克尔·波特认为产业结构中存在"五种竞争力"：供方、买方、潜在进入者、替代者、现有竞争对手。"五种竞争力"将组织面临的竞争力量由现有竞争对手的范围，扩展至为顾客创造价值的各种途径之间的竞争。"五种竞争力"的内涵在前面章节分析美国高等教育产业结构时已有论述，在此不再重复。总之，"五种竞争力"将组织面临的复杂竞争环境分解为五种因素，有助于组织机构客观地识别自身面临的发展机遇与威胁，进而依据自身优势、劣势建立有效的竞争战略，帮助组织明确应在何处竞争、何处规避。

（二）集中化战略内涵

集中化战略、总成本领先战略、差异化战略是迈克尔·波特提出的三类通用竞争战略。"通用"是指任何组织形式都可普遍采用的战略形式。三类通用竞争战略确立的依据是竞争优势和竞争范围。在迈克尔·波特看来，制定竞争战略是为了获取两种基本竞争优势：低成本和差异化。① 竞争战略也意味着组织机构对竞争范围的选择，是选择面向整个行业竞争还是选择某一细分市场竞争。正是根据"低成本和差异化"两项基本竞争优势以及竞争范围的选择，迈克尔·波特提出了三类通用竞争战略。

总成本领先战略（Overall Cost Leadership）是指在组织运行的每一环节都高度重视成本控制，尽可能缩减运行费用。差异化战略意味着组织在产品、服务、与顾客的接触途径等某一方面与众不同，以特色发展和

独特服务创造价值。① 差异化战略能否成功取决于顾客是否认同组织在产品或服务方面展现出的独特性。实施差异化战略不应忽视成本控制问题。集中化战略又称利基战略,专门针对高度细分市场的需求,或致力于服务某一特定的顾客群体,或提供某一特定的服务,或是专门服务于某一地理区域。② 集中化战略与总成本领先战略、差异化战略的最大区别在于集中化战略是在某一特定的细分空间生存与发展,而后者面向整个行业。

第二节　美国营利性大学集中化战略实施路径

美国营利性大学集中资源为特定学生群体服务,实施集中化竞争战略,既有高等教育产业呈现细分化发展的现实基础,也与美国营利性大学自身的发展条件密切相关。

首先,在高等教育大众化和普及化过程中,学生的高等教育需求越来越呈现差异化和多元化特征。学生的智力特点、天性禀赋、家庭背景、兴趣爱好存在极大差异,需要不同类型、不同层次的多元化高等教育。而且从学生就业来看,各类新型职业不断涌现,各职业领域有其独特的人才和知识要求,必然要求专门为各行各业提供人才的高等教育提供有针对性的人才培养服务。其次,高等教育以教学、科学研究和社会服务为使命,这一使命的完成需建立在知识的传播、创新与应用基础上。当今时代,新知识、新技术层出不穷,学科专业门类日益增多,这客观要求大学根据不同学科和专业门类的特点,聚焦某一领域发展特色学科专业。最后,随着社会经济发展与高等教育的互嵌耦合程度的加深以及高等教育在社会经济发展中基础地位的确立,越来越需要高等教育产业的细分发展以为社会发展提供精准服务。

美国营利性大学的办学条件客观决定了应实施集中化竞争战略。作为美国高等教育体系中的新兴力量,较之于传统大学,美国营利性大学

---

① ［美］杰弗里·S. 哈里森等:《战略管理精要》,陈继祥译,东北财经大学出版社 2006 年版,第 60 页。

② 周三多:《战略管理思想史》,复旦大学出版社 2002 年版,第 70 页。

无论在社会声誉、学生认可度还是社会捐赠、办学资金来源等方面明显处于劣势。有限的资源条件决定了营利性大学应集中资源专攻一隅，锁定特定的细分市场，实施集中化竞争战略。

集中化战略所具有的性质和优势契合了美国营利性大学竞争发展的需要。实施集中化战略，可调配营利性大学的所有资源，针对高等教育产业的某一细分领域谋划发展，避免遭遇主流大学的正面冲击。而且，实施集中化战略，发展目标明确，战略实施过程更便于管理与控制，同时也有助于美国营利性大学及时地根据劳动力市场需求、产业需求等作出快速反应，从而为某一细分市场提供更高质量、更有效率的教育服务。为某一特定的细分市场提供难以复制、难以替代的服务正是集中化战略的精髓所在。比较而言，总成本领先战略和差异化战略适宜在更大范围内参与高等教育竞争。在传统大学占据主导优势和支配地位的美国高等教育体系中，处于边缘地位的营利性大学，更适合选择较小的竞争范围。

产业细分是实施集中化战略的基础。根据迈克尔·波特的分析，典型情况下，产业中存在多种产品类型或多种服务形式，其样态、性能、功能各异；同样，典型状态下也存在多元的已有或潜在的顾客。迈克尔·波特以产品和顾客为维度，提炼了四类市场细分变量：顾客类型（通常用人口分布、年龄、种族、职业、性别、心理状态、生活方式等关键因素来辨识）、产品服务种类、在产品和顾客之间建立联系的销售渠道以及顾客所在的地理位置（地理位置影响顾客需求、服务成本等）。① 这四类细分变量在不同的产业中具有不同的影响力和敏感性，因此，在辨识产业中的细分市场时，这四类细分变量可单独使用或组合使用。

下面从顾客类型、产品种类两个细分变量出发，具体分析美国营利性大学集中化战略实施路径。鉴于"销售渠道"和"地理位置"对美国营利性大学集中化发展的敏感性较低，这两个细分变量不再作为考察对象。这也符合迈克尔·波特提出的产业细分的逻辑，即不同产业中细分

---

① ［美］迈克尔·波特：《竞争优势》，陈小悦译，华夏出版社2004年版，第234页。

变量的地位和敏感性是不同的。此外，美国营利性大学的"大学"身份决定了分析美国营利性大学的集中化战略实施路径时，绕不开大学的学术使命选择（教学型或科研型）。

一　美国营利性大学学术使命定位：以教学为主

美国营利性大学的学术使命以人才培养为主，且培养目标明确，即培养学生的就业力和促进学生的职业发展。这从一些代表性的营利性大学的使命陈述文本中即可窥见一斑。譬如，菲尼克斯大学的使命陈述为"提供学生接受高等教育的机会，培养学生实现职业目标的知识和技能"。远程学习大学（Distance Learning University）是以提供研究生教育为主的网络教育机构，其办学使命为"培养学术型专业人员（Scholar-practitioners），在其专业领域引领社会变革"。太平洋—大西洋大学（Pacific-Atlantic University）是一所拥有多个分校区的营利性大学，其办学使命定位为"帮助成年学习者掌握知识和技能以实现专业目标"。米勒学院（Miller College）成立于 1969 年，以提供证书课程和副学士学位课程为主，其办学使命为"提供专业培训，改善学生的收入水平"。从中可见，科学研究等知识生产使命并没有出现在营利性大学的使命陈述中，营利性大学的办学使命定位非常明确，即培养学生的就业力和促进学生的职业发展。

下面从教学与科研的分离、营利性大学教师文化与传统大学教师文化的不同两个方面，具体阐释美国营利性大学以教学为学术使命的集中化定位。

（一）教学漂移与科研漂移

19 世纪，德国洪堡大学确立的通过科研进行教育的思想，在 20 世纪末期，不仅在德国而且在美国、法国等世界其他国家逐渐被改变。洪堡确立的"科研—教学—学习"连接体日益分离，科研跃出大学教学场所，"建立新的前哨阵地"，而且教学也逐渐挣脱科研，成为由"讲师"操持的专业性工作。[①]

[①]　［美］伯顿·克拉克：《探究的场所——现代大学的科研与研究生教育》，王承绪译，浙江教育出版社 2001 年版，第 223 页。

伯顿·克拉克在《探究的场所——现代大学的科研与研究生教育》一书中将科研和教学各自具有的分化力量分别描述为科研的漂移和教学的漂移。根据伯顿·克拉克的分析，科研漂移的推动力量主要来自科学研究本身的演化与发展。随着科学研究的深入推进，知识的专门化程度越来越高，知识发展呈现分化和精细化趋向，科学研究越来越成为专业研究人员的使命，科学研究场所逐渐由大学的院系转移至专门的研究院、科研中心和实验室。另外，各类政府机构、营利性企业、军事机构等也越来越依靠科学研究解决发展中遇到的问题。可以说，科学研究成为社会各机构谋求自我发展的普遍应用的工具，科学研究已不仅仅是大学的专属事务。而且，科研人员的跨国流动和任职，更是加剧了科研的独立，推动科学研究成为脱离大学教学场所甚至跃出大学围墙的由专门机构负责的事务。科研本身蕴含的分化力量加剧了"科研—教学—学习"连接体的解体。

与此同时，高等教育大众化和劳动力市场需求进一步瓦解了"科研—教学—学习"连接体。在高等教育大众化驱使下以及劳动力市场对合格专业人员需求的刺激下，美国高校逐渐分化为教学型大学和研究型大学。即便在研究生教育层次上，出现了大量以实践领域为基础的专业学位。以知识生产为追求的科学研究与专注于知识传播的教学之间逐渐分化成了两股力量。

如果说科研本身和高等教育大众化发展是从大学内部不断侵蚀"科研—教学—学习"连接体，那么来自政府和企业的资助则为这一连接体的瓦解起到了推波助澜的作用。政府的竞争性科研拨款机制、对学生学习结果的问责、对科研产出效率的要求，以及企业界对科研成果转化的要求等，客观上进一步加剧了科研的外移和与教学的对立性。

美国营利性大学以教学为学术使命的发展定位，即是美国高等教育"科研—教学—学习"连接体分离的典型表现。美国营利性大学的办学定位改变了大学作为探究场所的定义，进一步加剧了美国高等教育教学与科学研究脱离的趋向。

美国营利性大学教师无须承担科学研究任务，专注于教学，一定意义上为提升教学效果和教学质量提供了可靠保障。毕竟教学与科学研究具有完全不同的性质，对从业者的性格要求也不一致。纽曼在《大学的理想》一书中指出，发现与教学是两种迥异的才能，而且同时兼有这两种才能的人不是很多，教学允许与外界打交道，但发现和思辨的自然家园是隐居。[①] 波顿·克拉克也认为教学与科研不是自然的匹配，特殊条件下才能把它们组合在单一框架内。[②]

某些情况下，教师和科研人员的性格特征可能相互冲突。有研究表明，研究者一般更野心勃勃、有耐力、追求确定性、支配欲强、具有领导才能、有进取心、独立、不太温顺、不太听从指挥；专注于教学者往往爱自由、社交能力强、性格外向、无焦虑感、善于友好合作、非独裁、艺术感敏锐等。[③] 从这一意义来说，营利性大学专注于教学的发展定位有助于提升教学专业化和教学质量。

(二) 课程与教学形塑了营利性大学教师文化

传统大学"学术自由"塑造了传统大学的教师文化，而在营利性大学"课程和教学"塑造了教师的角色任务。

传统大学教师文化的形成可追溯至 19 世纪末。当时前往德国留学的学生，把德国大学重视理论研究的学术风气带回美国，倡导大学教师在教学工作之外应开展科学研究。随着斯坦福大学、约翰霍普金斯大学等研究型大学的创建，科学研究成为教师应承担的重要任务。随着美国高等教育规模的扩大，大学机构的行政队伍也越来越庞大，行政权力膨胀。然而受德国大学"学术自由"之风的影响，大学教师认为他们应享有自由探索知识、自由传授知识的权利，他们不应被等同于受雇佣的劳动者。

为保障学术自由权利、抵御对教师学术权利的侵害，1915 年，大学教授协会成立（American Association of University Professors，简称 AAUP），

---

① ［英］约翰·亨利·纽曼:《大学的理想》，徐辉等译，浙江教育出版社 2001 年版，第 4—5 页。

② ［美］伯顿·克拉克:《探究的场所——现代大学的科研与研究生教育》，王承绪译，浙江教育出版社 2001 年版，导言。

③ Rushton J. P. , et al. , "Personality, Research Creativity, and Teaching Effectiveness in University Professors", *Scientometries*, Vol. 5, No. 2, 1983.

杜威为协会负责人。该学会成立伊始就着手成立专门委员会，调查侵犯教师学术自由权利的事件，并研究制定保护教师学术权利自由的措施。在大学教授协会的积极推动下，学术自由被嵌入美国高等教育的办学理念之中，成为教师的神圣不可侵犯的权利。

"终身教职"和"共同治理"（Shared Governance）是学术自由的制度性保障。终身教职使教师在探索改变人类生存命运、环境保护等领域的知识时，免遭强势集团、利益团体的干预，也是对教师在传播违反社会传统的创新性研究成果的一种保护，规避了教师被随意开除的风险，使教师不受约束地、自由地探索真理。共同治理确立了大学教授在教师聘任、评价、招生、课程开发等方面的权利，在管理层面为学术自由提供了制度性保障。

随着学术自由在高等教育观念中的确立以及相关制度性保障的建立，传统大学教师的角色逐渐成型，即教学、科学研究、服务（服务大学发展、学术共同体发展等）。当然，不同类型大学的教师角色的侧重点不同，或偏重于教学，或偏重于研究，终身教职和共同治理制度在不同大学的落实程度也不尽相同，但总体来说，传统大学的教师角色和教师文化围绕学术自由这一焦点，确立了教师学术职业的一系列角色和规范。

营利性大学的"营利"性质和以"教学"为学术使命的定位，决定了营利性大学教师文化与传统大学教师文化的不同。美国营利性大学教学与科研的分离，使建立在科学研究基础上的学术自由、共同治理、终身教职等文化制度在营利性大学遁形。营利性大学形成了一套适应其教学使命和营利属性的独特的教师文化和教师角色。

1. 营利性大学教师以课程教学为主要学术任务

总体来看，传统大学的教师角色是集成式的，教师集教学、研究、服务于一身。就传统大学和营利性大学的教师都承担的"教学"而言，传统大学的教师自主开发课程、自行决定授课方式和目标、自己决定评估方式。而营利性大学教师的角色是分离式的，课程开发、课程教学、课程考核等都由专门人员分别负责。课程教学由专门教师负责，其职责集中于艺术性地呈现教学内容、讲解概念、帮助学生巩固所学知识等。①

营利性大学教师主要承担三类课程：职业课程、证书课程、学位课程。

美国营利性职业学院的教师以教授职业课程为主，课程内容主要为职业技能，学生毕业后可获得资历证书（Diploma）。此类学院一般以两年制为主，不具有学位授予权，通常获得"职业学校和技术学院认证委员会""独立学院和学校认证委员会""继续教育和培训认证委员会"等全国性认证机构的认证。

美国营利性大学教师所教授的另一类课程为证书课程。证书课程与职业课程的不同之处在于，证书课程要求学生必须通过由专门的行业机构设定的职业证书资格考试。通过考试后，学生可获得在本行业领域被广泛认可的职业资格证书。而职业课程主要培养学生掌握某一特定职业的基本技能，学生毕业后可获得一般性的资历证书。

学位课程，包括副学士学位、学士学位、硕士学位和博士学位课程，是营利性大学教师所承担的又一类主要课程。值得一提的是，学位课程主要面向实用性比较强、无须开展实验和研究的专业领域，例如教育类专业、商务专业、护理专业，而像医药、生物化学、哲学等学术性比较强的专业往往不在营利性大学开设。

2. 营利性大学教师以兼职为主，终身教职缺失

由于认证机构的要求，营利性大学教师与传统大学的教师在某些方面具有相似之处。譬如，在营利性大学，教授学位课程的教师通常具有硕士学位或博士学位。教授职业课程和证书课程的教师通常与社区学院教师的学历相似，而且很多营利性大学的兼职教师是从传统大学退休的教师。以菲尼克斯大学教育学院在 2018 年 10 月至 2019 年 10 月所聘教师为例，几乎全部教师都具有硕士学位或博士学位。因该大学所聘教师人数较多，在此仅选取部分教师的最高学历进行统计（见表 4—1）。

---

① Richard S. Ruch, *Higher Ed, Inc.*: *The Rise of the For-profit University*, Baltimore MD: Johns Hopkins University Press, 2001, p. 118.

表 4—1　　　　　　菲尼克斯大学教育学院教师最高学历统计

（2018 年 10 月—2019 年 10 月）

教师姓名	最高学历
阿尔托金姆	弗雷斯诺太平洋大学教育专业硕士
艾伯特史蒂文	沃尔登大学教育博士
亚当斯本杰明	阿祖萨太平洋大学文科硕士
安德烈	国立大学理学硕士
亚历山德罗艾迪娜	马萨诸塞大学阿默斯特分校教育博士
阿尔瓦阿方索	亚利桑那州立大学教育博士
艾伦米莎琳	德克萨斯女子大学哲学博士

资料来源：Faculty credentials，Education.（https：//www. phoenix. edu/content/dam/altcloud/doc/colleges_divisions/education. pdf）。

营利性大学教师与传统大学教师的主要区别在于多数营利性大学以合同制兼职教师为主。在"远程学习大学"兼职教师比例高达 90%；在"太平洋—大西洋大学"兼职教师比例更是高达 95%；在"德锐大学"兼职教师的比例几乎达到一半左右。

美国营利性大学兼职教师主要由以下群体组成：（1）"公路飞人"，他们同时在多个机构兼任教职。（2）企业兼职教师，至少具有学士学位，且具有相关领域的实际工作经验，这对以应用性专业为主的营利性大学尤为宝贵。因为企业兼职教师能把工作场所的最新要求和工作经验融入课堂教学。（3）网络课程教师，营利性大学网络课程吸引了许多对信息技术应用抱有浓厚兴趣、乐于探索网络教育的兼职教师。

美国营利性大学也有少数全职教师，但他们主要承担行政性事务工作，包括兼职教师聘任、教师评估以及学生学习结果评价等。在"远程学习大学"，全职教师所做的工作类似于传统大学的系主任的工作，其职责之一是负责招聘兼职教师。营利性大学全职教师无终身教职保障，所从事的工作也与传统大学全职教师所承担的基本任务"教学、科学研究、服务"不同。

由于美国营利性大学的教师主要承担课程教学任务，不承担科学研究职责，因此与学术自由相伴而生的终身教职制度，并没有在营利性大学扎根。美国传统大学的终身制度是为维护教师的学术自由而设立的,在以教学为主要学术使命的营利性大学,课程开发、课程评估分别由专门教师负责,教师仅有的学术自由限于课程作业布置、课堂教学方式调整等方面。在此情况下,营利性大学教师无须终身教职为学术自由保驾护航,况且,营利性大学的营利动机也与终身教职对教师的利益保障存在内在冲突。总之,营利性大学的营利机构属性以及以教学为学术使命的集中定位,塑造出了营利性大学不同于传统大学的特有的教师聘任制度。

3. 营利性大学采取公司化治理模式,教师共同治理缺失

倡导教师参与大学治理和决策的共同治理制度同终身教职制度一样都是为保障教师的学术自由而设立的,契合了传统大学教师所承担的科学研究使命的需要,是彰显传统大学学术机构性质的一项核心制度设计,也是平衡学术权力与行政权力的重要机制。然而,共同治理制度却不适应于营利性大学。因为营利性大学的教师无科学研究任务,他们以教学为主要学术使命,无须通过共同治理模式为自由地探索知识提供制度保障。共同治理制度也与作为商业机构的营利性大学追求效率和绩效的价值观念不符。

一是共同治理隐含的"垃圾箱"决策模式与营利性大学高效决策以适应市场需求存在冲突。共同治理模式下,由于教师与行政人员之间甚至教师群体内部的价值取向、利益诉求的多元化,导致在界定决策问题、制定解决方案、采取解决方法时,难以高效地取得共识,陷入长期、反复的博弈与论争过程。参与共同治理的教师的流动性强,更加剧了决策的低效。迈克尔·科恩等将传统大学的决策模式形象地称之为"垃圾箱"模式,意指参与决策的教师频繁地进入与退出,时不时地抛出自己的决策问题和解决方案。"问题、解决方案、参与者、决策机会四个相互独立的变量,构成了决策的'垃圾箱'"[1],决策的形成依赖于箱内各要素偶然的碰撞和联结。共同治理模式下低效的决策显然不适应营利性大学对

---

[1] 徐波:《大学决策理论中的"垃圾箱"模型探析》,《国家教育行政学院学报》2013年第5期。

决策效率和绩效的追求。营利性大学作为市场竞争主体，需要对市场需求做出快速、准确地反应，以实现办学效益最大化。

二是共同治理模式与传统大学的"有组织的无序"（Organized Anarchies）组织形态相匹配，与营利性大学的紧密耦合型（Tight Coupling）组织形态存在冲突。传统大学具有正式化的组织治理结构，但大学组织内部边界模糊，存在无数社群，大学成为一个松散联合体。对于"多元化巨型大学"[①] 来说更是如此。在此，无序并不是指混乱和失控，而是指大学内部由多元化的价值取向、无数的学术探索领地、众多的利益相关者等所形成的相对自由的学术氛围和松散状态。与此相反，营利性大学的组织形态是紧密耦合型。紧密耦合型组织管理权集中，管理层级分工明确、职能清晰，权力关系稳定。它可以快速决策以适应外部需求变化。以营利性大学的课程管理为例，课程开发、课程教授、课程评价分别由不同的人员负责，教师负责课程教授，课程开设决策权集中于高层管理者。如在"德锐大学"的多个分校区和学习中心，统一采用标准化的课程。美国营利性大学的教师通常会持有标准化的授课资料和教学手册，教学手册详细规定了课程教学目标。当然，营利性大学教师也可以开发课程，但需征得课程主管的审批。传统大学的教师的课程决策权是大学教师学术自由权的一部分，教师在课程开设、开发、评价方面享有充分的决策权。譬如在加州大学的多个分校区，虽然同一门课程具有相同的课程名称和学分，但不同的任课教师采用不同的教学大纲和授课方式，学校不会强制教师采用相同的大纲，否则会被视为对学术自由的侵犯。

三是共同治理模式与营利性大学以兼职教师为主的教师结构不兼容。美国营利性大学的教师多以兼职为主，很多人同时兼职多份工作，学校难以把他们纳入决策系统。事实上，美国营利性大学也没有为教师参与治理提供参与机会和平台。兼职教师与高校之间是一种短暂的契约关系，教师的归属感、使命感较弱，普遍缺乏参与治理的动机和热情。当前，如何为兼职教师提供参与治理的平台和机制，也是传统大学共同治理制

---

① 参见克拉克·克尔（Clark Kerr）《大学的功用》，陈学飞等译，江西教育出版社 1993 年版。

度面临的一大挑战。

营利性大学以教学为主的学术使命定位以及商业机构属性对高效决策的内在要求,使得传统大学教师文化中的共同治理制度在营利性高校遁形,代之而起的是公司化治理模式。公司化治理模式采取权力集中的决策方式,高层管理者负责制定决策,教师处于从属地位,是决策的执行者。公司化治理模式重视教师工作的绩效、注重评估学生的学习结果、加强预算控制、注重与企业的紧密合作(聘任企业人员担任教师、根据企业需求开发课程等)、秉持学生顾客的经营理念。

4. 营利性大学教师"以学生为本"

在美国营利性大学,所谓教师"以学生为本"是指教师关注学生的需求,为学生提供适应其需求的高质量的教育。营利性大学的学生多以在职成人为主,他们需要协调家庭、工作、学习之间的冲突。因此,"以学生为本"需要教师保持对学生学习时间的敏感性,既要注意降低学生学习的时间成本,也要确保学生的学习时间投入,还要尽量满足学生对学习时间的灵活性的要求。"以学生为本"要求教师不仅关注学生的学习需求,还应为学生提供诸如注册、咨询、学生资助等方面的高质量的教育服务。"以学生为本"还意味着教师的角色不仅是知识传授者,也是学生学习的促进者。这是营利性大学"以学生为本"的最根本的意义所在。总之,营利性大学以教学为学术使命,必然要求兼职教师的教学工作和全职教师的行政工作都要以学生为中心。学生是教师教学效果的最终体现者,也是营利性大学生存与发展的最宝贵的资源。

5. 营利性大学教师评价以教学效果为导向

美国营利性大学评价教师的方式包括同行评价和学生评价。同行评价一年进行一次,是营利性大学控制教学质量的重要措施。每门课程结束后,学生会对任课教师进行评价。同行评价和学生评价的结果是决定教师聘任的重要参考依据,评价较低的教师会被转入观察试用期或被解聘。

总之,美国营利性大学以教学为学术使命的发展定位,是美国高等教育"教学漂移"的典型表现,顺应了"科研—教学—学习"连接体逐渐分离的发展趋势。传统大学的学术自由塑造了传统大学教师文化中的共同治理和终身教职制度，而营利性大学的教学定位则塑造了营利性大学教师特有的教师文化，即以课程教学为主要任务；以兼职教师为主，终身教职遁形；以公司化治理为主，共同治理缺失；"以学生为本"；以教学效果为导向评估教师。

二　美国营利性大学学生定位：非传统型大学生

传统高校大学生的平均年龄一般分布于 18—24 岁，他们大多是在校寄宿的全日制学生。随着知识经济的来临，"大学生"正在被重新定义，其特征、人口结构都已发生了显著变化，非传统型大学生日益增多。据统计，1993 年，年龄 25 岁以上的学生占美国所有大学生的 38%，在职学生占比为 61%，只有不到 1/5 的本科生是传统意义上、年龄在 18—22 岁的全日制大学生。[①]

美国营利性大学主要以非传统型大学生为服务对象，包括来自低收入家庭的学生、少数族裔学生、在职工薪族、被传统大学拒之门外的学生等。2007 年，美国营利性大学中一半以上的学生年龄在 25 岁以上，而在传统大学中，只有不到 1/3 的学生年龄在 25 岁以上。此外，与公立大学和私立大学相比，美国营利性大学招收的第一代大学生、少数族裔学生、女性学生的比例更高。

以菲尼克斯大学 2018 年度招生数据为例，65% 的学生为女性，在职学生的比例为 72%，超过一半的学生为少数族裔。其中，非裔美国学生的比例为 33.6%，高加索学生的比例为 39.5%，西班牙裔学生的比例为 17.8%，亚裔和太平洋岛民的比例为 3.6%（Asian/Pacific Islander），美国原住民/阿拉斯加人的比例为 0.9%，其他未知族群的比例为 4.6%。[②]此外，美国营利性大学通常会为某些特殊群体提供教育服务，退伍军人就是其中一个典型范例。2009 年，菲尼克斯大学一度成为受军队从业人

---

① ［美］菲利普·G. 阿特巴赫：《为美国高等教育辩护》，别敦荣等译，中国海洋大学出版社 2007 年版，第 35 页。

② 2018 Academic Annual Report-University of Phoenix（https：//www. phoenix. edu/about_us/publications/academic – annual – report. html）.

员喜爱的大学之一。①

这些非传统型大学生的教育服务需求和教育形态需求与传统型大学生的教育需求截然不同。非传统型大学生，尤其是在职工薪族，希望学校提供灵活的课程安排、实用的课程内容、便利的授课地点，他们希望接受一种"物美价廉"的教育，不愿意为学校的课外业余活动支付时间和金钱，希望支付的费用能购买到他们所期待的教学服务。总之，非传统型大学生对高等教育的需求越来越多地集中于学习的便利、周全的服务、高质量的教学和低成本方面。美国营利性大学以其灵活的反应机制，致力于满足这些非传统型大学生的教育需求，从而为自己开辟了独特的市场空间。

三　美国营利性大学教育形态定位：工作场所导向的职业教育

美国营利性大学与职业世界保持着密切合作关系。这不仅体现在其注重设置凸显实用性技能的专业，而且渗透进营利性大学的课程开发、课程内容、课程实施等环节之中。

（一）美国营利性大学专业设置：凸显岗位技能

美国营利性大学的专业设置有别于传统大学的突出特征是，营利性大学注重设置实用技能型专业。营利性大学学生的学习动机在于提升职业技能和就业竞争力，追求以较低的学习成本获得最大产出。技能提升是最显而易见的教育产出，因而更容易帮助营利性大学学生权衡其"成本—收益"。营利性大学契合学生的这一需求，重视设置实用技能型专业，以实现利润增长。据统计，2000—2001学年，美国公立大学授予的学士学位中，文理学科（Arts and Sciences）的比例为29.3%，而同一年度，在营利性大学所授予的学士学位比例中，文理学科的比例仅为0.3%。此外，同一年度，公立大学商务管理和行政服务专业的学士学位授予数占公立大学总学士学位授予数的18.9%，而在营利性大学这一比

---

① 李紫红：《选择与契合：美国营利性高等教育机构及其学生群体》，《高教探索》2013年第6期。

例高达 56.1%。[①]

以菲尼克斯大学为例，菲尼克斯大学提供的学位专业和课程主要包括学士学位课程、硕士学位课程、博士学位课程、副学士学位课程、证书课程、单门课程学习。菲尼克斯大学学士学位专业主要包括：商业管理、英语交际、公共行政、风险管理、早期儿童教育、小学教师教育、健康管理、护理、工业组织心理学、媒体技术心理、社会工作、环境科学、网络安全、信息技术、软件开发等。从中可知，菲尼克斯大学的专业设置以工作岗位为导向，基本指向了具体的从业岗位。培养学生掌握某一岗位的专业技能，是菲尼克斯大学学生学习的主要目标。譬如，菲尼克斯大学"管理科学"学士学位的培养目标为：掌握制定和实施管理决策的技能；具备运用资源和调配资源的技能；掌握有效沟通技能；具备应对工作场所多样性和变化的策略。

（二）美国营利性大学课程：与工作岗位形成闭循环

传统大学与营利性大学对学校世界的"教育"与工作世界的"职业"之间的关联有不同的认识和实践形式。如果说传统大学是在独立地为学生做生活和职业准备，而美国营利性大学则与外部工作场所共同培养学生。

传统大学宽基础、选修制式的课程设置与结构，没有与工作世界的职业和岗位建立起一一对应关系，学生所获得的学位与将来从事的职业不存在直接的关联。美国传统大学的教育与外部职业之间是一种松散、并行的双路径模式。营利性大学与之截然相反。营利性大学的专业课程与工作场所的职业岗位之间建立了纵横交错、动态循环的关系模式。在这一循环模式里，劳动力市场的岗位需求、技能要求是营利性大学专业设置、课程内容开发的起点。在课程实施过程中，营利性大学也时刻与雇主保持着密切合作关系，聘请企业人员担任授课教师、听取雇主对教学质量的反馈、及时了解雇主对劳动力技能的新要求、安排学生到当地企业实习，学生毕业后在合作企业就业。可以说，美国营利性大学与外

---

① Daniel L. Bennett, et al., "For-profit Higher Education: Growth, Innovation and Regulation", Center for College Affordability and Productivity, 2010.

部工作场所之间的紧密合作关系融合于专业设置、课程内容、课程实施、课程评价和学生就业的方方面面，贯穿于从"起点"课程设置到"终点"学生就业的整个过程。正是在这一意义上，我们说营利性大学与工作岗位之间形成了动态的闭循环关系。尤需强调的是，两者之间关系的动态性还体现在营利性大学不断跟踪、调查地方劳动力市场的需求波动，并据此及时更新课程内容、开设新专业、停开就业质量差的专业等。

1. 面向工作岗位的课程开发

传统大学的课程设置往往以学科为中心，基于学科发展的需要，与教授们的研究兴趣息息相关，一般课程开设周期较长。营利性大学的课程设置与之截然不同。营利性大学的课程设置和专业设置建立在对劳动力市场的充分调研基础上，并广泛听取雇主的建议，充分考量竞争对手、开设成本、学费区间、人口数据等情况，最后由学校专门的负责机构作出决策。

美国营利性大学主要依托校内设立的"雇主顾问委员会"与校外企业建立密切合作关系。"雇主顾问委员会"这一联结学校与工作场所的机构可追溯至1994年《学校—工作机会法案》（*School-to-Work Opportunities Act*）的颁布。该法案规定成立"雇主顾问委员会"，实现学校与工作场所的有效衔接。时至今日，很多营利性大学仍然依托"雇主顾问委员会"建立与企业的深度合作关系，开发面向具体工作岗位的课程。一般来说，"雇主顾问委员会"主要由当地的行业专家、教育者、政府领导者、地方代表等组成，其功能主要包括：一是预判各专业的就业需求状况；二是评估各专业的人才培养质量、提供毕业生职场表现的信息、评估营利性大学是否帮助学生做好了就业准备，并在上述预判和评估基础上，帮助营利性大学筛选具有竞争力前景的专业。

2. 基于工作岗位的课程知识内容

美国营利性大学的课程知识内容以"工作岗位"为导向，与传统大学的"学科本位"模式显著不同。如表4—2所示，"学科本位"模式下的知识类型主要是陈述性知识，以书本为载体，以考试为检测手段，着重知识的语义记忆和信息储存，具有抽象性、逻辑性特征；以"工作岗位"为导向的知识类型主要为程序性知识，以条件与动作的联结进行表征，具有实践性、操作性特征。"工作岗位"模式下重视学习者的实践、体验与参与，重视知识运用的具体情境，强调学习者依靠"事件记忆"以获得"经验"积累。[①]

表4—2　　　　　　传统大学与营利性大学的知识特征差异

传统大学：学科本位模式	营利性大学：工作岗位模式
陈述性知识（事实）	程序性知识（如何）
显性知识	隐性知识
抽象	具体
逻辑	直观
内化于心	表现于行动
以自身为目的	实现目的的方法
与应用分离	与应用密切相关
复习中强化	实践中练习
求知的过程	参与的过程
顺序学习	碎片化学习
书本学习	实物练习
信息储存	经验储存
语义记忆	事件记忆
记忆	体验
被传授	被训练
考试检测	操作检测

资料来源：William G. Tierney, Guilbert C. Hentschke, *New Players*, *Different Game*：*Understanding the Rise of For-profit Colleges and Universities*, Baltimore：The Johns Hopkins University Press, 2007, p. 127。

---

① William G. Tierney, Guilbert C. Hentschke, *New Players*, *Different Game*：*Understanding the Rise of For-profit Colleges and Universities*, Baltimore：The Johns Hopkins University Press, 2007, p. 127.

3. 以工作岗位为载体的课程教学

美国营利性大学充分发挥"工作世界"的认知作用,在学校场所中努力营造工作场所氛围,实践工作场所的活动形式,建立工作场所雏形,充分发挥职业活动本身蕴含的教育价值和意义。

美国营利性大学实现工作场所情景与课堂教学相结合的途径主要包括大量雇佣来自企业的兼职教师、学生到企业实习等。譬如,菲尼克斯大学将"教授"(Professors)称为"指导师"(Instructors)。这是因为在菲尼克斯大学教师不是在宣讲知识而是在亲身实践知识。菲尼克斯大学的教师都是受过高级教育的高技能专业人员,包括很多来自企业的兼职教师。据统计,菲尼克斯大学教师平均有 25 年的专业工作经验,其中许多人担任领导职务。2018 年数据统计显示,大约有 295 位首席执行官、211 位副总裁、102 位财务总监、89 位临床主任、62 位护理总监、45 位首席运营官、43 位教育专家、30 位首席信息官、29 位地方检察官、17 名警察局长。大约有 15% 的教职员工正在或曾经在《财富》100 强公司任职。[①] 菲尼克斯大学的教师基于自身丰富的工作经验,把工作场所的技能要求、工作实践等融入课堂教学之中。

美国营利性大学以工作岗位为导向的课程教学,特别重视学生的操练和运用知识解决问题的能力。菲尼克斯大学为帮助在职成人学生整合理论知识、专业实践、工作以及生活经验,将课程学习目标以周为单元进行分解,并采取"学习—练习—应用"的学习模式,帮助学生完成每周的学习目标。菲尼克斯大学采取的主要"练习"方式有学生参与、师生互动、教师反馈、讨论等。同时,菲尼克斯大学非常注重为学生提供应用所学知识解决现实问题的机会。

以工作岗位为载体开展课程教学,能充分发挥职业本身固有的理智价值,充分调动学习者的参与积极性,培养其实践技能和创新能力。学习者在学校内实践职业技能,能扩大和丰富学习者的直接经验,与以文字符号为载体的书本中的间接经验建立关联,深化对知识的理解。此外,

---

① 2018 Academic Annual Report-University of Phoenix(https://www.phoenix.edu/about_us/publications/academic-annual-report.html).

学习者在实践操练各种职业活动时，师生之间、同学之间需要沟通交流，需要学习者动手参与、发挥想象力、创造力，而且职业操练都有明确的、所要实现的目标与结果，需要学习者去思考如何艺术地、科学地呈现劳动成果。根据美国教育家杜威关于学习者本能与兴趣的论述，学习者的本能和兴趣主要表现在"与人交谈或交流的兴趣、探究或发现的兴趣、制作或建造的兴趣、艺术表现的兴趣"。① 职业活动所具有的交流、发现、制作、呈现等价值恰恰最有利于调动学习者的学习兴趣、激发学习者的潜能。

综上所述，美国营利性大学与地方劳动力市场保持着密切合作关系，地方劳动力市场深刻影响着营利性大学的办学效益，甚至决定着营利性大学的发展存续。营利性大学根据地方劳动力市场的就业需求选定校址、建立分校区。两者之间更深层次的联系表现在营利性大学根据劳动力市场需求设置专业、开发课程内容，并根据市场波动情况及时更新专业和课程内容。为实现课程与工作岗位要求的深度融合，美国营利性大学大量聘请企业人员担任授课教师。美国营利性大学与外部工作场所之间，从起点的专业设置和课程设置、中间的课程实施到终点的学生就业，建立起了动态的闭循环关系。

值得一提的是，美国营利性大学并非单向地从当地企业汲取支持，而是与当地企业之间形成了一种互补关系。美国营利性大学积极参与地方企业的人力资源开发、雇主技能培训等事宜。正如营利性大学依赖雇主的参与提高学生课程学习的针对性和有效性，营利性大学也积极寻求通过提供高质量的教育服务和优秀毕业生等方式深度参与企业的发展。美国营利性大学与地方企业的这种互赢关系值得我们借鉴。

四　美国营利性大学集中化战略与竞争优势

美国高等教育形态丰富多样，各类中学后教育机构在此角逐，可以说，竞争是美国高等教育系统的天然属性。若要在竞争中生存与发展，

---

① ［美］约翰·杜威：《学校与社会·明日之学校》，赵祥麟等译，人民教育出版社2004年版，第47页。

高校需创建自身的竞争优势并保持竞争优势的可持续性。美国营利性大学通过实施集中化战略,逐渐积累起了"成本优势"和"差异化优势"。

美国营利性大学实施集中化战略,以教学为学术使命,专注于为特定的学生群体提供契合的"工作场所导向的职业教育"。这样一种清晰的发展定位指引着营利性大学在办学过程中有意识地剔除掉与教学无关的活动,为营利性大学的发展构建了多种"成本驱动因素"。根据迈克尔·波特的分析,决定组织活动成本行为的驱动因素主要包括:"规模经济、学习(通过经验累积带来生产效率的提高等)、生产能力利用模式、联系(组织内部以及与外部活动之间的协调程度)、相互关系(与其他组织合作共享某一价值活动)、整合(各纵向业务活动的内在一致性)、时机选择、决策(采取了有意识降低成本的措施)、地理位置、机构因素(涉及政府的税收政策、财政激励、法律规则等)"。[①]

集中化战略充分发挥了"规模经济"的成本驱动力量。营利性大学以教学为主要学术使命,课程实施采取集中统一决策,专业设置具有集群特征,这使其可在多个分校区复制、推广课程内容,在更大办学规模中分摊教学成本。

集中化战略激活了"生产能力利用"这一成本驱动因素。一般来说,生产能力利用程度高的组织成本相对较低。譬如,为了便于在职成人协调好学习与工作,菲尼克斯大学课程学习周期较短,同门课程常年周而复始地开设,便于学习者灵活选择学习时间。这同时也提高了教学设备的利用率,降低了办学成本。美国营利性大学的校历由两个目标支配,教学设施的最大利用和顾客便利。[②]

此外,集中化战略有效运用了"决策"的成本驱动作用。譬如,菲尼克斯大学不提供学生宿舍、运动场地、实验室,积极开展网络教育,这极大地降低了办学成本。

---

① [美]迈克尔·波特:《竞争优势》,陈小悦译,华夏出版社2004年版,第69页。

② Richard S. Ruch, *Higher Ed, inc.* : *The Rise of the For-profit university*, Johns Hopkins University Press, 2003, p. 85.

　　除了成本优势，集中化战略也为营利性大学带来了差异化优势。如果说"同质优势"依靠提供类似的或同质的教育服务进行竞争，优势来源建立在"把同样的事情做得更好"，而"差异化优势"来源于"以不同的方式做事"，即以新的教育形态为特定的学生群体提供更好的、更适合的教育。营利性大学恰恰是"以不同的方式做事"，包括以教学为主的学术使命定位、特定的学生群体定位、特定的教育教学形态定位，这为营利性大学带来显著的差异化优势。

第三节　美国社区学院多元使命的冲突：一个反证

　　营利性大学与社区学院在美国中学后教育系统中是最为相似的两类机构。尽管从表面来看，营利性大学是以营利为目的的私营机构而社区学院是公立机构，但两类机构在招生对象、提供职业教育、接受联邦学生资助等方面均有重叠。正因如此，有关营利性大学与社区学院的比较以及对其发展趋同现象的讨论，成为研究者和政策制定者关注的重要问题。譬如，达雷尔·克洛维斯等人编著的《社区学院与营利性学校：冲突还是趋同?》(*Community Colleges and Proprietary Schools：Conflict or Convergence?*) 一书分别从历史发展、课程、学生、州政府的监管政策、联邦政府的资助政策、认证制度等角度分析了营利性学校与社区学院的异同。下面主要从办学使命的视角，分析社区学院多元化的办学使命及其内在冲突，以反向证明营利性大学办学使命集中的优势。

一　美国社区学院办学使命：多元化

　　美国社区学院办学使命的扩张可从其协会名称的变迁中窥见一斑。20世纪20年代，美国社区学院的协会名称为"美国初级学院协会"(American Association of Junior Colleges)；在20世纪50年代，该协会名称演变为"美国社区与初级学院协会"(American Association of Community and Junior Colleges)；然后在20世纪80年代扩展为"美国社区、初级和技术学院协会"(American Association of Community, Junior, and Technical Colleges)；并最终在20世纪90年代确立为"美国社区学院协会"(American Association of Community Colleges)。协会名称的变迁记录了社区学院办学使命扩张的实践。美国社区学院的办学使命由最初成立时的转学教育,即为学生转入四年制学院提供转学教育功能,到后来承担起社区服务功能,再到后来为学生提供以就业为导向的职业教育,转学教育、职业教育、社区服务交织在一起共同成为社区学院的办学使命。最初以作为四年制学院的"初级学院"登上历史舞台的社区学院逐渐发展为规模庞大的,以地方社区、政府、四年制大学、企业、多元学生群体为服务对象的综合型社区学院。

美国营利性大学办学使命的集中与社区学院多元化的办学使命形成了鲜明的对比。下面通过比较营利性学院"技术学院"与其所处地理位置接近的社区学院的办学使命,来做进一步阐述。"技术学院"办学定位清晰,提供技术、电子通信、商业领域等九个专业的副学士学位和学士学位课程,其办学使命定位为"面向多元学生群体提供商业和技术领域的高质量的职业导向教育,并融合通识教育,促进学生的个人发展和提升其职业潜力"。与该所"技术学院"毗邻的社区学院的办学使命为:"该学院致力于为学生、商业和公共机构提供职业和自由教育、发展教育和转学教育、继续教育以及职业培训项目。"附近另外一所社区学院的办学使命为:"我们致力于提供低等难度的教学、职业项目、继续教育,以促进本州的经济增长和提升其全球竞争力。"从中可知,营利性大学的办学使命单一、专业领域集中,服务对象明确,即为学生的就业和职业能力提升服务。与此相反,社区学院的办学使命多元,职业教育仅是其办学使命之一。社区学院服务对象广泛,涵盖了学生、雇主、商业机构、社区以及所在区域的经济发展。

社区学院多元化的办学使命也是研究者关注的重要议题。从已有的研究文献来看,研究者对社区学院多元化使命的话语表述大抵分为三条路径。一是课程导向路径。研究者将社区学院的办学使命概括为:为学生提供学术类课程、职业类课程、补习类课程。二是目的导向路径。研究者认为社区学院的办学目的包括:促进个人与社区的发展、促进个体的社会地位和经济地位的流动、巩固社会分层和强化社会再生产。三是教育和培训角色路径。研究者提出社区学院是学生升入四年制大学的中转站、进行职业准备的基地、关涉个体在社会上成功与否的孵化场所。

社区学院学生的入学动机差异也是社区学院多元化办学使命的有力佐证。[①] 如表4—3所示，社区学院学生的入学动机悬殊，在2003—2004学年大约有36%的学生希望转学到四年制学院，43%的学生希望获取副学士学位，42%的学生希望提升就业技能，46%的学生以发展个人兴趣爱好为学习目标。

表4—3　　　　　2003—2004学年社区学院学生入学动机统计　　（单位:%）

学生入学动机	比例
转学到四年制大学	36
转学到其他学院	15
获得副学士学位	43
获得职业证书	17
获得就业技能	42
发展个人兴趣爱好	46

资料来源：Laura Horn, et al. , "Profile of Undergraduates in U. S. Postsecondary Education Institutions, 2003 – 2004：With a Special Analysis of Community College Students", U. S. Department of Education, Washington, D. C. : National Center for Education Statistics, 2006。

具体来说，社区学院的办学使命主要包括以下六方面。

（一）转学教育（Transfer）

转学教育是社区学院与生俱来的办学使命。社区学院最初是作为四年制大学的"初级学院"登上历史舞台的，是19世纪末期美国四年制大学向德国研究型大学模式转变的产物。当时美国成立初级学院的主要目的是减轻四年制学院的压力，向学生提供大学低年级层次的课程，学生毕业后可获得副学士学位或转学进入四年制大学继续学习。

19世纪末，效法德国大学高举学术自由旗帜、走德国大学以学术研

---

① Laura Horn, et al. , "Profile of Undergraduates in U. S. Postsecondary Education Institutions, 2003 – 2004：With a Special Analysis of Community College Students", U. S. Department of Education, Washington D. C. : National Center for Education Statistics, 2006.

究为主要任务的道路，成为当时留学德国的返美人士进行大学改革的重要主张。当时推崇德国大学模式的人认为大学是传播高深知识、进行科学研究的场所，应选拔那些学业准备充分的天才学生，对其进行智力训练，培养他们成为科学研究者，而对于那些追求一般教育和职业教育的人应到大学以外的地方学习。1876 年，约翰·霍布金斯大学的创办就是这一时期美国学习德国大学模式的典型。其他一些大学也竞相取法德国大学的办学经验，向着学术型大学迈进。

研究型大学需要优秀的生源予以支撑。为保障大学的学术质量和研究水平，改革者纷纷提出将大学低年级的教学工作划归中学或是将其放置在大学内的初级学院里完成。这其中，芝加哥大学校长哈珀做出了创新性的贡献。1982 年，哈珀主张把芝加哥大学划分为两个阶段，前两年为"初级学院"阶段，后两年为"高级学院"阶段。初级学院的学生在大学二年级可分流进入高级学院继续学习，或选择就业，后者可被授予副学士学位。如此，既能确保大学教学质量和研究生教育水平，也顺应了扩大高中毕业生入学机会的需求。

分析初级学院成立的社会背景可知，初级学院最初是作为研究型大学的基础教育机构出现的，创建之初主要承担着为高中毕业生转入四年制学院提供转学准备，为大学高年级筛选优秀生源的职责，有效缓解了扩大高等教育入学机会与学术型大学教育之间的冲突。

（二）职业教育

20 世纪 50 年代前后，职业教育逐渐发展为美国社区学院的主要办学职能之一，入读转学教育课程的学生人数呈下降趋势。美国社区学院职业教育的发展根植于复杂的社会经济背景之中，也与联邦政府的职业教育资助政策息息相关。

"二战"后美国企业广泛采用新技术，对就业人员的素质提出了更高的要求，需要越来越多的高技能型人才。劳动力市场需求极大地推动了社区学院和营利性大学职业教育的发展。加之，美国社区学院实施开放入学政策，部分学生的入学基础偏低，更适宜选择进入职业教育轨道，而如果选择入读对智识水平要求更高的转学教育课程，成功的概率较低。

"二战"后，美国联邦政府颁布的一系列职业教育资助政策也是推动职业教育成为社区学院主要办学使命的重要因素。1944 年旨在帮助退伍军人回归平民生活、通过接受教育以更好地就业的《退伍军人权利法》颁布。该法案对退伍军人的再教育做出了资助规定，大批军人涌入社区学院学习职业教育课程，促进了社区学院职业教育的发展。此外，1963年美国颁布《职业教育法》，提出大幅增加职业教育拨款；1965 年《高等教育法》建立了完善的学生资助体系，其中对社区学院学习职业教育课程的学生做出了专门的资助规定。上述职业教育资助政策为社区学院发展职业教育构建了有力的制度环境，为其注入了强大的动力。

职业教育越来越成为社区学院显著的办学职能。诺顿·格鲁布甚至提出职业教育应该成为社区学院的核心办学使命，成为社区学院在高等教育体系中的角色定位。这是因为强调学术教育容易导致中学后教育机构在强大的研究型大学面前失去存在的价值。美国社区学院不实施选拔性入学政策，在学术领域缺乏竞争力，且实践证明美国社区学院的转学教育并不理想。[①]

（三）补习教育（发展教育）

大学补习教育（Remedial Education）又称发展教育（Developmental Education），是大学为文化基础程度较低的学生提供的阅读、写作、数学等文化课补习课程，以帮助学生为完成大学水平的课程以及成功就业获得必备的知识与技能。

补习教育可追溯至 17 世纪，当时的哈佛学院委派教师（Tutor）帮助学业水平较低的学生补习拉丁语。20 世纪，来自不同背景的学生入读高等教育，进一步推动了大学补习教育的发展。截至 1995 年，81% 的四年制公立大学和全部的社区学院都在提供补习教育。[②] 最近多个州打算将补习教育集中放置在社区学院完成。例如，1999 年，纽约市立大学（City University of New York）通过一项决议，将逐步淘汰四年制高等教育系统中的补习教育并将其转移到社区学院。

---

① Norton W. Grubb, "Working in the Middle: Strengthening Education and Training for the Mid-Skilled Labor Force", *The Journal of Higher Education*, Vol. 69, No. 1, 1996.

② Eric P. Bettinger, Bridget Terry Long, "Remediation at the Community College: Student Participation and Outcomes", *New Directions for Community Colleges*, No. 129, 2005.

因社区学院的入学限制较低,社区学院学生的文化基础水平参差不齐。有统计表明,在被抽取的社区学院学生样本中,58% 的学生需要补修至少一门文化课,44% 的学生需要补修一至三门课程,14% 的学生需要补修三门以上课程。① 综上所述,社区学院不仅承担着本校学生的补习教育,而且将逐渐承担起四年制公立大学的补习教育。

(四) 继续教育与社区服务

1947 年《杜鲁门委员会报告》(Truman Commission Report) 提出社区学院应扩大入学机会,并建议用"社区学院"取代"初级学院"来传达其为当地社区提供更多服务的办学宗旨。在这一报告的推动下,20 世纪后半叶,社区学院的职业教育和生涯教育获得了较快发展,成人继续教育和社区教育成为社区学院的又一项新的办学使命。社区学院服务社区的主要方式包括为社区成员提供发展类课程、兴趣特长类课程、技能更新类课程,通过举办讲座、文艺演出等方式向社区提供公共服务,以及提供就业咨询和就业指导服务等。

(五) 服务地方经济

美国社区学院除了承担人才培养的使命外,也致力于服务地方经济发展。美国社区学院服务地方经济发展的主要途径有小企业策划与帮助、参与地方经济发展规划。② 在政府资助下美国社区学院成立"小企业发展中心""制造业推广中心"等专门机构,为当地小企业的发展和新企业的成立提供技能培训、新技术的应用推广以及有关税收、市场营销、政策咨询等方面的服务。此外,美国社区学院还积极参与地方经济发展规划,发布有关当地经济发展环境和趋势的报告,派教师代表参与当地的一些经济发展协会、组织机构,举办地方经济发展研讨会等,以发挥社区学院在地方经济发展中的作用,并为自身发展赢得更有利的政策环境、夯实与企业的合作基础。

---

① Thomas Bailey, "Challenge and Opportunity: Rethinking the Role and Function of Developmental Education in Community College", *New Directions for Community Colleges*, No. 145, 2009.

② 许明:《美国社区学院办学职能的新拓展》,《全球教育展望》2002 年第 6 期。

二　美国社区学院多元使命的内在冲突：教育社会学视角

美国社区学院已由最初的关注学术教育的"初级学院"发展为具有多种教育职能、经济职能和社会职能的"综合型社区学院"。批评者认为社区学院已迷失了发展方向，成为"面向人人无所不包"的庞大机构（Be All things to All People），丢弃了构建民主社会基石的使命。①

美国大学角色不断扩充的发展趋向不仅存在于社区学院，也存在于传统的四年制大学。克拉克·克尔在《大学的功用》一书中指出，传统大学已由"单一的群体——教师和学生的群体"，演变为"多元化巨型大学"。② 多元化巨型大学不是一个稳固、统一的机构，里面驻留着基于不同专业、领域、利益、交往互动所形成的大小不一、具有一定等级甚至相互冲突的各种社群。它向外延伸，将校友、企业家、政府、家长等不同利益相关者吸纳进来，同时与外部社会保持着积极互动。如果说最初的大学献身于描述理性的疆域、追求纯粹知识，类似于僧侣居住的村庄，那么随着大学由社会边缘进入社会中心位置、成为社会的"服务站"，大学已更像一座呈现出一派繁荣景象的工业城镇，而多元化巨型大学已由知识分子垄断的城镇扩张为一座令人眼花缭乱的城市，来自不同阶层、种族、国家的各类学生群体，具有不同职业分工、学术等级权力的教师群体以及日趋膨胀的行政大军，共同生活其中，并与外界相关利益者保持着错综复杂的利益交换关系和互动行为。

美国社区学院多元化办学使命的内在冲突，可从不同的视角予以分析。譬如根据经济学上的"资源配置"视角来看，社区学院多元化的办学使命，在政府经费拨款不断减少的趋势下，难以集中有限的资源提升办学效果。根据战略管理学上的"使命管理"视角来看，战略制定者在制定发展战略之初，就应明确社区学院所应承担的角色和使命，这不仅有利于办学使命获得广泛的理解和认同，而且有助于提升办学使命在社

---

① Bailey R. Thomas, Averianova E. Irina, "Multiple Missions of Community Colleges: Conflictory or Complementary", Community College Research Center, 1998.

② ［美］克拉克·克尔：《大学的功用》，陈学飞等译，江西教育出版社1993年版，第1页。

区学院战略发展中的指引作用,进而提升社区学院的办学效能。[①] 下面笔者拟从教育社会学的"社会分层"视角来分析社区学院所宣称的应然使命与实然使命之间的内在冲突。

(一) 理论基础:文化价值目标与制度化手段的张力

伯顿·克拉克指出,民主社会普遍存在鼓励进取与有限机会的张力。民主社会向个人承诺其社会地位是通过自身的努力来赢取的,有意淡化出身对个体地位的影响,但现实中民主社会普遍存在的高筛选性大学、高度等级化的社会分工,仅能为一部分人提供上升的通道。也就是说,民主社会一方面在文化上营造人人都应积极进取的氛围,另一方面却不能在制度上提供帮助人人实现成功的有效手段,这在文化价值目标与实现目标的制度化手段之间产生了巨大的鸿沟,导致很多人不可避免地跌入失败的深渊。

对于这一点,美国社会学家罗伯特·默顿[②]进行了深入的论述,并认为这正是社会失范的结构性根源。在罗伯特·默顿看来,文化规定的个体追求与现实的社会结构化的追求相脱节,文化规定了的价值目标通过社会化逐渐内化为个体的理想追求,但是现实的社会资源是既定的,不同的社会成员能够实现理想目标的资源是不均衡的,也就是说,社会结构限制了个体实现目标的合法的制度手段。对部分社会成员来说,其文化目标与制度手段之间存在张力。这极易导致个体的挫败感和失范行为。为缓解个体失败的压力,安抚个人的失落情绪,需要某些社会单元为败下阵来的个体提供"软着陆"平台,帮助其重燃希望,并为其开辟通往成功的新道路。伯顿·克拉克认为美国社区学院在高等教育体系中就发挥着类似"软着陆"的功能。

(二) 社区学院承载的文化目标:教育机会平等与正向社会流动

美国社区学院就处于罗伯特·默顿所揭示的文化目标与制度化手段张力之中。"上大学"(College-going) 成为社会成员的普遍追求,成为一

---

① Mrozinski, Mark David, "Multiple Roles: The Conflicted Realities of Community College Mission Statements", Dissertations, National-Louis University, 2010, p. Ⅵ.

② 参见 [美] 罗伯特·K. 默顿《社会理论和社会结构》,唐少杰等译,译林出版社 2006年版。

种文化规定。伯顿·克拉克将其归因为以下几方面。[1] 一是高等教育与职业地位的高度关联。大学教育成为个体获得更高层次职位的前提条件，在大学教育与高薪职位之间建立了高度关联。随着职业专业化程度的加强，越来越多的人需要"上大学"，上大学成为高中毕业生取得成功的普遍追求，成为一种盛行的社会文化价值。二是对机会平等的误解。一种主流观点认为，所谓机会平等就是为学生提供不受限制的接受某种形式的大学教育的机会。这与严格意义上的机会平等内涵不一致。严格意义上，机会平等意味着根据学生的能力判定其是否能获得大学学习机会。在前一种机会平等理念的引导下，"上大学"成为机会平等的代名词。三是职业选择与教育分流的后移以及对高等教育的人力资源开发在经济发展中的作用的认识，也是"上大学"文化价值得以确立的推动力量。在上述种种因素的联合作用下，"上大学"成为社会成员的必备品和应享有的权利。顺应这一价值取向，社区学院实施开放入学政策。

然而，"上大学"这一文化规定的追求遭遇着现实制度化手段的冲击，两者之间并不是一一对应的关系。高等教育系统在长期发展过程中已形成特定的学术声誉、严格的筛选标准，致力于追求高质量的学术成果等。由此，对大部分通过开放入学政策进入大学校园的学生来说，在"上大学"的美好目标与实现目标的手段之间产生了巨大的差距，导致那些怀抱着美好愿望进入大学的学生难以达到大学的学术标准，仅有部分学生获得学业成功，一些学生不可避免地遭遇理想的破灭。

（三）社区学院的"冷却"功能：结果不平等与社会再生产

社区学院曾在美国社会发展和经济发展中发挥了重要角色，帮助数以百万计的学生就业，通过提供转学教育帮助众多学生转入学士学位机构继续攻读学位。在经济不景气时及时回应培训劳动力的要求，积极扶持培育地方新产业。面对多元化的学生群体的教育需求，社区学院曾经是社会大众接受高等教育进而成为社会中产阶级的"机会之门"。

然而，随着社区学院发展规模的扩大和办学使命的扩展，其教育质

---

① Burton R. Clark, "The 'Cooling-Out' Function in Higher Education", *American Journal of Sociology*, Vol. 65, No. 6, 1960.

量和办学效果却不尽如人意，甚至饱受诟病。首先，社区学院遭遇入口和出口的双重困境。社区学院的招生人数近几年来持续下降。相关统计表明，2012 年秋季学期的入学人数，较之于 2011 年，降幅达 3.6%，且招生人数呈连续下降趋势，2013 年较之于 2012 年，又下降了 3.3.%。[①] 不仅如此，社区学院的较低的课程完成率也引起了各方关注，有相当比例的学生中途退学，相关统计表明，2008 年秋季入学的社区学院学生，6 年后，大学完成率仅为 36.3%。[②] 其次，社区学院并未为学生做好充分的就业准备，毕业生与劳动力市场需求存在脱节。最后，社区学院遭遇资金短缺之困。联邦政府和州政府的资助拨款不断下降。社区学院的发展之困，大大缩减了美国中产阶级的人数，对依靠社区学院获得上升通道的低收入群体和有色人种产生了消极影响。

美国社区学院曾经是无数怀揣大学梦想的人的最后希望，但是社区学院学生的转学成功率并不理想，能成功转入四年制大学的学生的比例并不高，相当比例的学生被从学术教育轨道导入职业教育轨道。据统计，1995—1996 学年，入读社区学院的学生中，约有 24.8% 的学生希望转学以在四年制大学中获得学士学位，但是 6 年后仅有 10% 的学生成功转学并获得学士学位。更令人震惊的是，在 20 世纪 90 年代，70% 的社区学院学生希望获得学士学位，然而只有不到 1/4 的学生成功转学，1/10 的学生最终获得学士学位。[③] 社区学院的学生毕业后因没有学士学位，在一个由文凭主导职业分层的 "文凭社会" [④]里，被分流进入较低层次的职业分工。社区学院所宣称的为社会成员提供平等的教育机会，使社会成员不因能力、经济地位的限制而被剥夺教育机会，即所谓的起点公平，最终

---

①　孙翠香、范国睿:《美国社区学院：挑战与变革——兼论社区学院与美国梦》,《外国教育研究》2015 年第 10 期。

②　孙翠香、范国睿:《美国社区学院：挑战与变革——兼论社区学院与美国梦》,《外国教育研究》2015 年第 10 期。

③　Sean Ajay Desai, "Is Comprehensiveness Taking Its Toll on Community Colleges?: An In-depth Analysis of Community Colleges' Missions and Their Effectiveness", *Community College Journal of Research & Practice*, Vol. 36, No. 2, 2012.

④　"文凭社会"是美国社会学家兰德尔·柯林斯（Randall Collins）在 *The Credential Society* 一书中提出的概念，用以阐释学校教育与社会分层之间的内在关系以及文凭异化现象。

通过隐蔽的过程的不平等，转化为结果上的不平等。社区学院成为社会再生产的教育机制，由作为个人向上流动的"阶梯"转换为"屏障"。

那么社区学院是如何将满怀梦想的大学生由转学教育轨道导向终结性职业教育轨道的？伯顿·克拉克深入社区学院的教育过程内部，揭示了这一系列操作流程，并借用欧文·戈夫曼提出的冷却（Cooling Out）概念，将这一过程称之为社区学院的"冷却"功能。[①]

社区学院的"冷却"过程由一系列连续的步骤组成。第一步为准入测试，测试不合格的学生不能进入转学教育轨道，将被分流学习补习课程。第二步为咨询访谈，一般发生于第一学期开始之前，在访谈中访谈教师根据学生的学习目标、考试成绩、高中学习记录等，帮助学生在转学课程、职业课程中做出合理的选择。第三步为新生"大学定位课"，该课程为必修课，旨在帮助学生科学评估自己的能力、兴趣以及职业倾向，进而帮助学生做出合理的职业选择。其评估工具主要有各类能力量表。教师也会根据累积性证据，包括学生测验成绩、课程分数、咨询建议等，帮助学生形成清晰的关于自我能力的认知，并在转学教育与职业教育之间选择与自身能力相匹配的教育轨道。第四步为试读期。选择转学教育的学生，一旦成绩不符合既定标准，则被要求进入试读期，带着转学教育标签试读的学生，不但面临转学失败的可能，而且需要达到较高的标准才能从社区学院获得副学士学位。从中可知，社区学院通过一系列隐性、客观、渐进的过程，将抱有不切实际的转学目标的学生分流进终结性职业教育轨道，扮演着高等教育守门员、筛选机器的角色，在"上大学"的文化价值规定与有限的制度性手段之间达成了一定的平衡，维护了高等教育系统的学术秩序，避免了学生因转学失败而做出失范行为。社区学院的"冷却"过程悄悄转移了社区学院所宣称的促进个体社会流动的使命，而承担起了社会再生产的职能。从这一点来说，社区学院的转学教育与职业教育的使命之间是一种矛盾的存在。

正如有学者分析指出的，美国社区学院承担着相互分裂甚至相互矛

---

① Burton R. Clark, "The 'Cooling-Out' Function in Higher Education", *American Journal of Sociology*, Vol. 65, No. 6, 1960.

盾的办学使命。[①] 美国社区学院实施开放入学政策,任何人只要具备高中文凭或类似的学习经历证明,都可以较低的学费进入社区学院学习。美国社区学院的开放入学体现了"教育是民主社会必备的公共物品"的观念。理想状态下,社区学院被认为是扩大高等教育民主品性的重要载体,因为社会成员的受教育程度越高越有利于高质量地参与公共生活。同时,社区学院也被寄希望于为更多的人打开向上的社会流动的通道。社区学院一度被称为"美国的民主学院""人民的学院"。[②] 然而,社区学院的开放入学却遭遇着有限的社会资源、职业分工存在等级性等现实冲突。对此,美国社区学院不得不对学生怀有的"通过高等教育实现向上的社会流动"的高期望进行管理和"冷却",引导其从社区学院的"转学教育"轨道转入"职业教育"轨道。从这一意义上来说,社区学院又承担着高等教育守门人和筛选机器的作用。

三　化解社区学院多元使命危机的策略:集中化定位

社区学院的多元化办学使命及其内在冲突,不仅损害了其初心使命,即为学业准备不充分的学生提供转学教育、帮助其获得接受高等教育的机会,而且导致社区学院逐渐丧失了办学特色,削弱了其在高等教育系统中的合法价值。

如何化解社区学院多元使命危机成为社区学院协会、研究者关注的重要问题。2012 年,美国社区学院协会发布的一份报告《重申美国梦:21 世纪委员会关于社区学院的未来的报告》开篇即指出美国梦危机四伏,作为连接美国上代人与下代人的"向上流动",正在破灭,社区学院有助于重塑美国梦,但为迎接这一挑战,需要重构社区学院的使命与角色。为此,该协会提出了改革社区学院的"3R"策略:重塑教育模式(Rede-

---

① Brian Caterino, "Lowering the Basement Floor: From Community Colleges to the For-profit Revolution", *New Political Science*, Vol. 36, No. 4, 2014.

② Alicia C. Dowd, "From Access to Outcome Equity: Revitalizing the Democratic Mission of the Community College", *Annals of the American Academy of Political & Social Science*, Vol. 586, No. 1, 2003.

sign)、重新定位角色（Reinvent）、重置办学机制（Reset）。①

一是重塑教育模式。美国社区学院联合会倡议，提升社区学院终结性教育的质量，帮助更多的学生成功获得职业资格证书或副学士学位，消除与种族、性别、收入相关的学生学业成就差距；着力改善社区学院的预备教育职能，帮助学生充分做好转学准备，同时提升社区学院发展教育课程的完成率；缩小技能差距，重视生涯和技术教育，切实为学生提供适应区域经济和全球经济发展要求的知识与技能。

二是重新定位角色。美国社区学院协会认为，为适应21世纪教育发展和就业需求，社区学院应重新聚焦办学使命、重新界定机构的角色。社区学院应将自身发展置于美国复兴的大背景中，为人力资本的开发、人的潜能发展做出应有的贡献。

三是重置办学机制。美国社区学院协会提出，将公共机构和私人机构的投资战略性地用以激励社区学院的教育创新、激发学生的学习以及支持社区学院为重铸美国梦做出更大的努力。此外，还应加强对社区学院教学效果的结果问责、信息透明，提升社区学院办学质量。

美国社区学院协会特别指出，实现社区学院的成功转型，尤需明确社区学院的战略定位，需要领导者做出发展取舍，澄清社区学院的服务对象，厘清社区学院优先发展的事项，明确学生应达到的学业成就水平，合理配置办学资源。从中可知，社区学院转型发展所面临的一项核心任务，就是明确自身的办学使命，在繁杂的办学职能中理性地做出取舍。

肖恩·阿贾伊德赛在《综合性是否敲响了社区学院的丧钟？对社区学院使命及其有效性的深入分析》一文中建议，将社区学院划分为三类相互独立的协作型分支学校，聚焦办学使命。②

一是作为大学附属机构的"通识学习学院"。通识学习学院聚焦转学

① American Association of Community Colleges, "Reclaiming the American Dream: A Report from the 21st-Century Commission on the Future of Community Colleges", 2012（https：//files. eric. ed. gov/fulltext/ED535906. pdf）.

② Sean Ajay Desai, "Is Comprehensiveness Taking Its Toll on Community Colleges?: An In-depth Analysis of Community Colleges' Missions and Their Effectiveness", *Community College Journal of Research & Practice*, Vol. 36, No. 2, 2012.

教育，与大学密切合作，根据大学的院系有针对性地开设对应课程，在学分转换协议基础上，提升学生的转学成功率。通识学习学院的教师应是在某一专业领域接受正规学术训练的具有博士学位的教师。该学院办学经费主要来自州政府和四年制大学。

二是作为企业附属机构的"劳动力市场预备学校"。劳动力市场预备学校聚焦职业技术教育，通过为企业员工提供外包培训、为企业培养未来从业人员等方式密切与企业的合作关系，学生毕业后将获得职业资格证书或副学士学位。劳动力市场预备学校的教师应以行业专家为主，其办学经费主要来源于企业。通过与企业建立合作伙伴关系，劳动力市场预备学校可显著提升社区学院在地方经济发展中的重要作用。

三是作为地方社区和高中附属机构的"社区发展学校"。社区发展学校的办学使命聚焦于为当地社区提供教育文化服务，并为高中毕业生、外国学生提供补习教育（也被称为发展教育）。成人教育也是其办学内容的一部分。社区学校教师应主要由接受过教育教学训练的专业人员组成，其办学经费可由州政府和地方政府承担。

综合以上分析，不管是社区学院协会提供的社区学院发展建议，还是研究者给出的学理上的建议，都旨在分解社区学院在发展过程中累积起的多元化办学使命，使其明确在高等教育中的办学定位。营利性大学与社区学院因在美国中学后教育系统中的位置临近，都以学业准备不充分的高中毕业生、社会边缘群体、少数族裔学生等为服务对象，所以两类大学在办学使命上的聚焦与分散所形成的强烈对比，成为各界判定两类大学竞争力的重要依据。营利性大学的竞争力主要来自其办学使命集中，而社区学院之所以饱受诟病，其指责大多指向了其具有内在冲突的多元化办学使命。通过对上述社区学院多元化使命的分析，进一步佐证了美国营利性大学办学使命集中的优势。

第五章

美国营利性大学以学生为顾客：
学生满意战略

学生满意战略是美国营利性大学获取竞争优势、改进教育教学质量和完善教育服务的重要战略选择。美国营利性大学明确提出以学生为顾客，将学生满意战略系统贯穿于学校办学的各方面、各环节，通过数据驱动的决策模式精准定位学生的需要和需求，为特定学生群体"非传统型大学生"提供与之相匹配的教育形态，实施以学生为中心的教学模式，明确作出教学保证，注重提升课程的功能价值、认知价值和条件价值，在招生、就业、资助等方面实施一体化的学生服务等措施，美国营利性大学不断提升自身的竞争力。这一源自大学内部的内生型竞争力与美国营利性大学科学合理的外部"定位"相得益彰，成为美国营利性大学参与高等教育市场竞争的制胜法宝。

第一节　学生满意战略理论

随着生源竞争加剧、政府拨款的减少以及问责的加强，大学越来越意识到实施学生满意战略的必要性，将其作为重要的管理策略加以运用。相关经验研究表明，学生满意对激发学生动机、提升学生保持率、大学招生、筹款等均具有积极影响。

一　学生满意的内涵

学生满意有多种界定。第一种获得广泛认可的界定认为，满意是学生先前的期待与实际感知之间形成的差距。[1] 学生的教育预期受到高校的招生宣传、亲友的口耳相传、个人的学习目标、既往的教育经历以及社会文化的塑造等因素的影响。那么学生期望从大学学习中获取什么？一种观点认为，学生的教育质量观是不成熟的，往往期待获得一些短期的利益，比如考试得高分、简单的课程内容、短期内取得学位证书等。在这种情况下，高校实施学生满意策略，无论是对学生个人还是对高校和社会都是有害的。这样一种情形的学生满意无异于是在取悦学生。事实上，这是学生满意策略的一种极端情形，违背了最基本的教育常识，也低估了大学生的理智能力。正如我们不能说一个人去剧院仅仅是为了享受舒适的座椅而不在乎戏剧本身的质量一样，同样，学生上大学也不仅仅是为了追求愉悦。脱离教育对学生发展的长远利益来讨论学生满意是毫无意义的。究其本质，实施学生满意战略是意图在大学办学中引入质量元素。它是大学在充分关注学生需求基础上，通过实施高质量的教学、评价以及提供高质量的教育服务，确保学生获得高质量的教育效果。学生满意与提供高质量的教育内在统一于大学的办学过程之中，并不是两个平行的过程。

　　第二种界定认为学生满意是指学生对与教育相关的各种结果和经历的好感度的主观评估。[2]从这一界定可知，学生满意具有以下特征：一是学生满意是主观评价的结果；二是学生满意的对象涉及教育结果和教育过程两方面；三是学生满意是学生对教育结果和教育过程进行比较评价后所产生的"好感度"。其中，尤需注意的是"满意"与"认知和评价"是两个不同的概念。"满意"衍生于对教育结果和教育过程的"认知和评价"，是对"评价"结果的一种情感反应。面对同一项服务，不同的人会做出不同的评价，进而产生不同的情感反映"满意"或"不满意"等。例如，乘坐同一飞机，不同的人会对乘务人员提供的同一服务做出截然相反的评价。"评价"与"满意"属于不同的范畴，"评价"是引起"满

---

①　Browne A. Beverly, et al. , "Student as Customer: Factors Affecting Satisfaction and Assessments of Institutional Quality", *Journal of Marketing for Higher Education*, Vol. 8, No. 3, 1998.

②　Kevin M. Elliott & Dooyoung Shin, "Student Satisfaction: An Alternative Approach to Assessing this Important Concept", *Journal of Higher Education Policy & Management*, Vol. 24, No. 2, 2002.

意"的原因,而"满意"是对"评价"的一种情感反映。然而,在测量学生满意度时,往往很容易将两者混淆,把引起满意的原因(如,认知)和满意本身混为一谈。例如,"我领到的薪资足够补偿我付出的劳动",这显然是对工作情况的认知和评价,并非对工作满意的直接表征。另外,从上述定义可知,"学生满意"本质是一种"好感度"。这启发我们不能仅仅以"满意和不满意"作为评判、测量学生满意度的标准,在两者之间还有其他的情感表达。认识到这一点,对改进学生服务质量、优先配置学校资源,提高学生满意度具有重要的管理价值。譬如,学校应优先关注那些学生感到"不太满意"的事项,采取措施加以改善,力争使学生达到满意状态。

第三种界定认为满意是"个体—环境"相互匹配的结果。这里的环境包括"人际环境和非人际环境"。高满意度、高绩效、低压力等是这一匹配结果的表征。[①] 如果学生的个体特征、学习目标、优先关注事项等与高校的办学理念、课程观、教师的教育教学观念高度一致,那么学生的满意度相对较高。也就是说,学生满意衍生于个人与环境的互动和交换过程中,仅仅强调学生的个体特征或者仅仅关注高校的环境,都不足以深入了解学生满意的本质。学生满意是学生个体特征与高校环境高度契合的结果。这表明高校有效实施学生满意战略,需要首先明确自身的办学定位,并根据这一定位来招收"志同道合"的学生。这对提升学生的满意度具有重要意义。

第四种界定认为学生满意是对教育质量感知(Perceived Quality)的结果。教育质量与学生满意既相互联系又相互区别。"全面质量管理"倡导者认为提高教育质量就是使教育结果满足或超出学生的期待和需求。而学生满意包含的内容更广泛,它不仅体现了学生对教育结果的满意状态,而且产生于学生在大学的学习经历过程之中,是学生对高质量教育服务、教育教学过程的一种情感反映。也就是说,学生对教育结果和教育经历的正向评价共同组成了学生满意的内容。学生满意的内涵广于教

---

① Lawrence A. Pervin, "Performance and Satisfaction as a Function of Individual-environment Fit", *Psychological Bulletin*, Vol. 69, No. 1, 1968.

育质量。教育质量往往指向学生技能、知识、能力的积累和养成,以教育结果为导向,而学生满意则包含了学生对教育结果和求学经历两方面的总体感知。

二　学生满意的影响因素

学生对大学是否满意受诸多因素的影响。研究者对学生满意的影响因素进行了大量的经验研究。譬如,有研究者认为,学生满意与学生对课程的评价以及与课程相关的其他因素密切相关,此外,学生与大学行政人员的互动也是影响学生满意的不可忽视的因素。①

还有研究者指出学生满意受制于大学环境与学生优先关注事项的匹配程度。不同的学生群体的优先关注事项是不同的,有些学生以学业进步为优先关注事项,有些学生以职业准备为优先关注目标,还有的学生以技能更新为优先关注目标,还有的学生重视社会参与,也有学生以个人发展为主要追求。在此背景下,学生的优先关注事项与大学教育教学目标的契合度成为影响学生满意的重要因素。②

维克多·波登利用美国 Noel-Levitz 公司开发的"大学生满意度调查表"(Student Satisfaction Inventory) 对美国 1805 位大学生进行问卷调查,研究表明,"学生的归属感和提供高质量的教育"是影响学生满意的决定性因素。此外,教师的关心、愉快的大学学习体验、学生的智力发展以及适应学生需要的灵活的课程时间表,也对学生满意具有显著正向影响。③

对于网络课程学习来说,学生满意的影响因素纳入了新内容。譬如,有研究者在对英国开放大学的学生反馈资料的分析基础上指出,"来自指导教师、其他教职人员、学生的支持","学生在课程学习中需要投入的

---

① Browne A. Beverly, et al. , "Student as Customer: Factors Affecting Satisfaction and Assessments of Institutional Quality", *Journal of Marketing for Higher Education*, Vol. 8, No. 3, 1998.

② Victor M. H. Borden, "Segmenting Student Markets with a Student Satisfaction and Priorities Survey", *Research in Higher Education*, Vol. 36, No. 1, 1995.

③ Kevin M. Elliot, "Key Determinants of Student Satisfaction", *Journal of College Student Retention Research Theory & Practice*, Vol. 4, No. 3, 2003.

时间、耐心和动力","课程内容、课程呈现与学生期望、学习方式的匹配度",是影响学生网络课程满意度的重要因素。[1]

对于混合式学习来说,学生满意的影响因素又有哪些?有研究者基于社会认知理论,在问卷调查基础上总结了影响学生满意的因素。具体来说,主要包括:一是认知类因素"计算机使用的自我效能感"和"学习预期"(认为混合式学习能帮助自己实现预期目标);二是信息技术环境因素"系统功能"和"内容特征"(以技术为载体的课程内容呈现方式);三是社交环境因素"人际互动"(生生互动、师生互动、学习合作)和"学习氛围"。其中,"学习氛围、学习预期"对学生满意的影响尤为突出。而且不同因素之间相互影响、相互强化,共同作用于学生对混合式学习的满意程度,"学习预期"受到"计算机使用的自我效能感、系统功能、内容特征、人际互动"因素的显著影响,"人际互动"又对"学习氛围"具有显著影响。[2]

不同国家的学生对大学的满意程度不尽一致。有研究表明美国大学生的总体满意度高于英国大学生。该研究发现"学生对学校的整体印象"和"学生对教育质量的整体认知"是学生满意度的显著预测变量。"教师的专长知识和教师对学科的兴趣、IT 设备的质量和可及性、就业前景"对教育质量感知具有显著影响。[3] 此外,不仅在高等教育服务领域,商业领域的跨文化研究同样表明,北美地区被调查者的顾客满意率总体高于欧洲。[4]

不同文化背景下影响学生满意度的文化差异调节变量有待进一步验证。关于文化差异的结构框架,吉尔特·霍夫斯泰德提出的衡量国家文

---

① Robin Mason and Martin Weller, "Factors Affecting Students' Satisfaction on a Web Course", *Australian Journal of Educational Technology*, Vol. 16, No. 2, 2000.

② Jen-Her Wu, Robert D. Tennyson, Tzyh-Lih Hsia, "A Study of Student Satisfaction in a Blended E-learning System Environment", *Computers and Education*, Vol. 55, No. 1, 2010.

③ Li-Wei Mai, "A Comparative Study Between UK and US: The Student Satisfaction in Higher Education and its Influential Factors", *Journal of Marketing Management*, Vol. 21, 2005.

④ Ruben Chumpitaz and Valérie Swaen, "Quality and Satisfaction in Business-to-Business: A Cross-cultural Comparison Between Business Buyers' Perception in Seven Countries", Proceedings of the 2002 Multicultural Marketing Conference, Valencia, Spain, 2002.

化差异的五个文化维度具有重要的参考意义。一是个人主义与集体主义。二是权力距离。主要指人们对权力不平等的认可程度，如有些国家的人尊重领导者权威。三是不确定性回避。高回避的社会文化会尽力规避风险，维持既有模式。四是刚性与柔性。刚性文化主导的社会重视财富、成功、竞争等，而柔性文化主导的社会注重平等、环境保护、关心人等。五是长期导向与短期导向，如有的国家更注重着眼于未来确定发展目标。这五种文化差异维度，分别与高等教育领域的学生满意度具有何种关联，需要进行经验验证。例如，在以短期导向为主导的社会文化里，与个人的精神成长、德性涵养等长远目标相比，大学生是否更满意于高等教育能为其带来理想的就业前景等短期目标。再如，在权力距离较小的社会，大学生是否更满足于与教师建立一种平等对话的师生关系。上述方面都是学生满意跨文化比较有待进一步验证的方向。

　　综合以上分析，可将影响学生满意的因素概括为四类：第一类是与课程、教学等有关的学术因素，包括课程种类、班级规模、教师的教学方法、师生互动、师生比、教师的学位学历等。第二类是与招生、就业等有关的学生服务因素，包括教学设备、图书资源、招生咨询、学生贷款服务、就业服务等。相关研究表明，美国高校学生对诸如课程、教学等学术事务的满意度高于学生服务的满意度。[①] 由此可知，为增强竞争力，吸引更多的学生，高校在不断提升教育教学质量的同时，也应积极改善学生服务质量。第三类是与网络技术有关，网络学习和混合式学习背景下，网络性能、学生对网络技术运用的自我效能感、学习氛围等都对学生满意具有显著影响。第四类是与学生个体特征有关，包括学生的学习期待、学生的优先关注事项、学生的学习方式、不同国家学生的文化背景差异等。这启发我们，每位学生的学习需求是不一致的，关注每位学生的个性需求，是实现学生满意的重要保障。总之，尽管影响学生满意的因素是多方面、多角度的，但提供满足学生基本需要、适合学生需求、高质量的教育，增强学生的教育获得感，应是实施学生满意战略

---

　　① Browne A. Beverly, et al., "Student as Customer: Factors Affecting Satisfaction and Assessments of Institutional Quality", *Journal of Marketing for Higher Education*, Vol. 8, No. 3, 1998.

的根本之道。如何科学识别学生的教育需求，如何平衡学生个人需求与社会发展需要的关系，需要高校决策者采取科学的决策模式。总而言之，关注学生需要和需求、以学生为本是学生满意战略的根本要义所在。

三　学生满意的测量

如何评估学生对大学是否满意通常有两种路径，聚类测量和分类测量。聚类测量仅关注学生对高校是否满意的整体评价，要求学生从"非常满意"到"极不满意"的连续体之间做出选择。这样一种整体评价尽管具有问题清晰、明确，容易收集学生的反馈信息等优点，但忽视了学生对课程、学生服务等不同教育方面的感知和评价，不利于学校教育质量的改进和教育服务的完善。分类测量基于学生满意是"学生实际感知"达到或超出"学生预期"的结果，从教育教学的多个维度对学生满意进行测量。譬如，美国 Noel-Levitz 公司开发的"学生满意度调查表"，涵盖大学生学习经历的多个方面，共计 11 个维度、116 个问题项。这 11 个维度分别是：学术咨询效果（5 个题目）、校园氛围（17 个题目）、校园生活（15 个题目）、校园服务支持（7 个题目）、对学生个人的关心（6 个题目）、教学效果（14 个题目）、招生与财政资助（6 个题目）、注册（5 个题目）、校园安全与保障（4 个题目）、卓越服务（8 个题目）、以学生为导向（6 个题目）。"学生满意度调查表"要求学生分别从重要性、满意度、感知与预期的差距三方面做出评价。分类测量具有重要的诊断价值，有利于准确获得学生满意或不满意的驱动因素，及时了解学生满意的动态变化、各项教育教学服务的相对重要性，从而为高校确立教育服务改善的优先事项、进行资源配置提供决策参考。

四　学生满意的价值

随着高校竞争加剧，学生满意战略已成为高校获取竞争优势的重要途径。在政府经费不断压缩情况下，高校实施学生满意策略更具有战略意义。

第一，实施学生满意战略有利于提升高校的管理水平。例如，英格兰中部大学的"质量研究中心"每年都会以问卷的形式对该校进行学生满意调查，以全面了解学生对大学教学、大学生活和学习经历的评价。该校的学生满意调查具有鲜明的特色，一是从学生的立场设定调查问题。这可通过与学生代表事先沟通、参考以往调查的反馈信息等途径实现。调查显示，该校学生关心的事项主要包括"图书服务、电脑服务、餐厅、住宿、课程组织与评价、教师的教学风格、教学方式、学生负担和学生评价、社交生活、自我发展、财务状况、大学环境"。① 二是按学生满意程度和学生认为重要的事项进行排序，对于学生认为非常重要但极不满意的事项，学校管理者会优先处理。三是将调查结果落实为管理建议和行动。该校的学生满意调查在设计之初，就明确将其作为改进学校管理的工具，意图将来自学生的反馈信息整合进学校战略决策之中，提高管理的针对性和民主性。英格兰中部大学的学生满意战略大致分为以下五个循环阶段：学生自主确定调查问题，实施学生满意调查问卷，利用数据统计软件对学生问卷进行分析并形成研究报告，学校管理者依据研究报告开展协商咨询、制定解决方案，向学生反馈改进落实情况。② 英格兰中部大学将学生满意调查作为改进管理和提升教育教学质量的重要工具，该校的学生满意调查充分发挥了沟通、诊断、提供决策参考的重要价值。

第二，实施学生满意战略有利于高校全方位的改进。目前，国内外高校普遍开展教学评价，学生可对教师的教学质量做出评判。尽管教学评价可为改进高校教学提供有益的信息反馈和参考依据，但其关注点未免过于狭窄，既没有充分考虑到学生在高校教学中的参与、学生个体特征对高校教学质量的影响，也没有充分考虑到高校基础设施、行政人员的教育教学服务等因素的影响。而"学生满意"概念，较之于教学评价，其关注的范围更广、涉及的内容更为全面。它将学生的整体学习经历作为评价对象，可为大学领导模式改进、教育教学质量提升以及招生、就业等方面的服务改善提供全面参照，而不是仅仅为教师教学提供参考依据。这对于提升大学自主管理能力、回应外部问责等都具有重要的战略

---

① Lee Harvey, "Student satisfaction", *New Review of Academic Librarianship*, Vol. 1, No. 1, 2009.

② Lee Harvey, "Student satisfaction", *New Review of Academic Librarianship*, Vol. 1, No. 1, 2009.

意义。

第三，实施学生满意战略有利于提升学生的保持率。高等教育领域"顾客导向"的盛行不仅催生了高校管理方式的变革，而且学生也越来越把自己视为高校的"消费顾客"，满意则购买，反之则放弃。美国高校学生的辍学率之高已成为高校管理者不得不面对的现实。据统计，大约有50%的大学新生中途退学，近1/3的大学新生在第一年后退学。[1] 高校学生保持率低固然与学生的经济困难、较低的学业基础水平、大学新生难以适应新环境等个体因素有关，但高校在学生服务、师生交往等方面没有达到学生满意的水平，也是致使学生保持率较低的重要原因。因此，提升学生的满意程度，增强学生的归属感，使大学新生尽快适应、融入校园学习生活，无疑是提高学生保持率的有效策略。

第二节　美国营利性大学学生顾客分析

中学后教育领域学生顾客概念的提出，与政府拨款锐减、大学越来越依赖学费为办学经费来源密切相关，也与"全面质量管理"（TQM，Total Quality Management）的引入，由"生产导向"向"顾客导向"的消费模式的转型密切相关。作为一种企业界的管理方式，顾客概念被跨界引入教育领域后，必然会引起不适和争议。一是顾客与供方之间的浅层关系、以金钱为媒介的交易是否适合用以表征高校师生之间的关系；二是以顾客为导向，奉行学生顾客至上，是不是就是一味地迎合学生的需要（Need）与需求（Want）。回答上述两个问题，需要对顾客"customer"进行词源学考察，并正确辨识需要与需求之间的差异，进而才能正确理解学生顾客概念所蕴含的管理学意义。

传统大学因其办学使命的多元化、规模的庞大以及利益相关者的异质性，很难去明确界定自身的服务对象。与之相反，美国营利性大学明确提出以学生为顾客。营利性大学以获取办学利润最大化为目的，而要

---

① Clinton B. Schertzer, Susan M. B. Schertzer, "Student Satisfaction and Retention: A Conceptual Model", *Journal of Marketing for Higher Education*, Vol. 14, No. 1, 2004.

实现这一目的，需要向学生顾客提供令其满意的教育服务产品。当代美国"大学生"的内涵已发生了深刻改变，无论是大学生的年龄、性别、族裔，还是大学生的价值观、专业偏好、教育需求等都已明显不同于20世纪60年代的大学生。美国营利性大学以"非传统型大学生"为特定服务对象，为之提供契合其需求的教育服务，在中学后教育体系中获得了一席之地。

一　学生顾客概念的提出

随着全球化的蔓延和市场竞争压力的增大，许多大学通过扩大招生数量来增加收入。学费成为大学扩大收入，应对政府经费压缩的主要收入来源，大学视学生为顾客。除了受办学经费的推动之外，以学生为顾客概念的提出还与"全面质量管理"被引入高等教育息息相关。1983年，"美国卓越教育委员会"发布《国家处于危险中》（A Nation at Risk）报告，痛陈美国教育质量危机。当时社会各界普遍认为美国教育质量处于下降状态，学生测验成绩下降，学生基本技能掌握不牢固，辍学率攀高，产业需求与学生能力之间的差距扩大等。在对质量诉求的推动下，在企业界收效显著的"全面质量管理"被恰逢其时地引入高等教育领域，风靡一时。"全面质量管理"成为高等教育改革者力图解决办学低效、竞争优势丧失等病症的药方。在"全面质量管理"框架中，"顾客满意"是基石，"质量"是以顾客是否满意来定义的。"质量是指满足或超越顾客的需求"，"质量是持续的改进"。顾客不仅决定了质量的内容，也是衡量质量高低的主要裁定者。推延至高等教育领域，在"全面质量管理"改革框架下，学生成为顾客，高校应实施以顾客为导向的服务举措。

消费文化和消费模式的变迁也是学生顾客概念提出的催化剂。传统的以生产为导向的消费模式，在后现代社会里逐渐转移至消费至上。在此背景下，高等教育不再仅仅是提升人力资本的经济工具、学生社会化的途径，而是成为以消费构建意义的过程。高等教育象征着一种生活方式，被重构为生产者与消费者的关系。这要求高校实施顾客满意策略，注重学术工作者和学生顾客之间的服务交互质量。

许多人反对将学生视为顾客，认为顾客与供方之间的关系处于表面上彬彬有礼但很浅显、疏远的状态，教师与学生之间显然需要一种更为亲密、更深层次意义的交往关系。事实上，从词源学上来说，英文"customer"来自拉丁语"consuescere"，其本意为"与……变得熟悉"，与"custom"（风俗习俗）意义较为接近。从中可知，"customer"本意中蕴含着相互熟悉、由陌生变得熟悉的意义。此外，今天人们一提到顾客、市场，往往将其与粗俗、利己、欺诈相联系。从古代市场来看，市场充满了烟火气，在此，人们凭借高度互信交换所需的物品。市场象征着商量合议（Collegiality）、自由交换的精神。中世纪时期的大学与当时的市场一样，通常设置在交通要道和教堂附近，主要是由学生或教师组成的非正式行会，弥漫着市场所具有的那种思想交流、自由讨论的气息。当代大学面临的困境可能不是知识的买卖和交换，而是其日益盛行的官僚化和学习的庸俗化。

此外，人们往往在"用金钱交换商品"的意义上诟病学生顾客概念，认为学生与大学之间用充满铜臭味的金钱进行知识交易。稍加思考便知，金钱仅是一种交易的中介而已。古老市场上发生的交换行为是以物换物，当时货币还没有出现。今天各种信用卡、电子支付正在替代金钱成为新的交换媒介。金钱的变迁表明，金钱本身无罪恶，仅是用以交换物品的一种媒介而已。

另一项与学生顾客说法有关的争议集中于"顾客永远是对的吗?""以学生为顾客是不是就是无节制地取悦学生"等。之所以出现这样的疑问，与对"需要"和"需求"的混乱认识有关。"需要"一般指对人的生存与发展必不可少且没有得到基本满足的状态，往往是针对"群体意义上的人"来说的。[1] 例如，亚伯拉罕·马斯洛提出的人对生理、安全、归属、尊重、自我成就的基本需要。"需求"是"需要"在特定条件、特定环境下的具体表现形式，往往是针对"具体的人"而言的。[2] 例如，同样是对房屋的需要，不同的人对房子的大小、楼层的需求是不一样的。比较来说，"需要"具有客观性，"需求"具有主观性；"需要"具有一

---

[1] 黄顺春：《需要与需求辨析》，《经济理论研究》2005年第8期。
[2] 黄顺春：《需要与需求辨析》，《经济理论研究》2005年第8期。

般性,"需求"具有特殊性。

具体到高等教育领域,"需要"包含了大学为学生提供基本条件以保障其在大学的学习,以及学生需要掌握的最基本的学习目标。"需求"往往指由学生自己定义的想要达成的愿望、希望得到满足的条件等。大学以顾客为导向,如果一味地强调满足学生的"需要",认为提升教育质量就是提升满足学生"需要"的程度,那么大学很可能仅仅停留在向学生提供最基本的条件保障,学生以掌握最基本的学习技能为目标。这种教育质量观显然背离了大学对教学"卓越"的追求。譬如,学生都期望得到高校里每个人的尊重,这种对尊重的需要,是人的基本需要之一,它构不成卓越成就的基准。如果高校是从"需求"层面上满足学生,那么就衍生出以下问题,即学生是否具备足够的认知、充分的经验,来准确地阐述自己的学习需求。一般来说,学生的"需求"往往是短视的、以自我为中心的,集中表现于通过某门课程考核、顺利拿到毕业文凭等。这样一种以自我为基础的需求,脱离了社会发展的客观要求,甚至会强化个人的认知偏见,诱导固守己见。"人们会自然而然地喜欢带给他们快乐的东西,而快乐常常来自于对已知信念的确认。"[1]

以学生为顾客不是奉行学生至上,一味地讨好学生。因为无论是满足学生的"需要"还是满足学生的"需求",都有其局限性,这要求大学应科学、客观地界定学生的基本需要,并系统、全面地了解学生的个性需求,在科学的调研基础上,理性地权衡应满足学生的哪些基本需要和需求。学生顾客概念提出的真正意义在于,大学应充分认识到学生在教学、自身发展、高校发展中的重要地位与价值,注重倾听学生的声音,为学生参与决策提供机会与平台。将学生视为顾客在本质上属于一种管理方式,是对大学科层管理、忽视学生利益的一种应对机制,在实际操作中,切忌从"看不见学生"的一个极端走向"一切围着学生转"的另一个极端。

学生顾客概念的提出对全面提升大学教育质量、改善学生服务等具

---

① Schwartzman Roy, "Students as Customers: A Mangled Managerial Metaphor", Paper presented at the Carolinas Speech Communication Association Convention Charlotte, North Carolina, October 1995.

有诸多益处。这一概念的提出本身就表明，大学在某些方面存在忽视学生、忽视教学的弊端。当前许多大学院系划地而治，一味地追求论文产出，忽视或无视学生的利益诉求以及所承担的人才培养重任。以学生为顾客，可增强大学服务学生的意识，促进大学不断提升教育教学质量，向学生赋权赋能，充分发挥学生的能动性。

二　美国营利性大学以学生为顾客

传统大学往往难以明确界定所服务的顾客对象。若仅仅以学生为顾客是不充分的，因为公立教育面向整个社会，其最终"消费者"是国家和国际社会。[①] 还有学者依据"顾客是受到组织成功或失败影响的所有人"，将传统大学的顾客拓展为"受教育影响的所有人与组织"。[②] 如此宽泛的定义，实质上仍未明确高校顾客所指。

"全面质量管理"倡导者认为应将顾客分为内部顾客和外部顾客。内部顾客指接受组织其他成员提供的产品或服务的人，外部顾客主要指产品或服务的末端用户。这样一种划分具有相对性，仍不能为清晰界定传统高校的顾客对象提供参照。譬如，对于高校教师来说，学生是内部顾客，但对于高校的外部顾客雇主来说，学生又成了学校的外部顾客。至于究竟谁是教育的最终用户，事实上也是很难界定的，是指为教育付费的人，还是接受教育者，抑或是受教育影响的人或组织？

即便传统大学厘清了所服务的主要顾客对象，但因顾客对象的复杂多元，如何确定优先服务者，如何协调主要服务对象之间不一致甚至相互冲突的利益诉求，也考验着大学管理者的能力与智慧。与之相反，美国营利性大学因其办学使命单一、明确，可清晰地确立所服务的顾客对象。正如丹尼尔·班纳特所言，传统大学很难界定自己服务的顾客对象，营利性大学办学目标明确，即实现股东利益最大化，对此，他们明确提

---

① Schwartzman Roy, "Students as Customers: A Mangled Managerial Metaphor", Paper presented at the Carolinas Speech Communication Association Convention Charlotte, North Carolina, October 1995.

② Daniel T. Seymour, *On Q: Causing Quality in Higher Education*, Washington D. C.: American Council on Education and Macmillan Publishing Company, 1992, p. 48.

出以学生为顾客，提供令学生满意的教育服务产品，实现预期收益。①

三　美国营利性大学学生顾客特征

在美国高等教育发展史上，"大学生"概念的内涵是不断变化的。曾经"大学生"主要来自富裕阶层，赠地学院的创办为工薪阶层打开了大学之门；以往"大学生"接受高等教育的主要目的是提高自身修养，进入19世纪，获得专业技能逐渐盛行；曾经"大学生"几乎是白人和男性的代言，如今来自不同族裔的大学生和女性大学生比例显著提高。

首先，就性别而言，大学生的男女性别比例、学习志向已发生了明显改变。有关年度新生调查统计数据表明，1966年大学新生女生中仅有40.3%的人有志向攻读研究生学位，而在1996年，这一比例提升至67.7%。较之于男性大学新生，今天美国女性大学新生对攻读研究生学位表现出更大的兴趣。此外，女性与男性的从业领域的差异逐渐消失。1966年，医生、牙医、律师、中学教师、大学教师、科学家、艺术家六大从业领域的性别差异较大，而在1996年，这六大从业领域的性别差异已基本消除。在商业、农场主、小学教师、工程师从业领域的性别差异也有明显下降。② 这些性别差异的变化主要是由女性从业者的比例发生改变引起的。女性对高学位的志向以及越来越多的女性进入曾经男性主导的专业领域，使当今"大学生"的性别结构已发生了显著变化。

其次，就年龄而言，非传统型大学生即年龄高于25岁以上者的比例逐渐增多。相关数据统计表明，1985—1992年，中学后教育入学人数整体增幅为18%，而同时期18—24岁传统大学生的人数呈下降趋势，降幅

---

① Daniel L. Bennett, Adam R. Lucchesi, and Richard K. Vedder, "For-profit Higher Education: Growth, Innovation and Regulation", A Policy Paper from the Center for College Affordability and Productivity, July 2010 (https://files.eric.ed.gov/fulltext/ED536282.pdf).

② Alexander W. Astin, "The Changing American College Student: Thirty-year Trends, 1966 – 1996", *The Review of Higher Education*, Vol. 21, No. 2, 1998.

比例约为 11%。同时，高中生的大学入学率基本维持在 60% 左右。① 这说明大学入学率的提高很大程度上源于 25 岁以上大学生数量的增加。1987—2000 年，25—44 岁的非传统型大学生数量大约增长了 23%，由 490 万名增长至 600 万名。②

再次，就专业而言，20 世纪 80 年代商业领域专业对大学生的吸引力较强，比较来说教师、护理、健康医疗、社会工作、文秘等服务行业的吸引力呈下降趋势。这背后蕴含着大学生价值观念的变化。20 世纪 70 年代，大约有 83% 的大学新生信奉"过一种有意义的生活"理念，但到了20 世纪 80 年代末，这一比例已下降至 40%，越来越多的大学新生选择"物质富裕"作为个人价值理念。③ 上大学越来越成为个人提升经济地位的主要通道。事实上，大学教育的回报率确实越来越高。1980 年，高中生与大学研究生的收入差距为 50%，在 1998 年，这一收入差距已攀升至111%。④ 越来越多的行业领域的从业者需要具备大学学习经历，需要在其职业生涯中持续不断地学习，接受学校教育。

最后，就工作的技能要求和内容而言，越来越多的工作需要从业者具备非常规性的认知分析能力、问题解决能力、交流合作能力，相对来说，对从业者的重复操作性能力的要求降低。如果说工业社会需要熟练的操作型体力劳动者，那么信息技术、知识经济社会，将需要大量的能够从事非常规性、认知类工作的知识型工人。另外，从业者的职业流动性增强，越来越多的人难以抱守一份职业终老。岗位流动性的增强、工作技能要求的改变，激励着越来越多的在职工薪族进入大学学习，进而极大地改变了"大学生"的群体构成。

"大学生"概念的流变反映着中学后教育领域需求的变化，需要高等

---

① William G. Tierney and Guilbert C. Hentschke, *New Players*, *Different Game*: *Understanding the Rise of For-profit Colleges and Universities*, Baltinore: The Johns Hopkins University Press, 2007, p. 29.

② William G. Tierney and Guilbert C. Hentschke, *New Players*, *Different Game*: *Understanding the Rise of For-profit Colleges and Universities*, Baltinore: The Johns Hopkins University Press, 2007, p. 29.

③ Alexander W. Astin, "The Changing American College Student: Implications for Educational Policy and Practice", *Higher Education*, Vol. 22, No. 2, 1991.

④ William G. Tierney and Guilbert C. Hentschke, *New Players*, *Different Game*: *Understanding the Rise of For-profit Colleges and Universities*, Baltinore: The Johns Hopkins University Press, 2007, p. 34.

教育机构予以回应，以保持教育供给（Supply）与需求的平衡。美国营利性大学精准定位大学生的新需求和新特征，致力于为非传统型大学生提供契合其需求的教育服务，在中学后教育领域获得了一席之地。

那么美国营利性大学的学生具有什么特征，有什么样的教育需求？以菲尼克斯大学为例，菲尼克斯大学明确将为工薪族（Working Adults）提供职业导向的高等教育作为发展愿景，对所服务的学生群体定位清晰。2018 年，菲尼克斯大学学位招生人数为 97200 人，其中，副学士学位招生人数为 10200 人，学士学位招生人数为 67700 人，硕士学位招生人数为 16700 人，博士学位招生人数为 2600 人。菲尼克斯大学学生具有以下特征：大多数学生为第一代大学生；平均年龄为 35 岁；学习的同时兼顾工作和家庭；过半数学生为少数族裔；女性比例高达 65%。由此可知，菲尼克斯大学所服务的学生群体主要以"非传统型大学生"为主。

根据美国"国家教育统计中心"的界定，"传统型大学生"具有以下特征：持有高中文凭，高中毕业后立即以全日制形式入读大学，依靠父母的经济支持，在大学期间无全职工作。在 1999—2000 年度，仅有 27% 的本科生符合上述标准。[①] 传统型大学生的数量逐渐下降，"非传统型大学生"逐渐增多。"非传统型大学生"至少具有以下某一项特征：（1）延迟入学，未在高中毕业的同一年立即入读中学后教育机构；（2）至少占用部分学年时间从事兼职工作；（3）有全职工作（每周工作 35 小时以上）；（4）经济独立；（5）有需要供养的子女或亲属；（6）单亲父母；（7）未有高中文凭。据统计，1999—2000 年度，大约有 73% 的高校学生符合上述一项或几项特征。[②]

美国营利性大学"非传统型大学生"的比例明显高于传统大学。美国四年制中学后教育机构学生符合上述至少一项特征的学生比例，营利性大学为 78%，公立大学为 24%，私立大学为 21%；至少符合三项上述

① Susan Choy, " Nontraditional Undergraduates: Findings from the 'Condition of Education 2002'" (NCES 2002 – 012), National Center for Education Statistics, 2002.

② Susan Choy, " Nontraditional Undergraduates: Findings from the 'Condition of Education 2002'" (NCES 2002 – 012), National Center for Education Statistics, 2002.

特征的学生比例，营利性大学为 52%，公立大学为 6%，私立大学为 9%。[①]

"非传统型大学生"面临更为不利的学习条件，其教育需求也迥异于传统型大学生。"非传统型大学生"要求课程时间灵活，以便其平衡工作与学习；要求课程内容具有实用性，重视提升职业技能；希望通过集中学习以快速获得学位或证书；更愿意参与网络学习；不愿意参与校园活动等。由此可知，非传统型大学生的教育需求明显不同于传统型大学生，需要中学后教育机构为其提供有针对性的新型教育形态和教育服务。

第三节　美国营利性大学学生满意战略实施路径

"学生满意"战略是营利性大学获取竞争优势的重要来源，也是营利性大学得以在高等教育体系中生存与发展的重要支撑。美国营利性大学不仅在课程、教学等学术事务方面贯彻落实学生满意战略，而且在招生、就业、注册等学生服务方面也积极践行学生满意战略。学生满意战略贯穿美国营利性大学办学的各方面和各环节，是美国营利性大学教育形态得以区别于美国社区学院教育形态的关键。

一　数据驱动决策模式

学生满意战略的实施要求大学尽可能地满足学生合理的需要与需求。然而如何界定需求和需要？在此我们需要注意两点。一是语言表达的需求与实际需求之间并不总是一致。譬如，学生要求大学多开设一些精彩的课程，这一语言表述可被解读为多层意义：大学需要提供更多的多媒体设备以生动形象地呈现课程内容，教师需要提升表达、交流能力，大学应减少课程数量等。二是学生需求与满足需求的具体行动之间存在不一致。譬如，学生要求提供更多的晚间课程，满足这一要求，学校可能

---

① Diego D. Torres, Jane Rochmes, David J. Harding, "Enrollment and Degree Completion at For-profit Colleges versus Traditional Institutions", In: *For-profit Universities*, Palgrave Macmillan, Cham, 2007.

会采取以下措施：减少白天授课时间；增加学费以雇佣更多的老师；延长晚间的课时。这可能违背了学生最初的愿望，他们仅仅要求增加晚间课程数量，并不要求以压缩白天授课时间为条件。况且，这里的"学生"是一个抽象概念。现实中学生是有着个性化需求的具体的人，且其需求是动态的。因此，如何科学界定学生的需求，尤其是每位学生的具体需求，就成为实施学生满意战略的前提。

为科学、准确地了解学生的教育需要和需求，美国营利性大学采取"数据驱动决策模式"。采取"数据驱动决策模式"既是实施学生满意战略的需要，也是美国营利性大学回应利益相关者、投资人、政府机构问责的需要。美国营利性大学需要用数据说话，展示办学效能，吸引投资者的关注和增强招生吸引力。美国营利性大学的管理者多数具有企业工作背景，在利用数据分析做出决策方面具有丰富的经验。而且美国营利性大学广泛采用网络教育模式，这对收集数据提供了便利条件。

决策的主要驱动方式有直觉、经验和逻辑。[①] "数据驱动决策模式"以逻辑为基础，具有科学性、合理性和可靠性特点。美国营利性大学运用"数据驱动决策模式"精准识别学生学习需求，预测学生的学习结果，评估课程，并为课程设置、教学策略的制定、对学生采取支持性干预等，提供了科学依据。

以"数据驱动决策"的工具之一"学习分析"为例。建立在学生学习数据基础上的"学习分析"对美国营利性大学的作用表现为以下三方面。一是检测、跟踪和报告学生的学习情况，对学生学习实施过程化管理。教师在获取学生的学习行为数据，诸如学习时间的分配、学习资源使用方式、学习效果等基础上，可以有针对性地向学生推送个性化学习资源、帮助学生采用合适的学习方法并确定下一阶段的学习内容。二是评估办学效率和效益。在对大量数据的深入挖掘与分析基础上实施学习分析，可帮助决策者判断专业设置的合理性，实现资源的优化配置，提高资源应用的效益。三是便于采取有效的学生干预措施。"学习分析"通

---

① 王萍、傅泽禄：《数据驱动决策系统：大数据时代美国学校改进的有力工具》，《中国电化教育》2014 年第 7 期。

过先进的跟踪功能，整合来自多个渠道的学生数据，便于营利性大学制定全面的学生支持干预决策。通过收集学生在使用学习管理系统时观看视频的频率、参与的活动类型、学习时间，可及早诊断存在辍学倾向的学生并采取相应的干预措施。总之，美国营利性大学运用可测量的"学生成绩数据"进行"学习分析"，指导课程和教学决策，为学生提供有效干预，建立起了完善的学生支持系统。

二　教育供给与学生教育需求的高度匹配

大学提供的教育形态与学生的教育需求之间的匹配度是影响学生满意的重要维度。一般来说，若学生需求与大学供给之间契合度高，那么学生的满意率、学生的学业表现就会相应地提高。反之，学生的辍学率、中途辍学者可能就会上升。大学供给与学生需求之间的匹配包括两个维度，一是学生与大学之间价值观念的高度一致；二是学生与教职员工之间价值观念的一致性。学生与大学之间价值观念的高度匹配，从更大范围来说是"人—环境"关系的具体表现。当个体适应所处环境时，个体往往会取得更高的成就、更快乐，压力和焦虑更少。同样，当学生适应大学环境时，其满意度也会更高。教职员工作为大学价值观念的代言人是促进学生深度融入大学生活环境的重要推动者，其与学生在正式互动和非正式互动过程中所形成的共同价值观念，也会极大地影响学生的满意度。也正因如此，美国营利性大学以特定的学生群体为服务对象，招收"志同道合者"、真正认同营利性大学办学理念的学生为服务对象，致力于为学生提供契合其合理需求和需要的教育形态。这对提升学生满意度具有重要意义。

譬如，菲尼克斯大学明确提出以帮助工薪族实现学业进步、专业发展、个人发展为办学使命，其教育形态和教育服务与工薪族的教育需求具有高度的一致性。菲尼克斯大学根据成人教育理论，按照成人学习者特有的教育需求、自我认知、经验、学习准备、动机等进行教育教学设计。菲尼克斯大学的教学设计具有鲜明的"问题导向"，而不是无视学生需求和需要的以"知识内容"为导向。

菲尼克斯大学的教师队伍结构与成人学生的教育需求高度匹配。菲尼克斯大学聘请了大量的来自企业界的兼职教师，他们具有丰富的实践技能和工作经验。在菲尼克斯大学，"教授"（Professor）被形象地称为"指导师"，意在表明他们不是在宣讲知识（Profess），而是在指导学生提升实践技能。

菲尼克斯大学的课程时间表、授课地点等充分考虑到成人学生需要同时兼顾工作、学习、家庭的实际状况，为他们提供灵活、便利的课程安排。为此，菲尼克斯大学提供网络课程和线下课程，而且建立了多个教学中心，便于成人学生根据自己的教育需求灵活选择。菲尼克斯大学网络课程的一大特色就是不设定具体的授课时间，学生可自主选择随时随地学习，而且每门课程集中授课，一般持续时间为5至6周，而不是同时开设多门课程。这也是为了便于成人学生协调学习时间。总之，美国营利性大学聚焦特定学生群体，为其提供适合的教育，在教育供给和学生的教育需求之间实现了高度匹配，为提升学生满意度提供了有力保障。

三　教学保证

在服务科学研究领域，服务保证（Service Guarantees）是提升顾客满意度、增强竞争优势的重要机制。服务保证是"向顾客作出的关于他们将得到的服务的正式承诺"。[1] 由于服务与有形产品不同，它的无形性导致服务提供者很难做出明确的服务保证。服务的生产和消费融为一体、不可分离，服务质量往往超出了服务提供者的控制力，在很大程度上受制于服务消费者的配合和主观感受。这导致服务提供者很难提供明确的服务保证。也正因如此，服务保证成为一种稀缺资源。首先，理想状态下，服务保证有助于使无形的服务有形化，尤其在供需双方信息不对称、服务质量需在使用过程中感知的背景下，服务保证可传达出明确的服务信息，使服务接受者明确服务内容，增强服务获得感。其次，服务保证有助于改变以往以产品为导向的思维方式，培育顾客导向意识，以顾客为出发点，关注顾客的需要、需求和期待。最后，服务保证明确了行动

---

[1]　Michael A. McCollough, Dwayne D. Gremler, "Guaranteeing Student Satisfaction: An Exercise in Treating Students as Customers", *Journal of Marketing Education*, Vol. 21, No. 2, 1999.

标准，可作为检测服务质量、反馈服务效果的抓手，帮助服务提供者及时调整服务策略，提升顾客满意度。

教育作为一种服务，可谓是服务无形性的最佳典型，其异质性、易逝性、要求服务对象予以协作的程度之高，是其他类型服务所不能相比的。[①] 譬如，在教育教学活动中，学生的参与和投入程度，直接决定了学习质量的高低。而且，学习结果易受学习者的先天因素、社会环境、家庭环境的影响和干扰，这使得学习结果更加充满了不确定性。因此，教育领域的服务保证是一种稀缺资源。美国营利性大学以教学为学术使命，教育形态简单，即以提供凸显岗位技能、以工作场所为导向的职业教育为主。营利性大学教育服务形态的单一性和结果导向性使其更具备有利条件来做出服务保证。对营利性大学而言，服务保证成为其提升竞争优势、增进学生满意的重要途径。

譬如，菲尼克斯大学提出了明确的学习目标体系，包括学校层面的"大学学习目标"，专业层面的"学生专业学习结果"，详细阐述了学生学完课程后应掌握的一般能力和具体的专业知识、技能。菲尼克斯大学面向各专业学生提出的大学学习目标如下。（1）专业能力和价值信念。精通特定学科知识并且能够在现实世界中应用这些知识，展示与专业领域相契合的价值观和伦理观，学会终身学习，持续提升专业能力。（2）批判性思维和问题解决能力。能进行批判性推理，能够识别和评估问题，利用批判性思维技能提出替代性解决方案，选择和实施解决方案，并对结果进行分析。（3）交流。能以清晰、简明和正确的方式进行口头和书面交流，学会观察交流者，并能及时调整交流内容，能合理地选择交流工具以有效传递信息。（4）信息使用。能有效地评估和使用信息，善于从各种渠道收集信息，学会分析信息的真实性和准确性，并恰当地运用信息来解决问题和指导行动。（5）协作。能在不同的小组和团队中有效地工作，在小组合作中扮演好领导者和追随者角色，学会包容和尊重

---

① Shostack G. Lynn, "Breaking Free from Product Marketing", *Journal of Marketing*, Vol. 41, April 1977.

他人。①

以菲尼克斯大学教育学院小学教育专业（学士学位）为例，其向学生做出的专业学习结果保证如下：学生在学完课程后（1）能够在课堂教学中设计和实施有效的教学方法，对学生的学习产生积极的影响；（2）有效评估专业实践；（3）在教学实践中恪守职业道德；（4）能够根据学习原理，采取不同的教学方式，以满足不同学生群体的需求；（5）能够在课堂教学中采取创新策略，善于应用信息技术实施教学。②

四　"以学生为中心"的学习模式

美国营利性大学依据成人教育学理论，针对成人学生特有的教育需要和需求，采取"以学生为中心"的学习模式和评价方式。譬如，菲尼克斯大学非常重视学生的经验学习，考虑到成人学生具有丰富的工作经验，除了课堂学习之外还具有包括工作培训、职业资格考试、各类型经验学习等在内的多种学习渠道。因此，菲尼克斯大学采取特殊的评价机制"先前学识评估"（Prior Learning Assessment），用来评估学生课堂之外的学习成果，并将其转化为学位学分。此外，"先前学识评估"还通过让学生提交"经验学习报告"的形式，将学生从生活和工作经验中学习的成果转化为学分。这种把课堂学习和经验学习相融合的学习模式，充分体现了菲尼克斯大学"以学生为中心"的学习理念。

不仅如此，以"学生为中心"的学习模式还体现于菲尼克斯大学"学习—实践—应用"的学习模式之中。菲尼克斯大学明确提出将学生的理论知识学习和技能应用与学生的生活经验融为一体。为实现这一目的，他们提出按照"学习—实践—应用"的顺序帮助学生层层递进地实现学习目标。在"学习"环节学生学习相关课程内容，激活既有知识并学习新知识；"实践"环节中学生通过互动、讨论和教师的反馈等实践形式积

---

① 2018 Academic Annual Report— Unveristy of Phoenix（https：//www. phoenix. edu/content/dam/altcloud/doc/about_uopx/Academic – Annual – Report – Digital – 2018. pdf）.

② Unveristy of Phoenix, Bachelor of Science in Education/Elementary Teacher Education, Student Learning Outcomes（https：//www. phoenix. edu/content/dam/altcloud/doc/programs/learning – outcomes/BSED – E. pdf）.

极主动地深度参与知识学习；"应用"环节中教师向学生提供应用所学知识解决现实问题的机会。

营利性大学"以学生为中心"的学习模式还体现在对学生学习结果的问责方面。尽管传统大学和营利性大学都要评估学生的学习结果，并使其符合认证要求，但营利性大学对学生学习结果问责采取了更为严厉的措施。因为营利性大学的营利能力取决于学生的学习结果。对此，美国营利性大学严格按照学生学习结果设置课程、改变教学方式等，而不是如传统大学那般，由教师个人根据自己的研究兴趣、知识的内在逻辑等确定课程内容和教学方式。加强学生学习结果问责也是美国政府监管营利性大学的重要内容。美国营利性大学要取得联邦政府资助资格，必须达到相关政策规定的学生学习结果要求，否则将面临被取缔资助资格的风险。另外，作为上市公司的附属机构，营利性大学也需要按上市公司的管理要求，加强学生学习结果信息披露，遵守相关审计要求。

譬如，菲尼克斯大学每年都向社会发布其学术报告，公开学生的学习结果状况，阐述其所采取的改进举措。菲尼克斯大学"2018年学术报告"显示，菲尼克斯大学提出的"大学学习目标"的实现情况为，"专业能力和价值"目标实现率为85%，"批判性思维和问题解决能力"目标实现率为84%，"交流能力"的目标实现率为85%，"信息技术应用"的目标实现率为83%，"合作能力"的目标实现率为83%。该报告还就学生的通识教育学习结果、专业学习结果、校友评价、课程评价等方面的评价结果予以公布。譬如，课程评价结果显示，对于"是否可能将授课教师推荐给其他学生"，学生的评分为8.7（分值按0—10分布，10分表示非常可能）；对于"是否认为课程学习提升了知识和技能"，学生的评分为9.0（分值按0—10分布，10分表示非常同意）；对于"是否满意学习经历"，学生的评分为8.0（分值按0—10分布，10分表示非常满意）。①

---

① 2018 Academic Annual Report—Unveristy of Phoenix（https：//www.phoenix.edu/content/dam/altcloud/doc/about_uopx/Academic - Annual - Report - Digital - 2018.pdf）.

五　课程的功能价值和条件价值

杰迪什·谢思等人提出的影响消费者选择行为的"消费价值理论"（Theory of Consumption Values），对分析美国营利性大学的顾客满意战略具有重要启发意义。他们将影响消费者市场选择行为的价值分为五类：功能价值（Functional Value）、条件价值（Conditional Value）、社交价值（Social Value）、情感价值（Emotional Value）、认知价值（Epistemic Value）。[①] 在他们看来，这五种价值相互独立，共同主导着消费者的选择行为，在不同情境下，对不同的产品或服务而言，五种价值的影响力是不同的。功能价值主要指物品对消费者而言所具有的性能和功能。一般来说，功能价值被认为是最重要的选择驱动因素，它符合对消费者的理性经济人假设。譬如，大学生之所以选择一门选修课，是因为这门课程对他而言具有功能价值，可帮助他获得一份理想的工作，或者因为该门课程是毕业要求的必备条件之一，只有学习这门课程才能顺利毕业。条件价值是指特定情境赋予该物品特定的价值，脱离了这一情境，物品的价值随之减损。例如，圣诞贺卡的价值随圣诞节的结束而减少，雨伞在下雨天的价值大于晴天时的价值。再如，大学生根据自己的专业选择选修课程，或在与其他课程没有时间冲突时选择某一选修课程，都是其根据特定条件衍生出的价值做出的选择。社交价值是指选择和使用该物品时更有利于交往。对诸如衣服、首饰等视觉消费性物品，或诸如礼物等共享性物品，社交价值往往是消费者首要考虑的因素。就大学生选课而言，社交价值表现为，学生之所以选择一门课程是因为其同学、朋友也选择了该门课程。通过选修这一课程，该生可获得社交价值。情感价值是指选择某一物品可带来积极情感体验。譬如，学生因为喜欢数学而选择数学选修课，或者因为喜欢某一授课教师的授课方法而选择数学课程。认知价值主要指物品能为消费者带来新奇感，可满足其好奇心。譬如，学生选择某门选修课是基于该门课程能帮助他获得新知识，满足其探究新

---

① Jagdish N. Sheth, etc., "Why We Buy What We Buy: A Theory of Consumption Values", *Journal of Business Research*, Vol. 22, No. 2, 1991.

知识领域的好奇心。

有研究者运用上述五种价值框架，分析大学生在选择市场营销选修课时的驱动因素，发现认知价值、合适的课程时间（条件价值）是左右学生课程选择的主要驱动因素。至于通过选修该门课程实现某种功能（毕业、就业）的功能价值、因为同学选修了该门课程所产生的社交价值以及因为喜欢该门课程所产生的情感价值，都不是支配学生做出课程选择的显著因素。[①] 诚然，不同的高等教育机构，不同种类的专业和课程，主导学生做出课程选择的驱动因素自然也不同。

对美国营利性大学而言，因其以"非传统型大学生"为主要服务对象，他们的学习目标明确，即以技能更新和就业为主要学习目标，加之，他们需要同时兼顾学习和工作。因此，课程的功能价值和条件价值就成为非传统型大学生课程学习的主要驱动因素。对此，美国营利性大学采取了一系列显著措施来提升课程的功能价值和条件价值。以菲尼克斯大学"小学教师教育"为例，其课程的功能价值突出，明确提出以帮助学生成为"小学教师教育者"和"小学教师"为目标。该专业的核心课程基本围绕这一目标进行设置，包括数学教学法、阅读教学法、社会课程教学法、美术教学法、健康体育教学法、科学教学法、教学理论与模式、小学教育中的评价、教育学基础、儿童文学、课堂管理等课程。学生学完这些课程后应达到以下具体目标：设计和实施有效教学，对学生的学习产生积极影响；科学评估专业实践；在教学实践中遵守教学伦理；根据学生的需要因人而异地采取不同的教学方法；创新教学策略和有效运用信息技术。从中可知，菲尼克斯大学"小学教师教育"专业的课程具有突出的功能价值，即帮助学生成为合格的"小学教师"和"小学教师教育者"。

美国营利性大学的课程也具有突出的条件价值，主要表现为授课时间的灵活性、授课地点的便利性、授课方式的多样性。这对于需要同时兼顾学习、工作、家庭的"非传统型大学生"来说，意义非凡。以菲尼

---

① Thomas F. Stafford, "Consumption Values and the Choice of Marketing Electives: Treating Students Like Customers", *Journal of Marketing Education*, Vol. 16, No. 2, 1994.

克斯大学为例,菲尼克斯大学公开宣称帮助学生合理协调学习、工作和家庭,按学生的时间节奏提供课程学习服务。为此,菲尼克斯大学采取灵活的教育交付模式。灵活的交付模式(Flexible Delivery)与灵活的学习模式(Flexible Learning)是两个不同的概念。灵活的学习模式强调将信息技术应用于学生学习中,关注学生的学习过程,强调以学生为中心,属于教学术语;而灵活的交付模式,属于管理学术语,关注如何把教学内容以何种形式传递给学生,通常采取线上模式、线下模式或混合模式。菲尼克斯大学充分利用网络技术,实施网络教学,这极大地提升了课程的条件价值。菲尼克斯大学的网络课程不设定具体的授课时间安排,便于学生根据自己的时间安排随时随地学习课程内容,而且数字图书馆资源丰富,为学生的随时随地学习提供强大支持。

菲尼克斯大学课程条件价值的另一突出表现在于其灵活的学分转换政策。学生可将先前接受的培训、获得的职业资格、选修过的课程、工作生活经历经评估合格后转化为课程学分,还可以基于自己的生活经验就某一主题撰写报告申请学分转换。这一将成人学生在工作和生活中获取的经验学习成果转换为课程学分的做法,大大压缩了学生获得学位的时长,降低了学生的学费支出,显著提升了课程的条件价值。菲尼克斯大学课程的条件价值成为吸引学生选择该校的重要驱动力量。

六　一体化和多层次学生服务

学生服务是美国营利性大学增强竞争优势的重要维度,是学生满意战略的重要内容。根据"服务"的定义"服务就是为满足顾客的需要,供方与顾客之间的接触活动以及供方内部活动所产生的结果"[1] 可知,大学服务不仅是学生享有的结果,也存在于大学办学活动的过程之中,学生与大学的每一接触点均是大学服务的内容。也就是说,大学服务既具有结果属性[2],也具有过程属性。服务的过程属性决定了大学实施学生满

---

[1]　韩玉志:《现代大学管理:以美国大学学生满意度调查为例》,浙江大学出版社2008年版,第2页。

[2]　服务的结果属性主要指服务的效用和效益,即服务质量。

意战略时，应将其贯穿于学生与大学交互的每一环节、每一步骤、每一方面、每一空间之中，重视学生在每一交互点上的所需、所见、所闻、所感，保证学生在每一时间节点、每一空间方位、每一步骤环节中的满意度，进而不断提升学生对大学的整体评价水平。

高校服务除了具有过程属性和结果属性以外还具有层次性。明确服务的层次性对解析美国营利性大学的学生满意战略具有重要的意义。根据菲利普·科特勒（Philp Kotler）等研究者的分析，教育服务可被分解为核心服务、有形服务、附加服务三个层次。[①]

教育服务的第一个层次核心服务，主要指向学生的核心利益，是教育服务中最本质的部分，在教育服务层次中处于中心地位。有形服务和附加服务都围绕核心服务展开，以提升核心服务质量为目的。对美国营利性大学学生而言，其基本需求为提升职业技能、实现高质量就业等，这是美国营利性大学应提供的核心服务所在。实施学生满意战略应首先提升核心服务质量。正如前文对营利性大学教育供给与需求的匹配、教学保证、"以学生为中心"的学习模式、课程功能价值和条件价值的分析阐述，这些都是美国营利性大学通过提升核心服务质量增强学生满意度的重要表现。

教育服务的第二个层次有形服务是与第一层次核心利益这一无形服务相对而言的。学生核心利益的实现总要以一定的实物为载体。有形服务是看得见、摸得着、感觉得到的。以一名网络课程学习的学生来说，舒适的座椅、性能优良的设备、触手可及的学习资料、教师友好的互动交流等都是大学有形服务的内容。菲利普·科特勒等提出了衡量教育机构有形服务的四大标准"特色、质量（即学生对服务的评价）、包装（校园环境）和品牌"。[②] 服务的"特色"可增强大学的辨识度、吸引力和竞争力；服务的"质量"无疑是大学立校之本，反映了学生基本需求的满足程度，具有显著的口碑效应，有利于学校的可持续发展；有形服务的

---

① ［美］菲利普·科特勒、凯伦·F. A. 福克斯：《教育机构的战略营销》，庞隽等译，企业管理出版社 2005 年版，第 257 页。

② ［美］菲利普·科特勒、凯伦·F. A. 福克斯：《教育机构的战略营销》，庞隽等译，企业管理出版社 2005 年版，第 259 页。

"包装和品牌"主要指高校应注重改善校园的物质环境,在校名、logo图案、课程设置等方面具有品牌意识,不断凝聚品牌效应。

教育服务的第三个层次附加服务主要指大学以学生需求为出发点,着眼于学生与大学互动的细节之处,不断扩大服务范围,向学生提供更多的附加利益。

菲利普·科特勒等人提出的教育服务层次观启发我们,提升学生满意度应紧紧抓住核心服务这一根本立足点,同时注重提升有形服务的质量和特色以及向学生提供更多的附加利益,进而才能在与同类高校的竞争中,做到"你无我有""你有我优",增强自身的吸引力和竞争力。

（一）美国营利性大学一体化服务流程

美国营利性大学以学生顾客为导向,将学生满意战略贯穿于由招生注册到经济资助咨询、学习咨询、就业服务各方面,建立起一体化服务流程。

其一,招生注册。美国营利性大学有专门负责招生的团队,负责帮助学生了解不同专业和不同分校的招生要求、各项学分转换政策以及经济资助方面的信息,为学生提供周到、详尽的咨询服务。

其二,学习服务。灵活、全面的学分转换服务是营利性大学学习服务的一项重要内容,也是其竞争优势的来源途径之一。以菲尼克斯大学为例,该大学提供的学分转换服务包括两类:一类是学生在不同学校的学习经历的学分转换,另一类是学生的培训经历和生活经历的学分转换。菲尼克斯大学帮助学生把在其他教育机构获得的大学学分,按照所签订的学分转换协议,转换为菲尼克斯大学的课程学分。此外,国际学生在本国大学的学习经历、退伍军人参与过的军事训练和掌握的军事技能、工薪族参加过的职业培训和获得的职业资格等都可经评估后转换为课程学分。美国营利性大学的学分转换既涵盖了与不同教育机构,如企业大学、网络教育机构、传统大学的"垂直"学分转换,也包括了与不同教育机构相近专业的"平行"转换,以及与职业资格、生活经验之间的"交叉"学分转换。学分转换服务为学生节约了大量的时间成本和学费,帮助学生更快地取得学位。学分转换已成为营利性大学与其他教育机构合作办学的重要载体。例如,美国营利性大学开设的"桥梁项目"主要为外国留学生提供语言培训课程和大学预科课程，考试合格者进入相对应的公立大学进行专业学习，学生在营利性大学获得的学分可转换到新大学。灵活、详尽的学分转换服务是营利性大学学生满意战略的重要组成部分。

学习咨询是美国营利性大学学习服务的另一重要内容。以菲尼克斯大学为例，该大学自学生注册之日起，就为学生配备了招生顾问、经济资助顾问和学术顾问，为学生解答和解决注册、经济资助、学习方面的问题。学术顾问一直陪伴学生至毕业，负责向学生提供课堂内外的学习帮助，包括与学生合作制定个性化的学习方案，帮助学生明确专业要求、应对学习经历中的重要事件，激发学生的学习动力。

其三，经济资助服务。美国营利性大学的财务部门主要承担两项任务：一是帮助学生了解政府颁布的复杂的贷款资助政策以及相关的条件要求，向学生提供详细的指导与说明；二是管理学校日常的财务开支。尽管后者与学生服务不存在直接关联，但是在向学生提供资助支持方面，财务部门的服务质量就成为顾客满意流程中的重要组成部分。

美国营利性大学的学费是其主要收益来源，帮助学生按时足额地交付学费，尤其是帮助低收入家庭的学生获得贷款资助，与美国营利性大学的生存发展息息相关。美国营利性大学安排专门人员负责学生资助工作，提供全方位的指导与服务。通常财务部门会评估学生是否具有接受资助的资格，帮助学生完成相关申请和文书工作。美国营利性大学的招生部门和财务部门通常设立在醒目的位置，方便学生及时获得帮助。譬如，菲尼克斯大学向学生在线提供"联邦直接贷款准入咨询"和"联邦直接贷款退出咨询"，前者主要帮助借贷者明确联邦学生贷款的还款要求、利息计算、违约后果等信息，后者主要指导借贷者完成相关贷款退出手续等。此外，如何偿还联邦贷款、学生各项贷款的合并、贷款的免除和取消、贷款的支出、联邦贷款的收支平衡等都是经济资助顾问所提供的咨询内容。

其四，就业服务。美国营利性大学的职业教育定位必然要求其提供完善的就业服务。以菲尼克斯大学为例，该大学建立了完善的"就业指导系统"（PhoenixLink），为学生、雇主、校友搭建了互动交流的平台、提供就业岗位供学生选择。菲尼克斯大学开创的"校友导师项目"是其就业指导系统的一项特色。菲尼克斯大学招募校友志愿者为即将步入职场的学生提供"一对一"就业指导。校友导师的任务非常明确,既不是帮助学生学习课程,也不是为学生猎寻就业岗位,而主要是为学生提供某一行业领域的职场经验。具体包括:分享自己的职场故事、所在公司的文化,提供可及时了解行业发展最新动态的书籍、网站等资源,传授面试经验。校友导师的"一对一"就业指导对学生开阔视野、增强职业洞察力、建立人际网络、保持从业动力等具有重要的意义。

菲尼克斯大学还为学生配备了"一对一"就业导师,为学生提供丰富的职业指导,帮助学生制定合理的就业目标,了解雇主需求、就业信息,提升面试技巧等。此外,招生顾问和学术顾问也会为学生就业提供指导,以帮助学生在平时的学习中注重提升职业技能。美国营利性大学的兼职教师也会利用自身丰富的职业经验,为学生的就业提供有力支持。菲尼克斯大学的校友会、与企业之间的密切合作关系,都为学生带来大量的就业机会。

综上所述,美国营利性大学将学生满意战略贯穿于学校活动的每一环节,建立了一体化学生服务流程,增强了服务的系统性和协同性,成为美国营利性大学竞争优势的重要来源。

(二)　美国营利性大学服务特色

美国营利性大学以营利为目标的机构属性以及以"非传统型大学生"为服务对象的定位,使其对学生服务价值的认识以及在学生服务内容、服务成本方面展现出了有别于传统大学学生服务的显著特征。

一是重视学生服务对学校发展的战略价值。较之于传统大学,营利性大学更重视学生服务在学校发展中的价值。很多学生之所以选择就读营利性大学而没有选择社区学院,很大程度上是因为社区学院的学生服务质量较低。非传统型大学生因其学业基础薄弱、需要兼顾工作、家庭和学习、更依赖于联邦学生贷款等,因此更需要高质量的学生服务来帮助其顺利完成学业。美国营利性大学视学生为顾客,将学生对服务的满意程度和积极评价视为关涉学校生存和发展的重要方面,不遗余力地提升学生服务质量。营利性大学形成了浓厚的学生服务文化,学生服务成为管理者、行政人员、教师的日常工作的一部分。如何识别学生需求、向学生提供诸如时间管理、个人发展等方面的咨询是营利性大学教师培训的重要内容。

二是学生服务以实现学生的核心利益"职业发展"为导向。根据上述菲利普·科特勒提出的教育服务层次观,"核心服务"(学生的核心利益)居于中心地位,外层的"有形服务"和"附加服务"都是为学生核心利益的实现创造条件、提供支撑。美国营利性大学的学生服务遵循这一逻辑,旨在创造有利的学习环境,帮助学生更好地完成学业,为实现学生的核心利益"技能更新和就业"创造条件。也就是说,营利性大学的学生服务不以学生的社交活动、娱乐、兴趣爱好等为主导,而是紧紧围绕学生的职业发展展开。也正因如此,营利性大学学生事务负责人员不仅仅是学生事务的"管理者",而且扮演着学习环境"营造者"、学习"促进者"的角色。譬如,菲尼克斯大学提供的学生服务包括个别指导(Tutor)、工作坊、Facebook 学习研讨、成立"写作和数学卓越中心"等,几乎都以提高学生保持率、促进学生学业成功为目标。"个别指导"主要为面临学业困难的学生提供学习指导服务。"工作坊"旨在帮助学生解决学习生活中面临的各种问题,如"迎新生工作坊"帮助新生尽快熟悉大学。其他主题的工作坊还有时间管理、职业生涯规划等,工作坊通过提供教程、建议、视频和其他多媒体形式,为学生的学习提供支持。"Facebook 学习研讨"每月在菲尼克斯大学 Facebook 主页上举办一次,参加者既有在校学生,也有预申请者和校友,在研讨会上学习者交流学习经验、分享学习建议和学习技巧、探讨时间管理问题,以激发学习者的学习动力、形成学习支持网络、共同应对学习挑战。"写作和数学卓越中心"为学生提供实时在线指导、教程、研讨会和指南,以提升学生的写作能力和数学能力,为学生撰写论文,学习代数、统计学、经济学等课程夯实基础。

三是根据学生需求创新服务内容。营利性大学较少关注传统大学普遍提供的学生服务内容,如运动项目、校园住宿、健康服务、课外活动等,而是根据学生需求,将注意力和服务资源分配至学习咨询、招生注册、财务资助等方面。此外,营利性大学还特别针对学生的需求,提供灵活的学分转换服务。如前文在"课程的条件价值和功能价值"部分所论述的,菲尼克斯大学充分考虑到其学生多为在职工薪族的事实,将学习者从工作和生活中学习到的经验成果,以提交论文报告的形式,经评估合格后,可转化为课程学分。从中可知,营利性大学的学生服务没有拘泥于传统大学所提供的学生服务形式,而是根据自身实际,创新学生服务内容。

(三)美国营利性大学提供的附加服务

美国营利性大学除了在核心服务和有形服务方面积极贯彻学生满意战略以外,还通过不断增加额外服务,为学生创造更多的额外利益,降低了学生学习的时间、精力和学费成本。以"技术学院"为例,该学院主要提供技术、电子通信、商务专业的副学士学位和学士学位项目。"技术学院"的专业学习时间安排非常灵活,学生可根据自己的时间安排选择周末学习、晚间学习等。教师在周末和晚间也会为学生提供学习指导。校园的信息设备实验室每天开放,网络图书资源便于学生随时查阅资料。

除了学习时间的灵活性以外,服务的便利性也是营利性大学为学生创造的附加利益。营利性大学一般将学生服务部门集中在一起,便于学生随时咨询相关事宜。很多营利性大学提供 24 小时网络咨询服务。营利性大学的学生服务不仅仅停留在教职员工为学生的问询提供及时、周到的答复,而且教职员工会主动帮助学生解决学习、贷款资助等方面的问题,想学生之所想,急学生之所急,真正帮助学生克服学习中的困难。譬如,如有学生未能按时上课,行政人员往往会电话咨询原因,帮助学生安排补课事宜。

营利性大学提供的附加服务还体现在为学生提供生活服务和指导方面。譬如,菲尼克斯大学设有专门的"生活资源中心"以帮助成人学生协调好工作、家庭和学习问题。该中心提供的生活指导服务涵盖消费、健康咨询、住房选择、时间管理、儿童和老人护理、搬迁等方面,除了以电话和网络形式提供咨询建议以外,学生还可以访问该中心提供的文章、自我评估等资料。

概括来说,营利性大学非常重视学生服务,尽可能地为学生提供便利、周到的服务,在力所能及的范围内不让一位学生因家庭困难、时间冲突、学业障碍等因素而中途退学。这不仅事关营利性大学的声誉，也关涉营利性大学的生存与可持续发展。学生服务的质量即学生对服务的满意程度是营利性大学获取竞争优势和利润收益的重要来源。

综上所述，美国营利性大学明确提出以学生为顾客，注重满足学生合理的需要和需求，不断提升学生满意度。学生满意战略是美国营利性大学从自身挖掘竞争优势、建立核心竞争力的重要途径，是美国营利性大学在高等教育市场竞争中取胜的法宝。

一是学生满意战略有利于营利性大学保持长期的营利能力。让学生以较低的学费获得满意的教育质量和服务质量是营利性大学学生满意战略的实施途径之一。反之，满意的学生往往会降低学费敏感性，愿为自己的学习付出成本。这对依赖学生学费为主要收入来源的营利性大学来说，其意义不言而喻。此外，学生满意战略的实施有利于各部门协调行动，形成了一种相互契合和相互强化的态势，这种整体活动的系统性降低了办学成本，减少了资源浪费。另外，学生满意战略提升了营利性大学的学生保持率，减少了学生流失，确保了美国营利性大学的长期获利能力。

二是学生满意战略为美国营利性大学带来了显著的口碑效应，提高了学校声誉。正如菲根堡姆所言，当顾客对所购买产品的质量满意时他会告诉 8 个人，而不满意时他会告诉 22 个人。① 满意的学生所产生的口碑效应和示范效应，引导社会对营利性大学形成正面评价，进而有助于美国营利性大学扩大市场份额。

三是实施学生满意战略有利于落实学生在教育过程中的主体地位。长期以来，学生一直处于"受教育""被教育"地位，学生在教育中的主体地位丧失。学生能否成为教育活动的主体，很大程度上取决于教师的观念认知，由教师和学校领导的个人意志左右。从学校层面系统实施学生满意战略，可极大地改善这一局面。因为"战略"本身具有全局性、长期性、指导性和稳定性特征，可为落实学生的主体地位提供制度

---

① 韩玉志：《现代大学管理：以美国大学学生满意度调查为例》，浙江大学出版社 2008 年版，第 27 页。

保障和过程保障，进而将维护学生主体地位内化为学校各部门的行动自觉。

四是实施学生满意战略有利于强化学生服务意识和提高教学质量。美国营利性大学实施学生满意战略，为学校教职员工提供了一种处理大学与学生关系的互动机制，即以学生为中心，提供契合学生合理需求、适应学生需要的教育形态和教育服务。而且，学生满意战略的实施也为快速、及时、准确地了解学生需求提供了动力机制。这都为改善营利性大学教育教学结果提供了保障。

第 六 章

美国营利性大学创新战略：颠覆式创新

颠覆式创新是创新领域一个相对较新的理论分支，20 世纪 90 年代初，由哈佛大学教授克莱顿·克里斯坦森（Clayton M. Christensen）提出，并在其著名的创新三部曲《创新者的窘境》《创新者的解答》《创新者的基因》中对颠覆式创新概念、模型、案例应用进行了详细的分析。

克莱顿·克里斯坦森是在解决"领先企业努力追求增长仍然会失去领先地位"这一困境时提出了颠覆式创新理论。他通过大量的案例分析发现，一些领先企业锐意进取、努力完善管理、认真倾听顾客建议仍然难逃垮掉的失败命运。针对这一现象，他以硬盘驱动器行业的兴衰为研究样本，构建了较为完整的颠覆式创新理论。该理论一经提出，因其观点新颖、较强的实践指导性产生了广泛影响，成为创新研究和战略管理研究的重要范式和前沿议题。克莱顿·克里斯坦森因此被尊称为"创新大师"。

克莱顿·克里斯坦森用颠覆式创新理论分析诸多产业的创新现象，这其中就包括教育领域。他在《创新型大学：改变高等教育的 DNA》（*The Innovative University：Changing the DNA of Higher Education from the Inside out*）和《颠覆式课堂：颠覆式创新如何改变人类的学习方式》两本著作里详细分析了教育领域中的颠覆式创新。

第一节　颠覆式创新理论

克莱顿·克里斯坦森提出的"颠覆式创新"与熊彼特提出的"创造

性破坏"（Creative Destruction）两者具有本质区别。"颠覆式创新"与
"延续性创新"（Sustaining Innovation）对立存在，两者最大的差异在于所
依赖的"技术"发展模式不同。在此，"技术"泛指一切引起事物发展变
化的工具、手段、策略、形式等。

一　颠覆式创新概念辨析

（一）颠覆式创新和延续性创新

克莱顿·克里斯坦森将创新分为延续性创新和颠覆式创新。颠覆式
创新与延续性创新是克莱顿·克里斯坦森创新理论中的一对核心概念。
在国内译文中，"延续性"有时被译为"持续性"，"颠覆性"也被译为
"破坏性""突破性""分裂性"等。

延续性创新定位于现有的主流客户，利用技术的不断突破和升级带
来主流市场上产品性能的不断提升，以满足主流消费群体的需要；而
"颠覆式创新"是在主流技术改善轨道之外，另辟蹊径，开发别具一格的
技术产品，以满足新兴市场或低端市场的客户需求。颠覆式创新通过对
现有技术的重新组合向非主流市场推出价格更低、性能更简单和操作更
方便的新产品和新服务，其显著特征在于改变既有技术的应用范围、发
觉其新价值，而不是追求技术的重大突破。[①] 颠覆式创新通过开发全新
的、简单的应用性能来重新定义产品和服务质量，随后进入延续性创新
轨道，并逐步在竞争中占据一席之地。

延续性创新与颠覆式创新的主要区别包括：（1）顾客目标群体不同。
延续性创新致力于满足主流市场的客户群体。该群体具有购买力强、对
产品性能要求高等特征。颠覆式创新则代表了低端、边缘市场或新市场
的客户需求。这部分群体购买力相对较弱、对价格更为敏感。（2）产品
和服务特征不同。延续性创新的产品性能往往更高，价格也更昂贵，代表
了技术上的重大革新。颠覆式创新产品的性能较低，操作简单、便捷，
成本低。一般情况下，延续性创新注重完善技术，即沿着既定的技术改

---

① Michael Connolly, et al., "E-Learning: A Fresh Look", *Journal of Higher Education Policy and Management*, Vol. 18, No. 3, 2006.

进轨道，延续或强化技术的性能，追求技术性能的更快、更好。颠覆式创新不追求技术的重大突破，认为技术本身不具有颠覆性，颠覆力量来自如何运用技术的战略模式，如何在市场中开发技术应用的新价值。技术上的重大突破或是改进大抵是延续性创新而不是颠覆式创新的内容。颠覆式创新往往以现有技术为基础，进行新的组合，使产品更简单、便捷，进而对原有的产品和服务模式进行颠覆。（3）创新主体不同。延续性创新的主体主要是既有的行业领先者。既有的行业领先者因受制于资源路径依赖、固有的价值网络体系以及小市场不能满足领先者的增长发展需要等，往往采取延续性创新模式，其创新以理解、满足已有客户的需求为目标。颠覆式创新的主体主要是行业的新进入者。这是因为行业的新进入者往往发展规模较小、发展历史较短、资源路径依赖薄弱，更有利于建立一种全新的价值网络、开发新需求、提供新服务。（4）边界具有相对性。一旦颠覆式创新获得成功，则会进入延续性创新轨道，而延续性创新对更优、更佳的追求，又为新的颠覆式创新预留了空间。

颠覆式创新和延续性创新概念的提出，开创了创新研究的新范式。以往的创新研究倾向于从"供方"角度建立分析框架，而颠覆式创新和延续性创新则从"需求方"探讨创新路径。[1] 总之，颠覆式创新不是按照既有的发展路径进行创新，而是通过提供新产品、新服务，改变原有的发展轨迹。[2] 颠覆式创新是把只面向少数群体提供产品和服务的行业转变为面向更多的人提供产品和服务，是用简单、实惠、便利的产品和服务取代复杂、昂贵的产品和服务的过程。[3]

（二）颠覆式创新与创造性破坏

"创造性破坏"是熊彼特创新理论的核心概念。他在其名著《经济发

---

① Ron Adner, "When Are Technologies Disruptive? A Demand-based View of the Emergence of Competition", *Strategic Management Journal*, Vol. 23, No. 8, 2002.

② ［美］克莱顿·克里斯坦森等：《创新者的课堂：颠覆式创新如何改变教育》，李慧中译，中国人民大学出版社 2015 年版，第 25 页。

③ Clayton M. Christensen, et al., "Disrupting College: How Disruptive Innovation Can Deliver quality and Affordability to Postsecondary Education", Innosight Institute, Center for American Progress, 2011 (http://www.innosightinstitute.org/innosight/wp－content/uploads/2011/02/future_of_higher_ed－2.3.pdf).

展理论》《资本主义、社会主义与民主》中对创造性破坏进行了详尽的分析和阐释。概括来说，所谓创新就是建立一种新的生产函数，引入一种组合生产要素和生产条件的新方式。创新的"新组合"包括新产品的引入、新生产方法的采用、新市场的开辟、新供应来源的拓展和新组织形式的建立。①

"创造性破坏"将企业竞争由价格之争转移到通过建立成本优势和质量优势以破坏企业生存基础的竞争范式上来。在熊彼特看来，创造性破坏的主体是企业家，破坏的动力来自企业家精神，即企业家对创造的喜悦、对胜利的渴望以及坚强的意志等。

在熊彼特提出创造性破坏理论之后，不同专家学者从不同角度研究创造性破坏产生的原因，概括来说主要有"基于能力"和"基于市场"两派分支。② "基于能力的创造性破坏"主要以托什曼和安德森为代表。该学派强调技术变革对企业现有资源、能力和知识所产生的影响，并将其分为"能力增强型"和"能力破坏型"。"能力增强型"创新以现有的资源和能力为基础，以产品的个别组件为突破口，创新优化产品性能，进而实现竞争规则的根本改变。一般来说该类型创新由现有组织主导和推动。"能力破坏型"创新是指技术变革引起现有的技术、知识、资源、组织能力失效或过时，破坏了组织的生存基础。该类型创新一般由新进入组织主导。"基于市场的创造性破坏"主要以克莱顿·克里斯坦森提出的颠覆式创新为主。颠覆式创新不一定涉及特别复杂和前沿的技术变革，它注重在产品的价格、功能、便利性等方面推陈出新，从而开辟新市场或提高低端市场的消费能力。该创新类型绕开了在位领先企业服务的主流市场，随后进入自身改良的延续性创新模式，逐渐吸引主流市场客户，并最终实现对领先企业的创造性破坏。

"基于能力"和"基于市场"尽管从不同角度解释了创造性破坏产生的原因，但它们具有同样的假设前提，即组织存在"核心刚性"（Core

---

① 朱红恒：《熊彼特的创新理论及启示》，《社会科学家》2005 年第 1 期。

② Anna Bergek, et al. , "Technological Discontinuities and the Challenge for Incumbent Firms: Destruction, Disruption or Creative Accumulation?", *Research Policy*, Vol. 42, No. 6 - 7, 2013.

Rigidities）。组织的核心刚性与核心能力密切相关。组织的核心能力是指从战略上使某一组织与众不同的能力。[①] 根据伦纳德·巴顿的分析，组织的核心能力是形成组织竞争优势的一套知识体系，包括四个维度：一是组织成员的知识和能力；二是内嵌于组织技术系统的知识，一般源于组织成员缄默知识的积累，渗透于组织信息流通、运转流程等方面；三是负责知识生产和控制的管理知识，例如，组织采用学徒制、成员合作等正式和非正式知识生产模式，在知识生产激励方面有着丰富的经验积累等；四是渗透于知识生产、知识收集、知识内容结构、知识控制等环节的价值和规范。

一般来说，核心能力是组织的无形资产，具有难以模仿、与众不同等特点，可为组织带来竞争优势。然而，这种内嵌于组织内部、历经长时间积累而形成的核心能力，在面临外部环境挑战，尤其是技术的重大突破，甚至是技术的渐进式改良时，有可能成为组织应对挑战的抱负，阻碍组织进一步创新，形成核心刚性。所谓核心刚性是指阻碍组织的核心能力作为持续竞争优势来源的惯性系统。当一个组织经过多年的累积形成其某种固有的核心能力时，它就会有意无意地排斥发展其他能力的可能性，形成核心刚性。[②]

从上述分析可知，颠覆式创新是引发创造性破坏的路径之一。从性质上来说，颠覆式创新是一种基于市场的破坏，而非源于技术变革带来的对其他组织的能力基础的破坏。无论是基于市场的破坏还是源于技术革新的破坏，其前提都是组织存在由核心能力积累而成的核心刚性。正是由于核心刚性的存在，才为各种创新带来了可能性。

二 颠覆式创新原理

如图6—1所示，颠覆式创新包含以下原理。

首先，顾客对产品或服务的市场需求空间存在差异。图中用虚线表

---

① Leonard-Barton D., "Core Capabilities and Core Rigidities: A Paradox in Managing New Product Development", *Strategic Management Journal*, Vol. 13, No. 13, 1992.

② 张华：《核心刚性、核心能力与企业知识创新》，《科学管理研究》2002年第5期。

示，三线虚线分别表示顾客挑剔程度的高低。

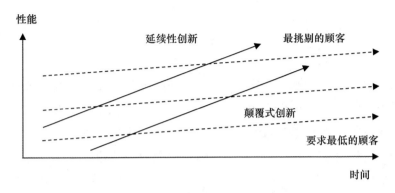

图6—1　延续性创新与颠覆式创新

资料来源：Jason Hwang, Clayton M. Christensen, "Disruptive Innovation in Health Care Delivery: A Framework for Business-model Innovation", *Health Affairs*, Vol. 27, No. 5, 2008。

其次，市场需求轨道和技术改善轨道不同步。图6—1中实线表示技术进步路线。组织机构为了比竞争对手提供更好的产品或服务，赚取更多的差价利润，不断创新改良产品性能，追求既有技术轨道上的延续性创新，甚至于"过度满足"市场需求，使得技术进步的速度快于顾客需求增长的速度。

再次，当产品和服务的改善进程超过顾客需求的增长速度时，这为颠覆式创新创造了市场空间。颠覆式创新致力于开拓边缘市场和新市场。"低端市场创新"根植于主流价值网络的低端市场，利用低成本业务模式，专攻被大型组织有意或无意忽视的那一部分市场。"新市场创新"是在现有的主流价值网络之外建立一种全新的价值网络，打造全新的客户群。颠覆式创新不在主流市场谋取发展，更多的是从侧面开辟新市场或是开发被主流企业忽视或轻视的那部分市场。

最后，颠覆式创新与延续性创新相互转换。延续性创新定位于主流市场，其产品性能往往超越了当前市场的需求水平。颠覆式创新服务于低端市场或边缘市场，其产品性能往往低于主流市场水平，但具有简单、便捷、成本低、易操作等优势。颠覆式创新是新组织进入市场竞争的战略选择，一旦在新市场或边缘市场获得成功，也会进入不断改进产品和服务质量的延续性创新轨道。这反过来又为新企业的颠覆式创新预留了市场空间。

总之，颠覆式创新不会去尝试为现有的主流市场客户提供更好的产品或服务，而是倾向于通过引入新产品或新服务来颠覆或重新定义当前市场。所谓"颠覆"就是用价格更低、性能更简单和操作更方便的产品和服务取代昂贵、操作复杂的产品和服务，并逐渐被边缘顾客群体或新顾客群体所接受的过程。颠覆式创新为某一行业如何将复杂的、价格昂贵的产品和服务转化为简单的、价格可承受的产品和服务提供了有力的解释框架。[①]

三 颠覆式创新组织能力

颠覆式创新理论认为组织的颠覆力量来自于技术变革与组织模式创新的结合。颠覆式创新需要与之匹配的、特定的组织管理模式。克莱顿·克里斯坦森提出了 PRV 框架用以分析颠覆式创新模式下的组织能力。PRV 是流程（Processes）、资源（Resources）、价值观（Values）的英文首字母的缩写，界定了组织胜任的业务范围。[②]

"资源"是决定组织能力的最为直观的因素，包括人员、设备、技术、品牌等。组织资源是其进行颠覆式创新的基础。"流程"是组织成员在将资源转化为具有更多价值的产品或服务的过程中，所采取的互动、协调、沟通、决策模式，包括市场调研、产品开发、采购、预算、规划、资源配置等过程。组织运转流程包括正式的、诉诸于文本的显性制度，也包括已内化为机构文化，成为组织成员惯性行为模式和思维模式的缄默知识。"价值观"是组织在制定优先事项时所遵循的标准，规定了组织发展方向和业务模式。

组织特有的资源、流程和价值观决定了组织的创新模式。在位领先

---

① Jason Hwang, Clayton M. Christensen, "Disruptive Innovation in Health Care Delivery: A Framework for Business-model Innovation", *Health Affairs*, Vol. 27, No. 5, 2008.

② ［美］克莱顿·克里斯坦森等：《创新者的解答》，林伟等译，中信出版社 2013 年版，第 139 页。

型组织之所以倾向于采用延续性创新，是因为延续创新的能力已蕴含于组织的流程、资源和价值观之中。这一分析理路与"资源依赖理论"的观点具有内在一致性。在位领先型组织作为一种资源依赖型组织，往往以现有客户这一重要资源，作为制定战略决策的重要依据，专注于为现有客户提供符合其需求的产品性能。在位领先组织的运转流程、资源、价值观中都蕴含着为现有客户服务的记忆、惯性及能力。对现有客户的依赖及其依据其需求来改善产品和服务的模式，使在位领先组织更倾向于进入延续性创新的轨道。与此相反，一些新成立的企业却不受限于路径依赖的影响，更有利于决策者在组织运转流程、资源、价值观中引入、培育新的发展模式，确立新的发展方向，进而为开拓新市场、进入边缘市场，实施颠覆式创新，提供组织保障。

四　业务模式创新

颠覆式创新的动力并非技术的突破与完善，而是依靠组织采取新的业务模式，挖掘现有技术的新价值，并使其匹配特定顾客群体的需求来实现创新。业务模式创新是颠覆式创新得以成功实施的重要组成部分。

业务模式主要指组织机构如何满足服务对象的需求，如何提供服务、制造产品，如何管理成本或支出等。[1] 尽管这一概念最早被应用于分析营利性企业的经营模式，但现在被用来分析企业之外的其他组织的运营模式，包括非营利性组织、政府组织等。[2] "业务模式"并非企业组织的专属概念。

（一）业务模式的组成要素

业务模式包含四个相互关联的要素：一是价值主张。组织机构向利益相关者提供的产品或服务的价值。二是资源。为实现价值主张，组织投入的一系列人力、技术、设备等。三是流程。组织内部运转的协同性、一致性、连贯性等。四是获利公式。包括资源成本核算、产品定价、成

---

① Rubin Beth, "University Business Models and Online Practices: A Third Way", *Online Journal of Distance Learning Administration*, Vol. 16, No. 1, 2013.

② Yoram M. Kalman, "A Race to the Bottom: MOOCs and Higher Education Business Models", *Open Learning*, Vol. 29, No. 1, 2014.

本控制、净收益率等①（如图6—2）。

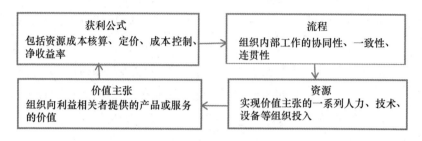

图6—2　业务模式组成要素

资料来源：Jason Hwang, Clayton M. Christensen, "Disruptive Innovation in Health Care Delivery: A Framework for Business-model Innovation", *Health Affairs*, Vol. 27, No. 5, 2008。

就高等教育来说，有其特定的业务模式。美国传统大学的"价值主张"主要是为高中毕业生提供学位教育，通过校园生活提供学生社会化的机会与环境。美国营利性大学的价值主张是为工薪族、社会边缘群体提供高等教育机会。大学的"资源"主要包括报告厅、实验室、图书、教职员工、办学资金以及大学声誉等。大学组织内的"流程"主要包括学生注册招生、研究资金分配、预算控制、教学质量监控、课程审议、教师的雇佣晋升等。大学"获利公式"主要涉及学费定价、教师薪水以及大学办学成本与收益的核算等。

业务模式的四个构成要素之间是密切联系、相互影响的。譬如，业务模式中的"利润公式"定义了组织机构如何保持收支平衡、确定发展规模、确定组织运行成本等。反过来，"利润公式"对组织机构的价值主张、资源投入、流程也会产生重要的影响。

（二）业务模式类型

克莱顿·克里斯坦森等将组织业务模式划分为三种类型：方案商店型（Solution Shops）、过程增值型（Value-adding Process ）和用户网络型

① Jason Hwang, Clayton M. Christensen, "Disruptive Innovation in Health Care Delivery: A Framework for Business-model Innovation", *Health Affairs*, Vol. 27, No. 5, 2008.

（User Networks）。① 每一类业务模式都有特定的价值主张、资源、流程和利润公式。

一是方案商店型。该业务模式以诊断问题、提供解决方案为主要特征。咨询公司、广告机构、研究所、律师事务所等大都采用此种业务模式，它们依靠所雇佣的专业人员提供问题的解决方案。高校教师的科研工作也是一种方案商店型业务模式。

二是过程增值型。过程增值型业务模式把诸如人力、设备、原材料、资金等资源投入转化为更大价值的产出。该业务模式的价值更多地体现于"过程"，体现在如何以较低的成本提供高质量的产品或服务。零售、餐饮、汽车制造、石油炼制一般属于此类业务模式。大学教师的教学工作属于过程增值型业务模式。

三是用户网络型。用户网络型业务模式下，用户既是买方也是卖方，成功的用户网络型业务模式能有效地促进用户之间达成交易。保险公司、电信公司、证券交易所、银行等都属于此种业务模式。大学学生之间、学生与教师之间的交往活动属于用户网络型业务模式。

第二节　美国营利性大学颠覆式创新际遇:
传统公立大学发展困境

美国传统公立大学面临的发展危机受到广泛关注。1994 年，"美国州立大学和赠地学院协会"成立了专门委员会调查研究美国高等教育危机。1996 年，"美国院校董事会"在其研究报告中声称"美国高等教育处于不确定的危机中"。美国传统公立大学面临的困境与挑战既是外部新环境变化的结果也是大学自身不能及时回应外部变化的产物。

一　财政危机

庞大的高等教育规模使公共财政不堪重负。大学的低效率、高成本

---

① Jason Hwang, Clayton M. Christensen, "Disruptive Innovation in Health Care Delivery: A Framework for Business - model Innovation", *Health Affairs*, Vol. 27, No. 5, 2008.

运作引发的失望情绪使公共财政更多的投向基础教育领域和其他领域。高等教育中知识生产和教育服务的费用不断上涨，高等教育陷入了严重的财政危机。2012 年，州政府对公立高等教育的财政支持更是遭遇了近半个世纪以来的最大跌幅。①

美国大学不断提高学费以弥补政府资助的下降。1992 年以来，消费者价格指数（CPI）增长了 48%，而人均学费成本增加了 175%。② 高等教育变得异常昂贵，"大学学费上涨幅度超过了中等家庭收入的增长速度，如图 6—3 所示，1980—2008 年，四年制公立大学的学费增幅最大，29 年间增幅达 235%，四年制私立大学学费上涨了 179%，社区学院增加了 150%，但同期中等家庭收入增幅仅为 15%"③。在传统公立大学受困于经费短缺的同时，营利性大学的资本吸附能力不断增强，资本大举进入并获得可观的利润回报，对传统大学产生了强有力的冲击。

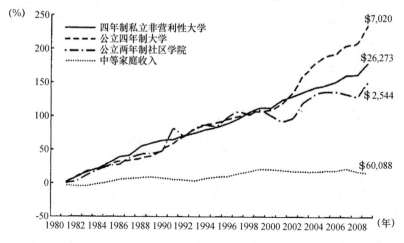

图 6—3 美国大学学费价格和中等家庭收入累计增长率（1980—2009）

注释：右边所列数据是各项指标在 2009 年的数值。

数据来源：［美］罗杰·盖格、唐纳德·E. 海勒：《私有化与美国高等教育财政的新趋势》，《北京大学教育评论》2011 年第 9 期。

---

① Mehaffy L. George, "Challenge and Change", *Educause Review*, Vol. 47, No. 5, 2012.

② 吴万伟：《金融危机旋涡中的美国高等教育》，《复旦教育论坛》2009 年第 7 期。

③ ［美］罗杰·盖格、唐纳德·E. 海勒：《私有化与美国高等教育财政的新趋势》，《北京大学教育评论》2011 年第 9 期。

二　信任危机

美国传统高等教育面临越来越多的信任危机,政府、企业界、利益集团、学生似乎都对美国公立大学表现出不满和质疑。政府发现巨大投入没有带来预期的经济增长和社会公平;企业界认为美国公立大学在训练学生的工作技能方面效率低下,不能适应企业发展对劳动力的需求;普通民众对公立大学普遍存在不满情绪,认为学生学习兴趣低、课程不合时宜、教师对教学投入不足、学费高涨。"美国高等教育曾经是国家的骄傲和其他国家羡慕的对象,而目前这一公众信任已严重瓦解了。"[①]

三　陷入"结果导向"问责旋涡

美国教育部前官员查尔斯·科尔布分析指出,截至20世纪90年代中期,美国共发生过三次大规模的"问责"浪潮。第一次问责发生于20世纪80年代,矛头直指美国公司。当时由于全球性竞争加剧、新技术兴起等,许多公司大规模裁员和重组,由此引发公众的问责。第二次问责则把矛头指向了里根政府和布什政府时期的财政开支和赤字问题。尽管发生在美国的两次大规模问责没有波及高等教育领域。然而,第三次问责浪潮则把高等教育推向了问责中心,要求在区域认证标准中加大"结果评估",审核高等教育带给学生的"附加值"。[②] 但是,究竟应如何衡量高等教育的附加值,成为评估传统高等教育的一大难题。普遍采取的做法是,以毕业生的收入能力作为评估依据。然而,这种衡量标准与大学一贯主张的神圣的人文理想显得格格不入。尽管事实上,很多精英大学经常以毕业生的经济收益来为其学费价格作辩护。就在非营利性大学陷入结果导向的问责但又难以找到确切的衡量依据时,美国营利性大学明确将提高毕业生的就业能力作为教育附加值。很显然,营利性大学以其鲜明的办学主张,在回应公众对高等教育的价值附加问责方面,略胜

---

①　[美]菲利普·G.阿特巴赫等:《为美国高等教育辩护》,别敦荣等译,中国海洋大学出版社2007年版,第53页。

②　Richard S. Ruch, *Higher Ed, Inc.: The Rise of the For-profit University*, Baltimore MD: Johns Hopkins University Press, 2001, p. 6.

一筹。

四　缺乏灵活的"回应性"

经济社会的发展、新技术的不断涌现对美国传统公立大学提出了新的要求和期望。尽管美国公立大学仍然需要发挥其在知识生产、知识传播、教育年轻一代、保存文化资源、为社会提供知识密集型服务等方面的传统作用，但是知识经济、新技术革命对美国传统大学提出了更高、更多的新要求。当今社会的工业生产正逐步由以物质资源和劳动力为基础过渡到以知识为基础，新知识的创造与应用越来越成为物质财富的重要源泉。这对劳动者的素质提出了更高的要求，因此需要高等教育机构为人们在职业生涯中随时随地接受高等教育创造机会与条件。

美国高等教育面临的一大挑战来自美国非传统型大学生人口数量的增加以及人口结构的变化。美国大学生在年龄、性别、种族、社会背景等方面越来越多样化。今天的大学生只有 17% 的人处在 18—22 岁这一传统年龄段，更多的是在职成人大学生。[①] 非传统型大学生的增多，要求高等教育改变传统的预备型教育模式，针对非传统型大学生的需求和特点，提供契合的教育内容和服务，提升学生服务质量和教学效率。

此外，以互联网为代表的信息技术正在冲击着传统大学的教学模式、大学功能的定位等诸多方面。"数字化一代"大学生需要一种以互联网为基础的新的学习方式。在这种新的学习方式里，教师集设计者、顾问、指导者、监督者等角色于一身，学生成为终身学习者。不仅如此，信息技术也改变了大学的研究模式和学生服务等众多领域。这就迫使传统公立大学一方面跟上信息技术的步伐，另一方面需要加快自身变革以应对技术变化带来的挑战。

面对外部的变化与挑战，美国传统公立大学不愿或无力满足这些新要求、新变化。大学变革困难重重，变革阻力来自多方面，包括大学办学传统的束缚、变革成本、"垃圾箱决策模式"、教师对变革的抵制等。

---

① ［美］詹姆斯·杜德斯达：《21 世纪的大学》，刘彤等译，北京大学出版社 2005 年版，第 14—15 页。

相比之下，在回应社会新挑战和终身学习需求方面，美国营利性大学更具灵活性和创造力。美国营利性大学敏锐地捕捉到了高等教育市场需求和高等教育所具有的商业价值。譬如，高等教育投资风险小，学生有政府的贷款资助，成人学生的教育需求高涨，信息技术在教学中的应用极大地降低了办学成本。因此，许多投资公司开始涉足教育产业，营利性大学一跃而起。

五　受制于"延续性创新"

延续性创新致力于提升现有产品和服务的性能，使其更有效率，追求现有产品的日臻完善，正如电脑重量和体积的降低，有线电话到无线电话的变迁，iPhone 4、iPhone 5、iPhone 6 的不断升级，电脑运行速度的更快等。所有这些变化都是在既有性能轨道上，对技术的持续改进与提升，而没有根本改变事物本来的形态。同样地，传统公立大学所进行的改革创新也是一种延续性创新模式，致力于完善其课程结构、住宿制度、招生制度、管理方式等。这些变革与创新是在没有根本改变大学的组织形态和教育模式的前提下，在局部而不是整体上，在战术而不是战略上，所做的修补、完善与升级，目的是使大学运转更有效率。

总体来说，美国高等教育系统保持了相当程度的统一性和稳定性，甚至具有一定的保守性。克拉克·克尔在其著作《高等教育不能回避历史》中提到，西方世界在 1520 年以前建立的公共机构中大约有 75 个仍旧以可辨的形式存在，其中的 61 所便是大学。[①]

传统公立大学在既有框架内所进行的延续性创新，可从以下两方面获得解释。

一是传统公立大学的"公共部门"属性。公共部门在维护公共利益、促进平等、保障服务的连续性和稳定性方面具有较大的优势。比较来说，营利性组织更善于改革创新，以创新求生存，也更擅长适应快速的变化、抛弃不成功的做法、提高财政效益和管理效率。美国公立大学与美国营

---

① ［美］克拉克·克尔:《高等教育不能回避历史：21 世纪的问题》，王承绪译，浙江教育出版社 2001 年版，第 50 页。

利性大学不同的部门属性以及所具有部门效应和优势，部分地解释了它们的创新选择和行为。美国公立大学作为公共部门，需要维护知识生产、知识传播等公共利益的连续性和稳定性，以不变应万变，而美国营利性大学追求利润的动机，促使它们不断革新，积极适应外部环境的变化。

二是传统公立大学的"核心能力刚性"。如前文所述，传统公立大学历经数年累积而形成的核心能力、无形资产、办学传统等，在面对外部新环境的挑战时，也会在惯性的牵引下，成为大学变革创新的阻力。美国公立大学在长期发展过程中积累形成的独特的核心能力，已内嵌于大学内部的各环节，约束与规范着大学的办学行为，不断自我强化和自我积累。这一"核心能力刚性"使美国公立大学沿着既定的改良轨道，追求更好、更大，而在面临知识经济以及网络技术的前所未有的冲击时，公立大学难以及时调头，灵活回应。"核心能力刚性"使得美国公立大学在管理行为、组织文化、组织结构等方面呈现出了明显的"路径依赖"。因此，面对网络教育这一全新的教育浪潮，美国公立大学更注重在现有教学模式中塞入电脑，用来延续而不是取代已有的教学方法和模式。信息技术的引用更多地是为了提升既有教学模式的效率，并没有脱离原有的改良轨道。

第三节　美国营利性大学颠覆式创新路径

美国营利性大学完全摆脱了传统大学的既有模式，建立了一种全新的高等教育形态。它没有受限于主流学生群体，而是为工薪族等非传统型大学生提供更便利、更高效的教育服务，进而建立了高等教育竞争的新规则和新基础。美国营利性大学的颠覆式创新具体表现为技术创新、市场创新和业务模式创新。

一　美国营利性大学"技术"创新：网络教学

（一）教育"技术"变迁

信息网络技术为美国营利性大学的颠覆式创新提供了技术支撑与工具载体。有关"技术"引起的教育革命，阿什比在《科技发达时代的大学教育》一书中作出了阐述。他认为教育史上的第一次革命主要是把家庭的部分责任转移到基督教会或犹太会堂,把儿童集中在一起由专人教育。第二次革命是书写文字作为教育工具,人类的信息传播不再局限于口耳相传。第三次革命源于印刷术的发明,知识具有了社会性,书本取代了昂贵的、容易出错的手抄本。第四次教育革命以电影、唱片、电视、广播、录音机、程序机、电子计算机为技术载体,在教育目的、教育手段、方法等方面引起了剧烈变化。[①]

　　我国学者郭文革以媒介技术为载体,提出了"五阶段教育的技术发展史分析框架",分别是口传、手写文字、印刷文字、电子传播、数字传播。他进一步指出以互联网为代表的数字媒介,将分两个阶段引发教育的变革:第一阶段是"新瓶装旧酒",把存量内容从旧媒介变成新媒介的格式;第二阶段是"新瓶酿新酒",是对整个教学流程的解构和重构。[②]

　　以互联网为代表的教育革命无论从时间、空间、结果看,其变化之剧烈、影响之深远、冲击力之强大是前几次教育技术革命所无法比拟的。针对互联网引发的教育革命,彼得·德鲁克于1997年曾经指出,四五十年后教育将发生翻天覆地的变化,不仅是教育方式的变化而且是教学内容的变化。[③]

　　这场革命整体上撼动了旧的教育形态,动摇了夸美纽斯创立的班级授课制,引起了"教"与"学"各元素的改变,无论是学习方式、教学方式还是知识形态、思维模式都有了显著变化。互联网引发的教育革命将重构教育、学习的内涵,进而改变整个教育学学科的范式。"教育学"一词的英文逐渐由强调教师"教"的"pedagogy"转变为更重视学习者"学"的"education"。而且"education"一词的含义也有了新的扩展,由传统的学校这一时空场所外延至网络空间、社会场所等,成为泛在教

---

　　① [英]阿什比:《科技发达时代的大学教育》,腾大春等译,人民教育出版社1983年版,第37—39页。

　　② 郭文革:《中国网络教育政策变迁》,北京大学出版社2014年版,第208页。

　　③ [美]丹·希勒:《数字资本主义》,杨立平译,江西人民出版社2001年版,第232页。

育形态。[①]

（二）美国营利性大学网络教育特色

美国营利性大学积极采用网络教育模式，以一种低成本方式将标准化教学内容传送到多个地点，不断提高营利能力。如菲尼克斯大学为学生提供 24 小时在线服务，除博士生课程之外，注册入学、交纳学费、教学讨论、作业、考核与评价、毕业典礼等所有环节均在网上完成。菲尼克斯大学盈利可观，2001—2002 财政年度 9—11 月的总收入达 6434 万美元，净收入为 1095 万美元，比 2000—2001 财政年度的同期收入分别增长88.7% 和 95.5%。2003 年菲尼克斯大学市值达到 11 亿美元。[②]

网络教育模式使美国营利性大学摆脱了传统大学的教育形态，形成了自身的教育特色，主要表现为：一是开放性。网络教育使营利性大学得以开放教育服务对象，具备了为非传统型大学生提供高等教育服务的能力，使那些因工作繁忙、年龄限制、文化差异、地处偏僻、学业成绩差等因素无法正常接受高等教育的群体获得了接受高等教育的机会。网络技术也为美国营利性大学根据非传统型大学生的需求，创新教学模式、教学方法、教学内容、教学评价提供了技术支持。二是高效性。网络教育使美国营利性大学无论在教育基础设施还是各项教育行政支出上节约了办学成本。网络技术超越时空限制的优势，使美国营利性大学得以扩大办学规模，获得规模经济效益。三是互动性。美国营利性大学的网络教育实现了两类不同性质的互联网应用：I 类应用（Information）和 C 类应用（Communication）。I 类应用主要是发挥互联网平台的课程内容载体作用，C 类应用则是充分发挥互联网的网络交往空间作用，网络教师充分利用互联网特点，从根本上改变课程教学的形式，重塑教师与学生在学习内容、学习效果、学习评价等方面的交往交互过程和模式。[③] 美国营利性大学的教师和学生在网上进行多种双向交流活动，教师可以及时了解学生的反馈信息，不断完善教学。学生可以获得教师的在线辅导，合理

---

① 张诗亚、周宜：《震荡与变革——20 世纪的教育技术》，山东教育出版社 1995 年版，第306—307 页。

② 史静寰：《当代美国教育》，社会科学文献出版社 2012 年版，第 291 页。

③ 郭文革：《中国网络教育政策变迁》，北京大学出版社 2014 年版，第 285—286 页。

安排学习进度，并与其他学习者开展合作学习等。四是服务管理的虚拟性。网络大学没有实体建筑和校园，学校在虚拟的电子空间里运行。学生从申请入学到选课、学习、考试评价以及毕业典礼，均可在虚拟空间完成，这大大提高了服务效率和便利性。

二　美国营利性大学市场创新：利基市场

颠覆式创新的市场路径包括低端市场创新和新市场创新。美国营利性大学并没有向高等教育主流学生群体提供更好、更优的高等教育服务，而是另辟蹊径，提供有别于传统公立大学的教育服务，以吸引潜在消费者或是次要市场上的消费者。

美国营利性大学没有与传统大学展开正面竞争，而是选择为非传统型大学生群体提供教育服务，主要包括来自低收入家庭的学生、少数族裔学生、在职成人、被传统大学拒之门外的学生等。如图6—4所示，2007年，黑人、西班牙裔、亚裔、印第安人占美国营利性大学招生总数的40%，而相同群体在美国公立大学和美国私立非营利性大学的比例分别为31%和25%，比美国营利性大学的招生占比分别少9个和15个百分点。如图6—5所示，2007年，美国营利性大学中一半以上的学生年龄在25岁以上，而在美国传统非营利性大学中，只有不到1/3的学生年龄在25岁以上。美国营利性大学的学生群体中女性群体的占比较大，如图6—6所示，2007年，美国营利性大学中女性学生群体占招生总数的64%，美国公立大学和美国私立非营利性大学中女性学生群体的比例分别是57%和58%。

三　美国营利性大学业务模式创新：过程增值型模式

颠覆式创新理论认为颠覆力量来自于技术变革与业务模式创新的结合，颠覆式创新需要与之匹配的、特定的业务模式。如前文所述，业务模式有三种基本类型：方案商店型、过程增值型、用户网络型，每一种业务模式都有特定的价值主张、资源、流程和获利公式。美国营利性大学与公立大学采取了截然不同的业务模式。下面从业务模式的类型以及结构要素予以剖析。

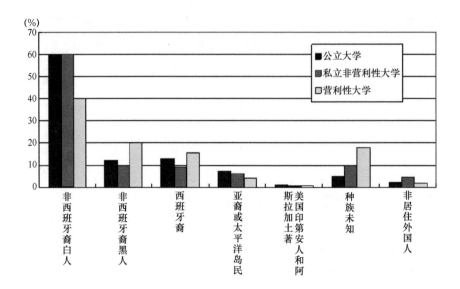

图6—4 2007年美国公立大学、美国私立非营利性大学、
美国营利性大学少数族裔学生招生比例

资料来源: Daniel L. Bennett, Adam R. Lucchesi, Richard K. Vedder, " For-profit Higher Education: Growth, Innovation and Regulation", Center for College Affordability and Productivity, 2010。

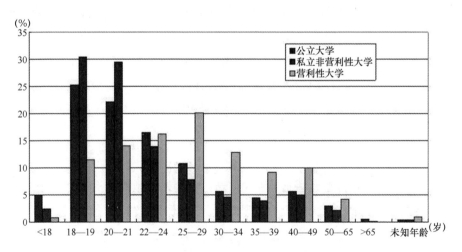

图6—5 2007年美国公立大学、美国私立非营利性大学、
美国营利性大学学生年龄分布

资料来源: Daniel L. Bennett, Adam R. Lucchesi, Richard K. Vedder, " For-profit Higher Education: Growth, Innovation and Regulation", Center for College Affordability and Productivity, 2010。

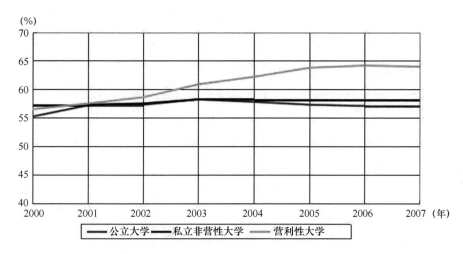

图6—6　2000—2007 年美国公立大学、美国私立非营利性大学、
美国营利性大学女性招生比例

资料来源:Daniel L. Bennett, Adam R. Lucchesi, Richard K. Vedder, "For-profit Higher Edu-
cation:Growth, Innovation and Regulation", Center for College Affordability and Productivity, 2010。

(一) 美国公立大学:多种业务模式混合

美国公立大学同时拥有多个价值主张,是多种业务模式类型共存的
集合体。传统大学的科学研究是一种"方案商店型"业务模式,大学的
教学属于"过程增值型"业务模式,而且也存在学生之间、师生之间的
"用户网络型"业务模式,三种不同类型的业务模式共存于同一大学内。[①]

从业务模式的"价值主张"因素来看,"教学""科学研究""社会
服务"存在于各类传统公立大学的价值主张清单中,为各类不同的利益
相关者服务,尽管各所大学有所区别和侧重。从业务模式的"流程"因
素来看,美国公立大学往往将教学的流程和科研的流程混合以满足多方
利益者的需求,科研项目和课程的设计实施都交由教师完成。实际上,
教师教学的业务模式属于"过程增值型",主张把输入转换成更大价值的

① Christensen M. Clayton, "Disrupting college:How Disruptive Innovation Can Deliver Quality
and Affordability to Post-secondary Education", Innosight Institute, Center for American Progress, 2011
(http://www.innosightinstitute.org/innosight/wp - content/uploads/2011/02/future _ of _ higher _ ed -
2.3. pdf).

输出,而科学研究的业务模式类型属于"方案商店型",需要教师独立工作,向相关利益者和服务对象提供问题的解决方案。教学与科学是两类完全不同的业务模式,需要不同的资源配置模式,其财务计算方式也截然不同。然而,在传统公立大学的办学实践中,两类不同性质的业务模式交混在一起。

美国传统公立大学中三种业务模式类型并存,导致用于协调三种业务模式的成本费用不断上升,大学成为异常复杂的机构。美国营利性大学的市场竞争力和吸引力正是在于它没有将不同的业务模式类型混为一体。

业务模式结构决定和反映了组织为利益相关者创造价值的过程。集中化、正式化、标准化、专业化是反映业务模式结构是否合理的重要参数。[①]"集中化"是指组织决策权的集中程度。一般来说,集中化程度高的业务模式,往往由科层结构中的领导者负责决策,而分散型组织的重要决策往往来自于组织成员的集体协商。"标准化"指组织规则、条例和程序对组织成员的行为的约束力。"正式化"指组织的程序、规则、指令是否有明确的成文规定。"专业化"是指组织工作的专业分工程度。具体到高等教育领域,业务模式结构集中化程度高的大学由院长或董事会集中决策,教师具有较少的决策权。业务模式结构标准化的大学,其规章制度对课程开发的流程、课程大纲、评价方式、课程单元等方面均会作出详细的规定,对教师行为设定了种种约束和限制,如有些学校明文规定教师应及时回复学生的咨询。大学业务模式结构的正式化主要体现在各种规章制度的行文,如有些大学制定了完备的教师工作条例、教师指导手册等。业务模式结构专门化程度高的大学会将课程开发和课程教学的工作拆分,课程开发交由专门人员负责,课程教学交由教师承担。与此相反,专门化程度低的大学里教师既需要承担课程开发的任务也需要承担课程教学工作。

从业务模式结构变量来看,美国公立大学业务模式结构的集中化、

---

① Jonas Hedman, Thomas Kalling, "The Business Model Concept: Theoretical Underpinnings and Empirical Illustrations", *European Journal of Information Systems*, No. 12, 2003.

标准化、专门化程度偏低,如传统公立大学的网络课程开发,教师拥有很大的决策权,教师可自主选择教学方法、安排课程结构、自主选择电子课件的视觉元素、自主选取网络教学工具。

(二) 美国营利性大学业务模式创新:过程增值型模式

美国营利性大学"价值主张"定位于为学生尤其是在职成人学生提供职业教育。美国营利性大学的教师没有科研任务,专注于教学。因此,营利性大学的业务模式较为单一,以"过程增值型模式"为主。这改变了传统大学多种业务模式混合的情形。

价值主张的集中必然要求组织结构的集中化、专业化、标准化和正式化。在美国营利性大学,相应的工作被分解成一个个具体的领域,由专门人员按照规章流程操作。组织最高层负责做出决策,中层负责执行。以菲尼克斯大学为例,菲尼克斯大学设立专门的课程设置小组,按市场要求设置课程,其课程设置需经过综合考察、广泛的市场调研、相应的经济核算后,报请副总裁决定是否开设该课程。在课程教学方面,教师需要接受统一的教学培训,有关教学方法、课时安排、师生互动、评价办法都有相应的制度规定,课程设计和课程实施分别由专门人员负责,分工明确。

一般来说,颠覆式创新更容易出现在有技术驱动的产业。在互联网革命之前,高等教育领域对颠覆式创新具有"免疫力",因为它不像计算机、汽车、钢铁行业等有可升级的"技术"支撑,而网络教育使高等教育有了可升级的"技术支撑",为教育领域的颠覆式创新提供了可能性。互联网引起的时间超越和空间互联,不仅改变了人类的沟通方式,也改变了人类的感知方式、思维方式、交往方式和学习方式。这些方式的改变必将深层次地引发大学教学模式、管理模式、业务模式等方面的变革。营利性大学的蓬勃发展,一定意义上就是互联网引发的高等教育革命的一部分,是对传统高等教育形态的颠覆式创新。

第 七 章

美国营利性大学竞争战略启示

战略规划既是高校办学的一种管理工具，也是政府发展教育事业的一种方式。美国营利性大学竞争战略为我国混合所有制高职院校的战略发展提供了示范机制，同时也对审思政府的教育发展规划具有诸多启示意义。

第一节　混合所有制高职发展的战略审思

美国营利性大学的竞争战略对我国高校的战略发展具有丰富的借鉴意义。笔者拟选取混合所有制高职这一新事物，从战略角度探析其发展道路、如何在高等教育体系中构建发展方位以及如何创新发展的问题。之所以选取混合所有制高职、没有选择与美国营利性大学具有诸多相似特点的民办高校作为借鉴对象，是基于混合所有制高职是高等教育体系中的一种新型教育形态，在发展模式和发展道路上需要他山之石。而且，目前来说，中国民办教育的发展在很大程度上依赖政府的政策供给，需要政府为民办高校的发展提供包括民办高校法律地位、利润分配、财政资助、质量监管、教师待遇、学位制度等方面的一系列配套政策。可以说，政策环境是当前影响民办高校发展的主要因素。从美国营利性大学发展的经验来看，正是由于政府出台的一系列政策制度包括授予营利性大学与传统大学同等的学生资助资格、承认其在高等教育体系和法律上的合法地位等，使其获得了有利的制度环境，进而为其从内部谋划战略发展创造了有利条件。对我国混合所有制高职院校而言，因其主要以公办高职与企业和民办高职的混合为主，因而可创造性地运用公办高职院校的发展政策，而且政府也鼓励积极探索混合所有制高职办学模式。在此背景下，借鉴美国营利性大学的战略发展经验，从战略角度探讨混合所有制高职院校的发展路径，更有意义与价值。

一　混合所有制高职发展的政策背景

中共十八届三中全会以来，充分发挥市场在资源配置中的决定性作用，遵循市场经济的一般规律，压缩政府的直接资源配置，追求资源配置效益的最大化和效率最优化，已成为我国全面深化改革的重要举措之一。

2013 年 11 月，中国共产党第十八届中央委员会第三次全体会议通过的《中共中央关于全面深化改革若干重大问题的决定》提出，积极发展混合所有制经济是我国基本经济制度的重要实现形式，有利于各种所有制资本取长补短、相互促进、共同发展。[1]《国民经济和社会发展第十三个五年规划纲要（2016—2020 年)》也提出要"积极稳妥发展混合所有制经济"。[2]

对混合所有制经济地位和作用的明确界定为在教育领域进行混合所有制改革指明了方向。运用混合所有制形式改革职业教育，逐渐成为近几年职业教育文件中的热点词汇。

2014 年，国务院颁布的《关于加快发展现代职业教育的决定》（以下简称《决定》）将"政府推动、市场引导"作为加快发展现代职业教育的基本原则之一，明确了政府和市场在职业教育发展中的边界。[3] 政府的作用体现于营造制度环境、明确发展方向、提供资源保障、加强监管与指导等方面，充分发挥市场机制作用，引导社会力量积极参与职业教

---

① 《中共中央关于全面深化改革若干重大问题的决定》，人民网，http://politics. people. com. cn/n/2013/1116/c1001 - 23560979. html。

② 《中华人民共和国国民经济和社会发展第十三个五年规划纲要》，新华网，http://www. xinhuanet. com/politics/2016lh/2016 - 03/17/c_1118366322. htm。

③ 《国务院关于加快发展现代职业教育的决定》，中华人民共和国中央人民政府官网，http://www. gov. cn/gongbao/content/2014/content_2711415. htm。

育办学，促进职业教育与社会经济发展需求紧密融合。《决定》还明确提出，"探索发展股份制、混合所有制职业院校，允许以资本、知识、技术、管理等要素参与办学并享有相应权利"。①

2014年，教育部等六部门颁发的《现代职业教育体系建设规划（2014—2020年）》明确了混合所有制职业院校的办学途径。一是社会力量与公办职业院校的合作。社会力量可通过收购、承租、委托管理等方式参与办学活力不足的公办职业院校的办学经营。二是企业与公办职业院校的合作。企业可与公办职业院校合作举办二级学院。三是技能专家与公办职业院校的合作。专业技术人才、高技能专家可在公办职业院校设立具有股份制性质的工作室。

2015年，教育部颁布的《高等职业教育创新发展行动计划（2015—2018年）》（以下简称《行动计划》）为公办高等职业院校的混合所有制改革明确了方向。②总体来看，公办高职院校的混合所有改革途径与《现代职业教育体系建设规划（2014—2020年）》所规定的公办职业院校的混合所有制改革途径大体相同。公办高职院校的混合所有制改革主要是公办高职与社会力量、企业、民间资金、高技能人才的合作。譬如，社会力量可通过资本、知识、技术、管理等要素参与公立高职院校的办学，也可以通过政府购买服务、委托管理等方式参与办学活力不足的公办高职院校的改革。2015年《行动计划》还明确提出支持成立混合所有制高等职业院校联盟，这必将有力推动公办职业院校的混合所有制改革实践，有利于积累和分享混合所有制办学经验。

2019年，国务院颁布的《国家职业教育改革实施方案》再次明确提出，"鼓励发展股份制、混合所有制等职业院校和各类职业培训机构"。③

---

① 《现代职业教育体系建设规划（2014—2020年）》，中华人民共和国教育部，http：//old. moe. gov. cn//publicfiles/business/htmlfiles/moe/moe_630/201406/170737. html。

② 《高等职业教育创新发展行动计划（2015—2018年）》，中华人民共和国教育部，http：//www. moe. gov. cn/srcsite/A07/moe_737/s3876_cxfz/201511/t20151102_216985. html。

③ 《国家职业教育改革实施方案》，中华人民共和国中央人民政府网站，http：//www. gov. cn/zhengce/content/2019 – 02/13/content _5365341. htm? from = singlemessage& isappinstalled =0。

由此可知，高等职业教育领域的混合所有制办学已有充分的政策支持。如何让这样一项先进的政策真正落地，切实把政策理念转化为办学实践，把办学体制机制的优势转化为办学效能，充分实现职业教育的经济价值和社会价值，就成为高职领域混合所有制改革亟须深入突破的重要问题。美国营利性大学的竞争战略对混合所有制高职院校深化内部办学改革，充分发挥体制优势，增强办学活力、市场适应力和竞争力，具有重要的启示意义。

二　混合所有制高职办学体制机制优势

职业教育领域混合所有制办学是我国办学体制改革中的新生事物，无论从法理角度或学理角度，均没有形成统一规范、科学权威的定义，尚处于对办学经验的总结概括阶段。混合所有制办学是经济领域的混合所有制形式在职业教育领域的应用。在经济领域，混合所有制经济就微观意义而言，主要指企业的产权结构的多元化，形成了有国有资本、集体资本和非公有资本交叉融合的产权结构。混合所有制经济的形式在于不同所有制主体的"混合"，但这种"混合"并非简单的并置与叠加，而是相互促进、取长补短的深度融合。

借鉴经济领域的混合所有制界定，混合所有制高职院校是由国有资本、集体资本、非公有资本等不同所有制形式的两个及两个以上主体共同办学的新型实践形式。它既可以发生在学校办学层面，也可以以专业和二级学院为混合办学单元。[①] 不同性质的所有制主体，以知识、技术、资金、管理、场地、设备等作为投资要素，共同参与高职院校办学，并按照契约、股权等进行责、权、利的划分，合作共赢，提升高职院校办学质量。

混合所有制高职由不同所有制性质的投资主体共同办学，这决定了其组建形式也多种多样：公办高职院校可以与行业、企业等社会力量联合办学，双方通过契约方式分担成本、分配办学收益，共同组建法人治

---

① 阙明坤：《职业院校探索混合所有制的有效形式》，《中国教育报》2015年3月26日第9版。

理组织；办学活力不足的公办和民办高职院校可采取"委托管理"方式，将办学管理的具体事务交由办学效率更高、专业能力更强的教育机构；民办高职院校可吸纳政府、国有企业等参与其办学实践，多方共建，发挥互补优势；除了用混合所有制形式改造现有高职院校以外，不同所有制性质的投资主体可以共同出资、合作举办新的高职院校。西方国家普遍采取的 PPP 模式（公私合作关系，Public-Private Partnership），也是高职院校进行混合所有制改革的一种有效形式。[1] PPP 模式是市场经济制国家普遍采用的一种公共物品供给形式，公共部门与私人部门以特许经营协议为基础，结成伙伴关系，合作提供公共物品。[2] 美国的特许学校制度就是 PPP 模式的典型应用。

上述混合所有制高职院校的组建形式，按是否涉及产权变化，可进一步细分为三类组建形态：一是涉及产权变更、类似股份制性质的"真"混合所有制形态。该形态下，不同所有制形式的办学主体，按资源投入比例享有收益权，且共同参与学校的管理与决策。二是没有涉及产权变更、但具有收益分配性质的"类"混合所有制形态，其主要组建形态包括中外合作办学、创办二级学院等。三是不涉及产权变化的"泛"混合所有制形态，其具体的实践形式包括 PPP 公共服务供给模式、委托管理等。[3]

在我国各地混合所有制高职办学已悄然兴起。例如，2008 年，公办职业院校沈阳职业技术学院与当地的一家民营企业合资建立混合所有制软件学院，双方通过持股的方式，发挥各自的资产、资源效益以及互补优势，将软件学院打造成为省市有名的示范性学院。再如，2000 年，广东工程职业技术学院与迅达（中国）电梯有限公司进行资本融合，共建实体学院，实施混合所有制办学，实现了合作共赢。哈尔滨职业技术学院的实训基地建设采取 PPP 模式，由政府提供建设用地、提供师资，由

---

[1] 阙明坤：《职业院校探索混合所有制的有效形式》，《中国教育报》2015 年 3 月 26 日第 9 版。

[2] 邢会强：《PPP 模式中的政府定位》，《法学》2015 年第 11 期。

[3] 董圣足：《教育领域探索"混合所有制"：内涵、样态及策略》，《教育发展研究》2016 年第 3 期。

企业出资并按协议获得学费收入，既优化了高职院校的基础设施建设，也为企业参与高职院校办学、获取稳定收益开辟了新途径。

由上文分析可知，混合所有制高职有多种组建形式。笔者拟以办学活力不足的公办高职院校引入社会资本实施混合所有制办学为分析对象，探讨混合所有制办学所具有的组织机制优势。办学活力不足的公办高职院校存在的问题主要有：缺乏办学特色，没有形成品牌效应；社会声誉低，对学生、行业企业没有吸引力；行政色彩浓厚，办学效率低，不能有效地满足市场需求；办学资金不充裕，资金来源渠道单一；校企合作面临多重的体制机制障碍等。以混合所有制形式改造办学活力低的公办高职院校，可充分发挥市场机制在高职院校办学资源配置中的决定性作用，克服行政主义倾向，激发学校办学活力。

办学活力低的公办高职院校引入混合所有制后呈现出新的办学特点和组织特征，具有显著的办学体制机制优势，具体如下。

（一）举办者、管理者和办学者的再定位

传统公办高职院校的举办权、管理权、办学权属于政府机构，高职院校普遍缺乏办学自主权，主动性和创新性不足。引入混合所有制形式，目的就是改变政府"集权"的现状，转变政府职能，充分发挥市场机制的效率优势，按市场需求办学，为高职教育发展注入活力。公办高职引入社会资本后，政府、学校、企业等不同形式的所有制主体，按一定的契约与规则，形成新的产权结构，明确了举办者、管理者和办学者的身份归属及其相应的责、权、利划分。一般来说，混合所有制高职的举办权主要属于向其提供办学设备、场地、资金等资源的投资机构或个人。混合所有制高职院校享有独立的办学自主权，在充分尊重教育规律基础上，按照现有的或潜在的市场需求开展高等职业教育。混合所有制高职的管理权属于监督、协调、规范其办学行为、办学活动的政府机构或产业、行业协会等社会组织。"三权分离"模式有利于混合所有制高职建立法人财产制度，构建法人治理结构，赋予其依法对学校财产使用、支配、收益的权利，成为适应市场经济要求的、独立的办学实体。总之，混合所有制高职院校的一大办学体制优势，就是对举办者、管理者和办学者之间的责、权、利进行了明确的划分和规范，破除了体制机制障碍，有利于充分释放高职院校的办学活力。

（二）校企深度融合新途径

校企的"合而不融"一直是高职院校难以破解的问题之一，实施混合所有制办学将有利于解决这一难题。从校企合作的体制机制来看，实施混合所有制，为企业参与高职院校的投资、办学和获取收益等提供了灵活的制度安排和制度保障，有利于校企深度融合，建立利益共同体；从校企合作的着力点来看，混合所有制高职依托产权、股份和要素收益等形式维系双方的合作，有利于彼此之间建立长久的、稳固的和深层次的合作关系，解决了以往的校企合作流于形式、停于表面的问题；从校企合作的质量来看，以往的校企合作多以学生到企业参观、实习实训，或是聘请企业人员到学校授课等为主要合作方式，合作渠道单一，合作质量低。以学生到企业参加实习、实训为例，由于校企双方没有建立有效的信息交流、互动和反馈机制，致使实习学生成为企业的短期廉价劳动力。混合所有制模式下的校企深度融合，应是双方全方位、深层次、有效联动、优势互补的合作，企业发挥其特殊的职业教育价值，积极主动地参与高职院校的招生、培养、就业等办学实践，而学校也发挥其智力资源优势，为企业的员工培训、技术技能开发提供智力支持。

（三）实现教育公益性的新形式

教育是一项造福全人类、惠及各民族国家的公益性事业，公益性是教育的内在本质属性。市场经济体制下，公益性事业不一定专由政府提供。有学者根据国内外的办学经验，认为教育公益性的实现形式可以是国家力量的"强制式"、社会或民间力量的"自愿式"或营利性教育机构的"营利式"。[①] 笔者认为混合所有制高职多种所有制性质的投资主体的"合作式"，是实现教育公益性的又一创新形式。在薄弱公办高职院校的混合所有制改革中，政府并非全身而退，而是由公共服务的直接生产者转变为组织者和监管者，是政府角色和政府职能的转变。

---

① 徐冬青：《市场引入条件下的政府、学校和中介组织》，博士学位论文，华东师范大学，2005 年。

政府和私营企业的多种所有制性质的"合作式"办学将市场资源配置的"效率"优势与政府的公共财政制度的"公益"使命相结合，实现政府和市场在资源配置方面的优势互补，在提升高职办学效率的同时，维护教育的公益性。公办高职院校的混合所有制改革是政府提供公共教育服务的新途径，它将市场机制引入公共服务供给，提升了资金使用效率，降低了办学成本，创新了教育公益性的实现形式。

混合所有制高职院校的教育公益性的实现，需要处理好教育收益与教育公益性的关系。私营企业参与公办高职院校办学的目的是追求投资的利益最大化，这属于正当的商业利益诉求。混合所有制高职院校的职业教育服务与美国营利性大学的教育服务类似，都是同时具有"正外部性"和私人收益的"准公共物品"。职业教育的"正外部性"，即无须他者付出成本而获益的特征，决定了政府应通过税收减免、财政补贴等形式予以补偿，以调动企业参与薄弱公办高职混合所有制改革的积极性。也就是说，政府可以通过"正外部性内在化"的方式，将职业教育对社会、国家产生的公共利益，部分地转化为混合所有制改革的投资者的私人收益，以弥补"市场失灵"造成的对企业参与职业教育改革的积极性的打压。[1] 这是薄弱公办高职院校进行混合所有制改革，实现教育公益性尤需解决的问题。

（四）具有"灵活性"的新组织形态

运行机制的灵活性与产权结构和治理结构的多元化是教育领域混合所有制的基本特征。[2] 高职院校进行混合所有制改革的过程实际上也是优化内部治理结构、打破僵化的办学体制、培育组织灵活性的过程。组织灵活性指能对外部变化做出快速、准确的反应，及时适应新的变化，变革成为组织的常态化任务。[3] 在商业领域，组织灵活性主要表现为捕捉市

---

[1]　肖凤翔、陈玺名：《职业教育校企合作难的根源及其对策研究——基于校企基本利益冲突视角》，《天津大学学报》2016 年第 1 期。

[2]　董圣足：《教育领域探索"混合所有制"：内涵、样态及策略》，《教育发展研究》2016 年第 3 期。

[3]　Sheila Mukerjee, "Agility: A Crucial Capability for Universities in Times of Disruptive Change and Innovation", *Australian Universities Review*, Vol. 56, No. 1, 2014.

场机遇和把握市场机遇的能力。① 组织灵活性具体表现为以下三方面：与客户互动的能力，即顾客灵活性；组织内部操作流程的高效，即运行灵活性；与业务伙伴合作的能力，即合作灵活性。②

一是顾客灵活性。顾客灵活性主要表现为收集、整合客户建议和需求信息，并根据"市场情报"有针对性地采取反应性行动的能力。"市场情报"包括顾客现有的、显性的需求和未来的、隐性的需求，以及影响顾客需求和顾客偏好的各项因素。③ 顾客灵活性组织与客户建立起了有效的沟通、互动机制，注重与顾客在产品和服务的设计、使用方面的交流。

二是合作灵活性。合作灵活性主要表现为组织通过联盟、合作和合资等方式，与资源供应机构、合作伙伴、相关利益团体进行合作的能力。它反映了组织整合外部资源以为组织的创新发展提供资金支持、咨询建议等方面的能力。

三是运行灵活性。运行灵活性体现了组织内部操作流程的规范化、科学化。运行灵活性的组织能快速、准确地把握市场机遇，及时地重新设计组织现有的操作流程以充分利用动态的市场条件。

混合所有制高职在上述三方面均呈现出灵活性趋向。混合所有制高职作为独立的法人治理主体，享有充分的办学自主权和收益权，可有效利用自主管理权力，与学生和用人单位等顾客群体建立起有效的沟通和反馈机制，在广泛的市场情报搜集基础上，不断提升办学质量。混合所有制高职作为以股份制为基础的多元合作主体，先天具有整合外部资源的合作灵活性。另外，混合所有高职产权结构的多元化，必然需要多元化的治理结构以及运行灵活的内部操作流程，以便能主动、迅速地把握外部市场机遇，保障多元投资产出的最大化。

---

① Kathleen M. Eisenhardt, Shona L. Brown, "The Art of Continuous Change: Linking Complexity Theory and Time-paced Evolution in Relentlessly Shifting Organizations", *Administrative Science Quarterly*, Vol. 42, No. 1, 1997.

② V. Sambamurthy, et al., "Shaping Agility Through Digital Options: Reconceptualizing the Role of Information Technology in Contemporary Firms", *Mis Quarterly*, Vol. 27, No. 2, 2003.

③ Ajay K. Kohli, Bernard J. Jaworski, "Market Orientation: the Construct, Research Propositions, and Managerial Implications", *Journal of Marketing*, Vol. 54, No. 2, 1990.

三　发展战略：混合所有制高职体制优势转化为办学效能的关键

职业教育领域的混合所有制改革是提升职业教育质量的一项办学制度创新，既有利于薄弱公办高职院校的改造也有利力做强做大民办职业教育，是解决长期困扰职业教育发展的校企合作难题的一剂良药。然而，对于这样一项新生事物，我们目前的研究还主要停留在如何进行混合所有制改革、混合所有制改革面临的困境等方面，对于深入混合所有制院校内部办学层面、充分发挥混合所有制办学优势的探索，相对较少。

譬如，有研究者从宏观治理结构的角度，探讨了高职院校的混合所有制改革问题。[①] 该研究指出在混合所有制改革中，首先，应摒弃"营利"与"非营利"的二元划分，更加精细地对混合所有制高等院校的办学性质进行定位，应根据各办学主体的资源投入确认办学性质，以保障社会资本的正当商业利益诉求，维护公有资本投入的公益性；其次，明确产权结构，根据投资额度确定收益分配比例，厘定各办学主体的权责利关系，既维护教育的公益性、保障公有资产的保值增值，也确保实现私有资本的投资收益，这是混合所有制改革需要明确的第二个层面的治理内容；再次，通过建立委托代理制度和借鉴现代企业制度，根据"产权结构决定法人治理结构"的原则，完善混合所有制高校内部治理结构，健全激励机制，提升混合所有制组织的产出效率；最后，混合所有制改革的成功实践考验着政府执政者的治理智慧。政府需要在财政资助政策、服务性政策、奖励性政策供给以及师生权益保障、办学自主权维护等方面，不断提升治理水平。

也有研究者从法制基础缺乏、内生动力不足、治理机制不健全、利益分配机制滞后四方面分析了混合所有制改革面临的困境。[②] 在法制基础方面，混合所有制院校的产权转让、管理机制、运行方式、人事政策、产权保护等方面都缺乏相应的法律确认；在内生动力方面，对民营资本

[①]　姚翔、刘亚荣：《混合所有制高等院校发展的宏观治理结构探索》，《中国高教研究》2016 年第 7 期。

[②]　郭光亮：《高职院校混合所有制改革路向：困境与出路》，《国家教育行政学院学报》2017 年第 2 期。

的顾忌和偏见、学校的既得利益集团的担忧、社会资本对盈利及其是否可持续的关心等，都会影响混合所有制改革的积极性和信心；在治理机制方面，如何实现多元产权主体的有效、合作治理，建立完善的法人治理结构，是混合所有制院校改革的一大困境；在利益分配机制方面，社会资本的收益保障、学校公有资本出资人的权利、报酬，都需要做出明确的界定，进行制度创新。在上述分析基础上，研究者从混合方式选择、法律法规健全、运作模式建立、产权合理流动四方面给出了相应的完善建议。

其他研究者从实践层面、理论层面、制度分层分析了高职院校混合所有制办学面临的现实困境，并从丰富混合形式、明晰产权归属、完善顶层设计三方面提出了发展建议。[①] 还有研究者从"市场化"改革的角度探讨了高职混合所有制改革的意义与存在的问题。[②]

总体来看，已有的关于职业教育混合所有制改革的研究主要聚焦于改革困境及改进建议方面。混合所有制改革的实践亟须从学理上回答如何将混合所有制的制度优势转化为办学效能，切实激发高职院校的办学活力。事实上，与其陷入改革的泥沼不能自拔，不如以发展的眼光，凝聚改革共识、审视改革困境，进而在发展中突破自我。而要实现发展，笔者认为混合所有制高职院校需要谋划战略发展，从战略的高度谋划发展方向、发展路径。这是因为战略的制定和战略的实施包含一系列理性、科学的决策过程，有利于在纷繁复杂的外部环境中，拨开层层迷雾，找到发展的路向。

战略究其本质来说是领导者采取的旨在实现一项或多项目标的行动。[③] 战略规划和战略管理的过程是理性决策、科学研判、凝聚共识、实现发展目标的过程，主要包括以下环节：使命确立，明确发展的愿景；外部环境分析，判定发展机遇与挑战；内部资源与核心能力识别，确定

①　陈丽婷：《高职院校混合所有制办学现实困境与发展路径研究》，《中国高教研究》2017年第1期。

②　王寿斌、刘慧平：《混合所有制：高职改革"市场化"探索》，《教育与职业》2015年第4期。

③　[美] 希尔等：《战略管理》（第六版），孙忠译，中国市场出版社2005年版，第5页。

自身的优势和劣势；选择能扬长避短、利用机遇、迎击挑战的战略；建立相应的组织结构和控制系统，进行战略管理，确保战略得以成功实施。[①]

混合所有制高职院校从战略高度谋划发展，可充分发挥战略对高职院校发展的推动作用。较之于简单地模仿办学，或仅仅听命于上级主管部门的指令，战略发展体现了高职院校的主动作为和创新发展。一般来说，战略具有如下作用：（1）指导性。战略愿景规定了高职院校的发展使命和发展目标，可规范、引导高职院校的行动，确保其行驶在正确的轨道上，不因学校领导者的更替而波动。（2）竞争性。战略为混合所有制高职在高等教育体系中如何参与竞争、如何获取竞争优势、如何避免雷同发展、实现特色立校，提供了战略思考和战略路径。（3）实践性。战略规划和战略管理是确立发展愿景、树立和更新发展观念、凝聚发展共识的过程，同时也包括了具体的行动方案和实施步骤，是指向未来的实践行动。（4）创新性。战略规划和战略管理为混合所有制高职院校抓住外部发展机遇、克服挑战提供了行动预案。面对外部复杂的不确定性环境，战略管理者需要审思谋略、大胆创新，积极营造发展的有利环境，而非被动消极地一味等待和观望。

（一）以系统的外部环境分析为战略基础

本书第三章和第四章系统分析了美国营利性高校面临的宏观发展背景以及微观竞争环境，并探讨了美国社会发展背景和高等教育结构图景中蕴含的发展机遇与挑战。美国营利性大学的蓬勃发展正是积极利用外部发展机遇的结果。这启发我们，混合所有制高职的战略发展也需要建立在系统的外部环境分析基础上，从中汲取发展的动力。

高职院校进行外部环境分析时，可综合运用 PEST 分析、SWOT 分析、利益相关者分析等战略分析工具。以 PEST 分析为例，高职院校可从政治政策、经济发展、社会文化、技术发展四方面剖析其蕴含的发展机遇与挑战。尤需注意的是，混合所有制高职的发展战略，需要把握新时代教育方针的新内涵、新要求，立足教育现代化建设、教育强国建设、

---

① ［美］希尔等：《战略管理》（第六版），孙忠译，中国市场出版社 2005 年版，第 10 页。

办好人民满意教育的大格局、大视野,落实好新时代立德树人的人才培养内涵。另外,我国政府制订的高校分类发展政策、政府放管服改革、民办教育法律都是混合所有制高职院校制定发展战略时需要统筹考虑的政策环境。

例如,2019 年国务院颁布的《国家职业教育改革实施方案》(以下简称《实施方案》)对新时代我国职业教育发展的总体要求和目标以及具体指标做出了明确规定。混合所有制高职院校的战略谋划,应将这一改革方案纳入外部环境分析,分析其中蕴含的发展机遇,据此确立发展战略。其中,《实施方案》特别提出,高等职业院校应面向区域发展,重视服务于中小微企业的技术改造和产品升级,为所在区域培养高素质技术技能型人才。《实施方案》还提出要扩大学前教育、健康服务、护理等职业的中高职贯通培养的规模,扩大退役军人的职业教育培训,为退役军人的就业创业提供支持等。① 这些规定为高职院校的战略发展提供了政策机遇,指明了发展方向。

职业教育政策、法律是高职院校进行战略环境分析不能忽视的重要背景因素。混合所有制高职的发展战略应以党的教育方针和国家相关法律为指导,以时代要求为基本遵循,以培养高素质劳动者和技能型人才为核心。这是高职院校战略环境分析的重要内容。

(二) 确立以市场为导向的战略思维

本书前述章节探讨的美国营利性大学的集中化战略、学生满意战略、颠覆式创新战略,本质上来说,都体现了以市场为导向的战略思维。集中化战略回答了营利性大学如何面向市场、在高等教育结构中进行发展定位;学生满意战略从营利性大学内部回答了美国营利性大学市场竞争力的本质基础,即创造顾客价值;颠覆式创新战略就其本质来说是一种市场创新战略。可以说,以市场为导向的战略思维是美国营利性大学成功发展的根本保障。

---

① 《国家职业教育改革实施方案》,中华人民共和国中央人民政府网站,http: // www. gov. cn/zhengce/content/2019 – 02/13/content _5365341. htm? from = singlemessage& isappin-stalled = 0。

以市场为导向的战略思维，不同于以自身为中心、以竞争对手为中心、以顾客为中心的战略思维。① "以自身为中心"的战略思维注重从组织内部挖掘资源优势建立竞争力。具体到高等教育领域，表现为高校注重从自身出发，提升科研实力，提高社会声誉，形成竞争优势；"以竞争对手为中心"的战略思维，往往将关注点聚焦于模仿竞争对手，对竞争对手采取反应性行为，主张"人有我有"。高等教育领域的模仿办学比比皆是，大学发展特色不足、校园建设大同小异、教学模式千篇一律等，均是"以竞争对手为中心"模仿办学的写照；"以顾客（学生）为中心"的战略思维强调对学生需求的满足，注重为学生创造价值，"为了一切学生，一切为了学生，为了学生的一切"的校训正是此类战略思维的生动体现；"以市场为导向"的战略思维是对上述战略思维导向的有机整合与统一，它既重视内部资源的整合创新，重视内部机构的协调行动所形成的办事效率和效益，也注重满足学生顾客的现实需求和潜在需求，同时也会积极关注竞争对手的办学行为。"以市场为中心"要求组织机构能主动根据市场的变化，做出有效、快速的反应。

美国营利性大学正是依靠以市场为导向的战略思维，在竞争激烈的高等教育体系中获得立足之地。我国混合所有制高职院校在谋划战略发展时，需要摆脱片面地或以自身为中心，或以竞争对手为中心，或以顾客为中心的思维模式，采取"以市场为导向"的战略思维，面向市场办学，避免与其他同类高校的正面对抗，不断集聚差异化竞争优势。

高职院校采取"以市场为导向"的战略思维，还应明确其在高等教育市场中的发展地位。市场地位通常可分为市场领导者、市场挑战者、市场追随者和市场补缺者。在我国现有高等教育市场中，混合所有制高职作为一种新型办学形式，市场占有份额小、规模较小。因此，混合所有制高职可定位于"市场补缺者"，在"缝隙市场"中选择生存空间，打造自身的办学特色。

---

① 范林根：《企业竞争战略研究》，同济大学出版社 2014 年版，第 8—10 页。

四　混合所有制高职发展战略实施

混合所有制高职的战略发展，可吸收借鉴美国营利性大学的竞争战略，其借鉴基础在于两类高校具有诸多的相似之处。

一是从高等教育结构来看，美国营利性大学是在公立大学和著名的私立大学的夹缝中生存，如何在高等教育结构中构建合理的生存和发展空间，关涉美国营利性大学的存亡。而我国的混合所有制高职也同样处于公立大学强势发展的阴影之中，要走出阴影、充分发挥组织灵活性优势，需要从战略上构建合理的生存与发展空间，走创新发展之路。

二是从两者所面临的制度环境来看，美国联邦政府为营利性大学的发展创造了较为公平的制度环境，这从其学生资助政策可见一斑。运用混合所有制形式改造办学活力不足的公办高职院校，政府的角色如何转变？如何提供资金支持？这些问题尚处于政策空白期，既没有规定政府应该做什么，也没有限制政府不能做什么，从另外一个角度来看，这为混合所有制高职的战略发展和创新发展提供了相对宽松的政策环境。我国政府机构每年都会征集混合所有制高职的办学案例，为相关政策的出台寻找实践依据，就是佐证。在此背景下，混合所有制高职通过自身的发展，成为一种富有生命力的教育形态、成为我国高等教育体系的不可或缺的有机组成部分，必然会赢取越来越有力的政策支持。这也印证了"发展是硬道理"。

三是从教育对象来说，无论是美国营利性大学还是我国的混合所有制高职都以职业教育为主，生源主要由非学术型学生组成。

四是从对办学结余的处理来看，美国营利性大学享有充分的教育收益权。我国混合所有制高职院校的办学主体以资本、知识、技术、管理等要素参与办学并享有相应权利，这其中也包括投资收益权。

五是从组织特征来看，美国营利性大学与混合所有制高职都具有组织"灵活性"优势。美国营利性大学采用公司制管理模式，能对市场需求做出快速反应，灵活办学。而我们推行的用混合所有制形式改造办学活力不足的公办高职院校，就是要发挥各产权主体的优势，取长补短，调动各方办学的积极性，为面向市场办学提供灵活的体制机制保障。

以上诸多相似之处，为我国混合所有制高职借鉴美国营利性大学的竞争战略，走战略发展和创新发展之路，奠定了基础。

混合所有制高职的发展首先需要明确其在高等教育体系中的战略定位，采取集中化战略，进而通过颠覆式创新，走特色创新发展之路，然后深入自身内部，在充分发挥混合所有制组织的灵活性优势基础上，通过实施学生满意战略，构建核心竞争力。

（一）实施集中化战略

所谓集中化战略主要指混合所有制高职将战略重点集中于特定的目标市场，为特定区域或特定人群提供特定的教育服务。这有利于混合所有制高职将有限的办学资源用于发展某一细分市场，为学生提供契合其需要和需求的教育形态与教育服务，进而形成成本优势和差异化优势。

当前，我国高校发展趋同化和同质化现象突出。职业教育与普通教育等不同教育类型之间的界限模糊，不同层次、不同类别高校之间的办学定位趋同，存在照抄照搬高层次大学办学的倾向。然而，社会分工的细化、学生个性化教育需求的差异化以及区域发展对教育提出的多样化要求，都需要高等教育实施差异化发展以更好地发挥高等教育的功能。也就是说，高等教育的发展需要解决好供给与需求的匹配问题。解决好这一问题，关键的一环在于各高校明确自身在高等教育体系中的发展定位，形成相互补充的发展态势，从整体上提升高等教育的服务能力。混合所有制高职实施集中化战略的主要任务就是明确自身在整个高等教育体系中的发展"定位"。

那么混合所有制高职应如何定位？对此，美国营利性大学的集中化定位发展战略具有丰富的借鉴意义。美国营利性大学确立发展定位的根本依据在于社会发展对教育提出的新需求。20世纪80年代以来，随着工业经济向知识经济的转换，对知识型劳动者的需求激增，需要高等教育为在职工薪族的知识更新和终身学习以及处于社会边缘群体的学生提供越来越多的学习机会。面对这一全新的教育需求和大量非传统型大学生的出现，传统大学受制于办学传统和发展定位的路径依赖，无力也无暇做出有效回应。因而，在高等教育需求与供给之间产生了空白。营利性大学敏锐地捕捉到了这一新需求，并以此构建自身的发展定位，即集中为非传统型大学生提供岗位能力导向的职业教育。为此，营利性大学以教学为主要学术使命，大量聘用企业兼职教师，与企业合作开发课程，注重通过学生评估和评价收集学生需求信息，提供高质量的学生满意的教育教学服务。

营利性大学确立发展定位的另一依据来自其他大学的参照。参照的目的在于避免同质化发展，并非为了模仿和追赶。梳理美国营利性大学的发展经验可知，美国营利性大学作为高等教育的后发者，没有与领先者高校正面竞争，而是在传统大学留下的缝隙和空白中找准发展位置，与领先者传统大学之间形成了"你无我有"的发展格局；美国营利性大学作为与美国社区学院同类教育服务的供给者，没有以竞争对手为发展导向、闻风而动，而是采取集中化发展战略，瞄准非传统型大学生的教育需求，为学生提供符合其特点的教育形态，进而与社区学院之间形成了"你有我优"的发展格局。

营利性大学发展定位的确立还充分考量了其营利性教育机构属性。如果说社会发展提出的教育新需求和来自其他高校的参照，为营利性大学厘定在高等教育体系中的方位提供了参考依据，那么营利性属性则是主导其内部办学定位的主要因素。营利性属性决定了营利性大学内部的运行机制、决策模式、课程开发、教师聘用和考核、学生服务提供等都需要以收益最大化为目标。这是营利性大学谋划定位发展不可忽视的现实依据。

目前，有关我国高校的定位发展研究大多倡导高校的定位发展需要明确发展的总方向、总目标；明确学校的发展规模、学科定位，厘清学校的发展思想；[1] 界定高校所在的地域文化特色等。[2] 诚然，这些都是高校定位发展的应有之义。但高校定位发展的内容不能作为确立高校定位的依据，两者显然不是一回事。把高校定位的内容混同于定位的依据，极易成为为定位而定位、失去扎实根基的空中楼阁，其发展结局必然是

---

① 吴晓义、唐晓鸣：《应用型本科高校的发展定位、指导思想与校本特色》，《高教探索》2008 年第 4 期。

② 苏宇：《地方高校特色化发展战略论析》，《国家教育行政学院学报》2015 年第 3 期。

昙花一现。高校定位的依据来自社会发展的教育需求、高等教育结构体系的有机补充以及高校自身的办学实际。在对上述各方面进行全面分析基础上，再据此确定高校定位发展的内容。

一般来说，新建高校实施定位发展的策略主要有：（1）同质型定位。选择此种定位的高校，往往选择与其他高校提供同类型的教育服务，这种定位适用于办学资源充足的高校。（2）差异化定位。这主要适用于办学规模小、资源相对欠缺的高校。这些高校根据自身条件谋求差异化发展，专攻某一领域以获得差异化优势。（3）填补空缺式定位。这种定位寻找新的尚未被占领、但社会需求大的领域以填补教育需求的空白。

混合所有制高职实施集中化定位发展，可充分借鉴美国营利性大学的集中化发展经验，克服当前我国高校定位发展的弊端，洞悉定位依据与定位内容的内在差异，综合研判当前的教育新需求，譬如知识经济冲击下的对知识型劳动者的需求、工薪族的终身学习需求、新生代农民的教育需求、退伍军人的教育需求等，进而以教育需求分析为基础，找准教育新需求与现有高校的教育供给的空缺，以此为突破口，打造自身的生存空间和发展方位。具体来说，混合所有制高职可开发被其他高校忽视的教育需求，或者尚没有高校涉足的空缺处。这些细分需求和空缺蕴含着教育发展的巨大潜能，需要后来者高校勇于创新，敢于涉足，并致力于成为教育新需求的补缺者和特色教育提供者。

混合所有制高职集中化定位发展可从以下两方面实施。

一是学生定位。混合所有制高职应明确所服务的主要学生群体，进行学生定位。根据前面章节的分析可知，美国菲尼克斯大学专门以工薪族在职成人为服务对象，并在其招生手册、网页上广泛宣传。这既有利于菲尼克斯大学集中办学资源专门提供面向成人的高等教育，也有利于学生根据自己的教育需求选择就读的学校，增强教育需求与供给的匹配度。反观我国的高校定位发展实践，大部分高校将定位发展界定为力争在几年之内达到省内领先、国内一流、世界一流，有些高校忙于升格、升级、改头换面，有些高校忙于扩建新校区。深入分析这些定位发展实践可知，这些"定位"要么是办学层次意义上的"地位"，要么是地理意义上的"位置"，都不是教育形态意义上的"错位"。没有教育形态意义上的错位发展，就难以建立结构合理的高等教育体系，进而也难以有效回应社会经济发展所提出的多元化教育要求以及社会成员所提出的多样化教育需求。混合所有制高职作为以教学为核心学术使命的高校，实施集中化定位发展应首先明确所服务的学生群体，厘清人才培养目标。唯其如此，才能根据学生的学习需求和培养目标，进行专业设置和课程安排，进而形成差异化发展。反之，混合所有制高职的定位发展只能是空谈。

二是教育教学形态定位。在明确了学生定位后，应着手进行教育教学形态定位，以为学生提供契合其需求的教育。譬如，混合所有制高职可发展具有行业特色且在该领域处于领先水平的教育教学形态，或者发展"职业场所导向的职业教育"，再或者积极开展网络教育，等等。总之，混合所有制高职教育教学形态的定位应与其所服务的学生群体的基本教育需要和需求相一致。

高校定位问题引起了研究者和政策制定者的广泛关注。高校的定位发展关涉高等教育系统功能的发挥、关系着教育与社会关系的良性互动，其重要性不言而喻。然而，我们在研究和解决高校的定位发展问题时，往往将其复杂化，误把定位依据等同于定位内容。譬如有研究者提出，高校定位依据涵盖了多种因素"高校自身条件、国家社会发展需要、学生需求、政府规定的高校类型和层次标准"等，将定位内容并列为"社会服务面向定位、总体发展目标定位、学校类型和层次定位、人才培养目标定位、办学规模和特色定位"。[1] 虽然高校的定位发展的确需要参考多种因素，定位内容涉及多方面，但这些参考因素和定位内容之间并不是并列关系，彼此之间具有层次性。高校定位的确立依据只能从最核心的层面发掘，定位内容应抓住最根本的方面。笔者认为，高校定位的根本依据是社会经济发展对高等教育提出的要求，定位的核心内容是学生定位及其与学生定位相匹配的教育教学形态。

（二）实施颠覆式创新战略

创新是人类文明进步的源泉。随着知识经济的发展和人工智能技术

---

①　张忠华：《对高校定位研究的再思考》，《高教探索》2010 年第 5 期。

的不断突破，创新对于社会发展和教育发展的重要性远甚于以往任何时期。这不仅需要教育为社会的创新发展培养人才，成为社会创新发展的推动力量，也需要教育自身不断革新。

知识经济是以知识的生产、传播和应用为基础的经济。知识经济背景下，知识取代农业经济时代的土地、工业经济时代的原材料，成为财富增长的源泉。这一转变对经济发展方式、生活形态、政府职能、管理模式、人才需求、教育模式等方方面面都将产生深远的影响。教育作为知识生产和知识传播的主阵地，需要创新发展以及培养各领域的创新型人才，从而适应知识经济时代带来的深刻巨变。

人工智能在某些领域对人的替代，更是对教育的创新发展和人才培养提出了新任务。对基础教育而言，智能时代的基础教育应是一种"人性为王"的教育，人之所以成为人的东西尤为值得珍视，人的德行和情感等人性特有的东西无比珍贵。[①] 对高等职业教育来说，除了应加强人性教育以外，针对人工智能技术的应用所带来的对高技术人才需求的增加以及对低技能劳动力的部分取代，高等职业教育应及时调整人才培养的结构和目标。同时高等职业教育也应为人工智能新兴产业的发展壮大、人工智能技术应用所产生的新岗位，提供属于高等职业院校又有别于普通院校的独特的人才支撑。

高等职业教育的创新发展迫在眉睫。那么适合混合所有制高职院校的创新模式是什么？混合所有制高职院校作为高等教育领域的新生事物、作为具有独特的办学体制机制优势的机构，应采取颠覆式创新模式。颠覆式创新是哈佛大学教授克里斯坦森提出的重要创新概念，它对分析行业中的新型组织机构如何成功地逆袭具有很强的解释力。在企业界，颠覆式创新是后发者小企业获取竞争优势的重要手段。在教育领域，颠覆式创新是营利性大学等新型高等教育提供者得以立足发展的重要途径。

颠覆式创新与延续性创新对应存在，延续性创新为颠覆式创新提供了空间，而颠覆式创新一旦立足，也会进入延续性创新的轨道。传统大

---

① 项贤明：《人工智能与未来教育的任务》，《华东师范大学学报》（教育科学版）2017年第5期。

学受制于路径依赖，往往采取延续性创新模式，沿着既定的轨道，致力于为既定的学生群体提供更好、更优的教育服务，正如电脑生产商不断为主流客户提升电脑的运行性能、飞机制造商不断提升飞行速度、手机不断更新换代等。传统大学的延续性创新，使大学的校园不断扩大、信息技术被加塞进现有的教学模式以提升教学效率、各种教育服务不断完善、学费不断上涨等。传统大学的延续性创新致力于为既定的学生群体提供高等教育服务，在面对社会成员的终身学习需求、社会各阶层的高等教育需求等，传统大学无力或无暇回应这些新需求。这为高等教育的新型提供者预留了发展空间。

混合所有制高职院校应采取颠覆式创新模式，立足于传统高等教育预留的利基空间（Niche），培育新顾客群体，拓展新市场，提供别具一格的高等教育新形态，进行颠覆式发展。具体来说，混合所有制高职的颠覆式创新可从使命创新、技术创新、市场创新三方面展开。需要澄清的是，这三方面的创新并不是递进关系，而是混合所有制高职创新发展的突破口。

1. 混合所有制高职人才培养使命创新：培养"知识工作者"

美国杰出教育家欧内斯特·博耶曾指出："一所办学有成效的大学负有明确的和极其重要的使命。"[①] 使命在高校发展中具有发展功能、沟通功能和认识功能。使命指明了大学发展的方向，明确了所要到达的目的地，为确立近期的行动目标和任务提供了参照依据。而且，对使命的阐述、分享和认同，有助于凝聚共识、搁置分歧，塑造高校成员行动的一致性。使命作为高校发展的理想愿景，直接或间接地影响着学校的内部办学活动，对高校的专业设置、资源配置、招生就业等都具有深刻的影响。可以说，使命诠释了"大学存在的内在逻辑"。[②] 使命还具有沟通功能，因为使命是对高校所担负的社会责任的认定，它在高校与社会和政府之间架起了沟通的桥梁，界定了高校与社会和政府之间的互动关系。社会和政府借助于使命来认识一所高校，高校依托使命去践行应履行的

---

① 眭依凡：《大学使命：大学的定位理念及实践意义》，《教育发展研究》2000 年第 9 期。
② 周廷勇、熊礼波：《西方大学使命的变迁及其历史效果》，《新华文摘》2009 年第 16 期。

社会责任。使命具有认识功能。使命是对高校办学性质、教育本质的理性认识和价值判断，是人们对一所高校的作用和功能的基本看法，也是高校办学理念、各种教育观念的基础性理念。

使命对混合所有制高职院校的发展具有重要的指导意义和实践意义。在我国高等教育体系中，根据大学人才培养、科学研究、社会服务、文化传承四大使命的划分，高等职业教育的发展定位主要是人才培养。因此，根据知识经济发展、人工智能技术的演变等，创新性地提出人才培养使命，是混合所有制高职走创新发展之路的第一步。

关于未来社会的人才需求结构的变化，彼得·德鲁克在《21世纪的管理挑战》一书中前瞻性地指出，对组织机构来说，在21世纪最宝贵的资产将是知识工作者和知识工作者的效率。① 知识工作者，尤其是既掌握理论知识又具备操作技能的"专业技术人员"，将取代工业经济时代的技能型工人，成为增强国家竞争优势的重要来源。在工业经济时代，职业教育主要培养从事重复性劳动、适应大机器生产的体力劳动者，在知识经济时代，当知识成为经济增长的内在要素，经济增长高度依赖于知识的应用时，职业教育的人才培养使命也将随之转移至培养知识工作者上来。

彼得·德鲁克进而区分了知识工作者与体力工作者的不同，尽管他是从提升管理效率的目的进行区分，但其中一些洞见，对创新新时期的职业教育人才培养使命颇具启发意义。体力工作者面临的主要任务是高效、熟练地完成一项既定任务，任务是明确的、完成任务的方法是清晰的，任务工作者仅需要通过反复地操练来习得操作技能、提升操作效率即可；而对于知识工作者来说，需要根据自身掌握的理论知识和技能，创造性地自主判定某一复杂情境下"我应该做什么、怎么做"，即需要完成的任务及其完成任务的方法都依赖于知识工作者的专长的发挥。知识工作者的"知识"具有生产功能和创造价值。正因如此，彼得·德鲁克颇有见地地指出，体力工作者往往被视为组织运行的"成本"，领导者总

---

① ［美］彼得·杜拉克（彼得·德鲁克）：《21世纪管理的挑战》，刘毓玲译，生活·读书·新知三联书店2003年版，第187页。

是想方设法地通过削减人员、提升操作效率等办法，来降低人力支出；而知识工作者被视为组织的宝贵"资产"，是组织发展的源泉，领导者往往将其视为合作伙伴，而非听命行事的下属。这启发我们，职业教育尤其是高等职业教育的人才培养，应走出片面强调技能训练的狭隘做法，在提升学生的技能水平的同时，也应注重其理论知识的学习。

彼得·德鲁克认为，美国正是充分利用了注重培养知识工作者（尤其是技术人员）的优势，才得以在经济上拥有强大的生产力和独特能力。[①] 兴起于 20 世纪 20 年代、以培养技术人员为目的的美国社区学院是这一优势的扩大者。根据彼得·德鲁克的分析，日本长期以来或者专门培养体力劳动者，或是专门培养脑力劳动者，这种状况直到 2003 年设立专门培养技术人员的学校才得以改观。德国的学徒制为德国先进的制造业做出了独特的贡献，然而，由于其对理论知识的相对忽视，在知识经济和人工智能的冲击下，其弊端可能会逐渐显现。

除了知识经济引发的人才培养使命的变化以外，人工智能也是推动高等职业教育人才培养使命变化的重要力量。分析技术的革命性变迁可知，从机械化、电气化到信息化，每一次的技术变革在促进经济增长的同时，也不可避免地淘汰了部分工人，引发技术性失业和结构性失业。21 世纪人工智能的发展再次凸显了技术进步与促进就业的"两难困境"。人工智能技术进步所带来的就业破坏效应是混合所有制高职院校创新人才培养使命定位时不容忽视的重要方面。

2016 年 12 月，美国白宫的一份报告显示，未来 10—20 年内，人工智能对人工岗位的替代率将由当下的 9% 上升至 47%。麦肯锡全球研究院的报告预测，到 2055 年，全球约有 49% 的工作被自动化和人工智能取代。[②] 而且随着人工智能技术的升级突破，人工智能将被大量应用到各行各业，人工智能的广泛渗透会颠覆现有企事业的运行模式，进而对各行业领域的就业产生强烈冲击。这一冲击不仅体现在就业需求岗位数量的

---

① ［美］彼得·杜拉克（彼得·德鲁克）：《21 世纪管理的挑战》，刘毓玲译，生活·读书·新知三联书店 2003 年版，第 210 页。

② 王君、张于喆等：《人工智能等新技术进步影响就业的机理与对策》，《宏观经济研究》2017 年第 10 期。

变化、岗位结构的变化，而且是对岗位技能要求的本质性改变。麻省理工学院经济学家大卫·奥特认为，中等程度的技能型工作将被人工智能取代，高技能性工作以及需要人与人接触、身体灵巧性或决策性工作等，是凸显人的不可替代性的工作领域。目前，对于我国来说，人工智能引发的就业冲击将首先出现在体力类的程序性工作（如机械操作员）和认知类的程序性工作（如办公室行政人员）。① 总体而言，人工智能技术的发展对从业人员的知识技能水平提出了更高的要求，对低技能的简单重复性工人的需求将逐渐减少，对高技能、知识密集型的工人的需求将大幅提升。

综上所述，无论是工业经济向知识经济的演变对知识工作者需求的提升，还是人工智能对低技能、简单重复劳动的替代，都对高等职业教育的人才培养规格提出了更高的要求。高职院校应以此为契机，未雨绸缪，根据产业发展变化及时调整人才培养结构和人才培养目标，着力培养既具备理论知识又兼具操作技能的知识工作者，增强对知识经济和人工智能技术变革的适应能力。

2. 混合所有制高职"技术"创新：发展网络教育

《国家教育事业发展"十三五"规划》明确提出推动信息技术与教育教学深度融合，鼓励职业院校依托优势学科专业开发优势网络教育资源，建立网络教育资源平台。② 混合所有制高职发展网络教育，可从以下几方面增强办学竞争力，提升办学特色：（1）超越时空限制。混合所有制高职积极发展网络教育，利用网络超时空的特性，可解决发展过程中面临的资金、人力、办学场地等资源瓶颈问题。混合所有制高职发展网络教育，有助于其进行市场创新，为社会成员的终身学习、新型职业农民等顾客群体提供契合他们需求的、便利的教育服务，培育新市场。（2）规模经济效应。混合所有制高职积极发展网络教育，有助于复制和推广办学模式，扩大办学规模，降低办学成本，获得规模经济效益。（3）实施

---

① 王君、张于喆等：《人工智能等新技术进步影响就业的机理与对策》，《宏观经济研究》2017 年第 10 期。

② 《国家教育事业发展"十三五"规划》，中华人民共和国中央人民政府网站，http：//www. gov. cn/zhengce/content/2017 - 01/19/content_5161341. htm。

个性化教育。网络教育模式下，学习者更方便根据自身实际自主安排学习进度、选择学习课程等。教师可根据网络上的学生学习数据记录有针对性地提供个性化的指导建议。此外，网络教育的课程内容丰富、生动形象，便于学生犹如身临其境般地观摩技能操作，提高技能学习的仿真效果和有效性。

3. 混合所有制高职"市场"创新

（1）市场创新途径之一：终身教育

终身教育是知识经济发展对教育提出的新要求。传统的对个体所进行的生长发育阶段、受教育阶段、工作阶段和退休阶段的划分，已不能适应人的发展需求和社会的发展需要。人们在校期间所学知识已不能满足人的一生的需要，需要不断学习、更新知识，学习需求伴随人的始终。1996 年联合国教科文组织发布的一份重要报告《学会生存：教育世界的今天和明天》明确指出，教育不能再一劳永逸地培养一定规格的青年，教育正在向着终身方向发展。[①] 学校教育的"预备学习"模式正在向着社会成员的"即时性"（Just-in-time）学习模式转变。另外，在知识爆炸的信息时代，新行业、新技术和新工艺不断涌现，知识老化、产品换代、职业更替呈加速趋势，这必然要求人们不断学习，以适应岗位要求和知识更新的节奏。相关统计表明，大学教育仅能提供人所需要的知识的10%。[②] 回应社会成员的终身学习需求成为高等教育面临的新任务。

从我国教育政策背景来看，《国家教育事业发展第十二个五年规划》提出在全社会树立终身学习的理念，构建继续教育体系，发展多样化的继续教育机构，并把发展继续教育作为建设学习型社会的战略举措。[③]《国家职业教育改革实施方案》提出高等职业教育要加强社区教育和终身

---

① 联合国教科文组织国际教育发展委员会：《学会生存——教育世界的今天和明天》，教育科学出版社 1996 年版，第 200 页。

② 冯之浚、周宏春：《知识经济与教育创新》（上），《中国软科学》1998 年第 5 期。

③ 《国家教育事业发展第十二个五年规划》，中华人民共和国中央人民政府网站，http://www.gov.cn/gongbao/content/2012/content_2238967.htm。

学习服务。①《现代职业教育体系建设规划（2014—2020）年》对"职业教育的终身一体"做出了详细的发展部署，提出各类职业院校是继续教育的主体，通过多种教育形式为所有劳动者提供终身学习机会，使劳动者能够在职业发展的不同阶段通过多次选择、多种方式灵活接受职业教育和培训。②

无论是相关研究还是有关政策背景均表明，终身教育已成为我国经济社会发展中无法回避的教育课题。构建终身教育体系，为人的全面发展和终身学习提供教育支持，已成为我国教育发展面临的一项重要任务。混合所有制高职应以此为契机，在我国终身教育体系的构建和布局中寻求生存和发展空间。

根据美国的发展经验，面对社会发展对高等教育提出的新任务，高等教育总是以创办新型教育机构予以回应。美国社区学院的创建回应了20世纪二三十年代社会经济发展要求高等教育培养技术专业人员的需求；20世纪七八十年代美国营利性大学则积极回应了知识经济社会要求高等教育承担起满足社会成员终身学习需求的任务。混合所有制高职作为我国高等教育领域的一种新型教育形态，需要瞄准社会经济发展对高等教育提出的终身学习需求，在终身学习领域，构建发展特色，进而在高等教育体系中确立生存与发展的方位。这既是国外回应社会成员终身学习需求的经验，也是高等教育领域新型高等教育机构寻求发展的理性选择。

（2）市场创新途径之二：培育新型职业农民

《乡村振兴战略规划（2018—2022年）》将培育新型职业农民作为强化乡村振兴人才保障的重要内容，提出要实施新型职业农民培育工程，支持新型职业农民通过弹性学制参加中高等农业职业教育。③ 新型职业农民不同于传统农民。美国人类学家沃尔夫认为，一定程度上，传统农民

---

① 《国家职业教育改革实施方案》，中华人民共和国中央人民政府网站，http://www.gov. cn/zhengce/content/2019 –02/13/content_5365341. htm? from = singlemessage&isappinstalled =0。

② 《现代职业教育体系建设规划（2014—2020 年）》，教育部网站，http://old. moe. gov. cn/publicfiles/business/htmlfiles/moe/s8159/201406/170737. html。

③ 《乡村振兴战略规划（2018—2022 年）》，中华人民共和国中央人民政府网站，http://www. gov. cn/zhengce/2018 –09/26/content_5325534. htm。

是社会学意义上的一种身份符号象征，而职业农民带有经济学意义上的理性人色彩。[1] 职业农民具备从事农业的专业素质、知识和技能，知晓市场经营理念，善于进行规模化和产业化经营。[2] 培育职业农民是实现农业现代化和乡村振兴战略的重要人才支撑。现代化的农业生产必然要求其从业人员职业化，要求他们爱农业、懂技术、善经营。因此，培育新型职业农民将成为我国职业教育领域面临的一项新任务。混合所有制高职应积极发挥办学体制机制灵活性优势，探索新型职业农民培育方式，开拓新的发展空间。混合所有制高职可充分利用现代网络技术，借助网络教育的开放性、便捷性等优势，为创新职业农民培育方式提供技术支撑。

（3）市场创新途径之三：技术技能积累

《现代职业教育体系建设规划（2014—2020年）》提出建立校企协同的技术技能积累机制，在关系国家竞争力的重点产业部门，加强政府、学校、行业、企业的协同，建立一批企业和职业院校紧密合作的技术技能积累创新平台。此外，《现代职业教育体系建设规划（2014—2020年）》还提出应将民族传统工艺、文化等纳入职业教育体系，在职业院校探索建立民间传统手工艺传承的现代机制，发展融手工艺传承、人才培养、产业孵化等为一体的职业教育模式。[3]

混合所有制高职可依托办学体制机制的灵活性优势，与企业、民间传统技艺大师合作打造技术技能积累中心，突出办学特色。一是高职院校与企业合作，组建混合所有制高职院校或混合所有制二级学院，双方共同致力于某一领域技术技能的创新、应用与传承。二是校企双方以学徒制为合作纽带，共建混合所有制院系，实现学徒制模式与学校教育模式的优势互补。三是以股份制为依托，高职院校与传统技艺大师、行业中公认的技术能手筹建工作室，将高职院校打造成为技术技能积累的高

① 许竹青、刘冬梅：《发达国家是怎样培养职业农民的》，《农村·农业·农民》2014年第2期。

② 陈池波、韩占兵：《农村空心化、农民荒与职业农民培育》，《中国地质大学学报》（社会科学版）2013年第1期。

③ 《现代职业教育体系建设规划（2014—2020年）》，教育部网站，http://old.moe.gov.cn/publicfiles/business/htmlfiles/moe/s8159/201406/170737.html。

地。如，湖南工艺美术职业学院聘请了湘绣大师刘爱云、竹艺大师刘宗凡、陶艺大师黄永平、根艺大师熊明瑞等为代表的一大批行业企业精英担任兼职教师，使他们精湛的技艺得以通过现代职业教育制度代代相传。

（三）实施学生满意战略

在高等教育竞争日益激烈的大背景下，越来越多的院校意识到只有令学生满意才能使院校的生存与发展获得长久保障。学生满意是学生在与高校的互动过程中，对高校提供的教育教学和服务的主观感受，它往往产生于学生的实际感知等于或超过先前的预期。美国营利性大学的办学实践证明，学生满意战略是一种行之有效的战略，可极大增强高校的竞争力和凝聚力。

混合所有制高职院校实施学生满意战略应首先明确所服务的主要对象，从众多利益相关者中明确"顾客是谁"。一般来说，顾客分为内部顾客和外部顾客。混合所有制高校的内部顾客主要指教职员工、股东等，股东与高校的顾客关系形成于投资关系的建立，教职员工与高校的顾客关系建立在劳动力交换基础上。高校内部顾客的满意状况和工作积极性很大程度上会影响着高校外部顾客的满意程度。高校与内部顾客的关系很大程度上属于决策、管理的民主化、科学化问题。在此不再从顾客满意视角予以分析。外部顾客主要指混合所有制高职所服务的对象，包括学生、政府、企业、社会等。在笔者看来，混合所有制高职应明确提出以学生为顾客，实施学生满意战略。众所周知，混合所有制高职院校以向学生提供职业教育为学术使命，教学是其核心任务。因此，提供学生满意的教学质量和服务就成为混合所有制高职能否成功发展的决定因素。实施学生满意战略，有利于混合所有制高职以高质量的教学提升自身的辨识度，形成办学特色，进而在高等教育体系中确立发展方位，真正走出一条有别于普通本科院校、普通公办高职院校的差异化发展之路。而且，混合所有制高职具有的天然的体制机制优势，为实施学生满意战略提供了可靠的组织制度保障。那么，混合所有制高职应如何实施学生满意战略？

1. 树立学生满意理念是实施学生满意战略的前提

理念是行动的先导。实施学生满意战略首先需要从思想观念上达成共识，将学生满意观念渗透进高校的所有运行环节之中，贯彻全局性、过程性以及人人参与的原则。学生满意战略的"全局性"要求学生满意理念应被大学的每个部门和每位教职员工所接受，并自觉贯彻执行。学生满意战略的"过程性"要求大学不能把学生满意战略仅仅停留在某一环节或局限于学生处等部门，而应将其贯穿于整所大学的所有办学活动之中，使大学与学生的每一个接触点都成为学生满意战略的实施场域。

树立学生满意理念还需要坚持"学生导向"原则。以学生为导向，而不是以竞争对手和其他高校为导向，这是混合所有制高职实施学生满意战略尤其需要注意的部分。以其他高校和竞争对手为导向，容易陷入模仿办学、同质化办学的旋涡，迷失办学方向、丧失办学特色。"以学生为导向"则抓住了办学的根本，为创新发展指明了方向。坚持"学生导向"，需要构建全方位、多层次的沟通渠道，科学而又及时地识别学生的需求以及社会发展对学生提出的未来的要求等，因为学生的基本需要和需求是动态的，随着经济发展、社会文化的变化而变化。

2. 科学筹划学生满意内容是实施学生满意战略的基础

一般来说，顾客满意的内容主要包括：（1）理念满意，主要指组织的管理理念和价值观念带给顾客的主观感受；（2）行为满意，表现为组织运行机制、成员的行为规范等带给顾客的满意程度；（3）视听满意，主要指组织声誉、形象带给顾客的满意状态；（4）产品满意，主要指顾客对产品质量、形态、交互方式、定价的满意程度；（5）服务满意，表现为服务的周到、及时、人性化等带给顾客的满意状态。① 这启发我们，混合所有制高职实施学生满意也应从理念满意、行为满意、视听满意、教学（产品）满意、服务满意五方面予以落实。

第一，混合所有制高职应树立一切以学生为中心的办学理念，并将此贯穿于整所学校的办学行为中，进而内化为各部门和全体成员的行动自觉。第二，为提升学生对学校行为的满意程度，混合高职院校应提高各环节的服务交互质量，包括教师教学环节上的服务交互、行政人员的服务交互、学生管理人员的服务交互等。而且还应在学校内部建立行为

① 黄东升、张爱玲：《现代企业策划》，中国经济出版社 2002 年版，第 266—267 页。

规范制度，以促进办学行为的合理性和合法性。第三，混合高职院校还应注重维护学校的声誉和形象，重视学校名称、校徽、校园环境等要素带给学生顾客的满意状态。第四，提升院校的教育教学质量，这是实施学生满意战略的关键。混合所有制高职可充分利用信息技术手段，调查、收集、分析学生数据，及时跟踪、识别学生的需要与需求，采取数据驱动决策模式，从而提供契合学生期望的高质量的教育教学。第五，学生服务质量是实施学生满意战略的重要组成部分。混合所有制高职应根据学生的服务需求，提供适合其学生特点的学生服务内容。譬如，与传统大学相比，混合所有制高职的学生的学业基础较薄弱，学生对各项学生资助的依赖程度较高，学生的学习动机、学习方法等需要教师的专门指导，学生需要及时了解最新的行业技能要求等。对此，混合所有制高职应大胆创新学生服务内容，在保持传统大学的一般服务内容的同时，比如学生运动会、节日娱乐活动等，应有针对性地多提供学生资助、学生学业基础夯实、学生动机提升等方面的指导与服务。在这一方面，美国菲尼克斯大学的学生服务形式值得借鉴。菲尼克斯大学充分考虑到其学生多以在职成人为主，他们对时间管理、学业动机保持、学生资助等方面的服务需求较多。为此，菲尼克斯大学通过举办各种主题的工作坊、在线学习研讨会、"一对一"校友指导等形式，为学生提供满意的服务。

3. 采取有效的4C策略是实施学生满意战略的有效手段

4C是顾客（Customer）、成本（Cost）、便利（Convenience）、沟通（Communication）英文首字母的缩写。[①] 混合所有制高职采取4C策略，需要关注学生的需要和需求，重视降低学生的时间成本，合理收取学费，为学生提供便利的学习安排，注重与学生的沟通交流等。

（1）学生顾客。上文在论述"树立学生满意理念"部分，从学校整体层面提出混合所有制高职应"以学生为导向"，而非以其他高校为导向办学。深入混合所有制高职内部，坚持学生导向还意味着应以学生为中心组织教育教学，而不是仅仅以教师的学术兴趣、知识生产的内在逻辑来设计课程内容和采取教学方法，当然更不是以学校管理者的行政意志

---

① 毕起、郑鹏：《市场营销实务》，中国人民大学出版社2012年版，第228—230页。

来组织教育教学。由此可知，实施学生满意战略的关键在于一切以学生为出发点组织教育教学、调整和规范学校运行。这对科学识别和确定学生的基本需要和需求提出了更高的要求。混合所有制高职学生的基本需要的确立既需要依据国家和社会发展的需要、行业发展的最新要求、院校的发展定位，也需要充分考虑学生个人的知、情、意、行的发展需要以及个性化的学习需求。为此，混合所有制高职可采取多种多样的信息技术手段，挖掘各层级评估和评价的数据信息，全面、及时地掌握学生的需求和需要状况。

（2）成本。混合所有制高职应充分考虑学生学习的学费、时间成本、机会成本等，这是提升学生满意战略的重要途径。美国营利性大学非常重视降低学生学习的时间成本和学费成本，通过采取学费保证、不随意涨学费，将学生的培训经历和工作经历转化为课程学分以减少学生的学费支出、压缩学生取得学位的时间，以及采取网络课程形式、灵活安排课程时间表等途径，降低学生的学习成本，提升了学生的满意度。

混合所有制高职在降低学生学习成本的同时，还应注重提升学生的让渡价值。所谓让渡价值指学生获得教育总价值与所付出的总成本之间的差额。学生获得的教育总价值的一个重要的衡量指标，即学生是否实现了高质量就业。降低学生的学习成本，提升学生的就业质量，进而提高学生的让渡价值，是提升学生满意度的又一路径。

（3）便利。混合所有制高职实施学生满意战略需要从便利入手，提高学生服务的便利性。如前文所述，混合所有制高职市场创新的途径之一，即为工薪族、新生代农民、退伍军人等非传统型大学生群体提供接受高等教育的机会。非传统型大学生与年龄在18—24岁、全日制大学生相比，在教育需求、学业基础、学习条件方面具有很大的差异，这需要混合所有制高职为其提供契合非传统型大学生需求的教育服务，以帮助他们协调好工作、家庭、学习的时间分配、克服学习的困难等。为此，混合所有制高职可通过开展网络学习、灵活安排课程时间、建立多个教学点、提供网络咨询服务等途径，增加教学和学生服务的便利性，提升学生的满意度。

（4）沟通。混合所有制高职应与学生建立起多渠道的沟通机制，一方面学校应积极采集学生的建议、学习结果数据等信息，并就所采取的改进措施和实施效果及时向学生反馈，另一方面还应充分调动学生沟通交流的积极性，为学生主动的沟通交流提供平台和制度保障。

4. 学生教育预期和教育交互质量是影响学生满意的关键因素

本质上来说，学生满意是学生对先前的教育预期与实际感知之间的差距的主观感受。因而，学生预期和决定学生实际感知的教育交互质量，就成为影响学生满意的最为关键、最直接的影响因素。混合所有制高职实施学生满意尤其需要关注学生的教育预期与教育交互质量。

一般来说，学生的实际感知高于教育预期或与教育预期趋于一致，则学生的满意度较高。因而，提升学生的满意度需要全面识别学生的教育预期，了解影响学生教育预期的因素，进而采取相应的措施以使教学教学水平符合学生的教育预期，或者采取一定的干预措施降低学生不合理的教育预期。一般来说，学生的教育预期受到自己的主观判断、学校的对外宣传以及亲朋好友的口耳相传等因素的影响。这启发我们，混合所有制高职应在对外宣传中明确阐述自己的办学定位和理念，注重维护学校的形象和口碑效应，招收符合自己办学定位的学生，提高学生的教育预期与学校办学定位的匹配度。此外，对于教育预期不合理的学生，应通过评价、访谈等形式，帮助学生形成合理的教育预期。在这一点上，美国社区学院的做法值得借鉴。社区学院帮助那些学业基础薄弱、没有做好充分准备的学生，从转学教育（升入四年制学院）的轨道转入终结性职业教育轨道。伯顿·克拉克将社区学院的这一功能形象地称为"冷却功能"。①

教育交互质量是影响学生实际感知的重要因素。混合所有制高职与学生之间会发生多层次、多方面的交互，包括教师与学生的课堂内外的互动交流，管理人员与学生的交往过程，教辅人员与学生的互动交流，以及学生与学生之间的互动交流。其中，发生于教师与学生之间的交互，对学生实际感知教育教学，具有重要的影响。提升教师与学生之间的交互质量，增强学生的实际感知满意度，这是混合所有制高职实施学生满

---

① 详见本书第六章"美国社区学院多元使命的内在冲突：教育社会学视角"部分。

意战略尤需关注的部分。诚然，管理人员、教辅人员与学生的交互交往质量，也是学生满意战略不可忽视的部分，因为学生对学校的实际感知对象是学生在校期间的学习经历。

提升交互质量也是教育效果与收益难以精确量化的事实使然。学生的智力发展、精神发育、素养提升等难以精确判定，加之，有些教育收益需要在未来才能显现。这为学生客观、全面地评价学校的教育教学质量带来了难度。在这一背景下，对交互过程的感知，即过程评价，往往成为学生评价学校总体服务质量的重要因素。因此，提升教育交互质量对实施学生满意战略具有重要意义。

5. 建立学生满意服务流程是实施学生满意战略的保障

所谓建立学生满意服务流程，即是在混合所有制高职中将学生满意战略贯彻于从招生、注册、教学、实习到就业、毕业的所有环节中，运用学生满意理念统筹学校的各项工作。美国营利性大学从学生申请就读之日，就为学生配备招生顾问，负责解答入学要求、学分转换、贷款资助等学生关心的实际问题。学生被成功录取后，营利性大学为学生专门配备学习顾问、就业顾问等，分别帮助学生解决课程学习中的困难和实现优酬就业。美国营利性大学由招生到就业的高质量的学生服务流程，不仅赢得了学生的口碑，提升了学生的保持率和学业成功率，而且是营利性大学在与社区学院的竞争中得以取胜的优势所在。

混合所有制高职的学生，较之于传统大学的学生，更需要一体化高质量的学生服务。对此，混合所有制高职应致力于从学生与学校交互的每一时间节点、每一空间层次、每一步骤环节中，关注学生的所闻、所见、所感，整体提升学生的满意度。

第二节　政府教育战略规划审思

政府教育发展规划是目前世界大多数国家发展教育事业的重要方式，具有指引方向、凝聚共识、协调多元利益、配置资源的重要功能。政府教育发展规划是公共部门进行战略管理的表现之一。公共部门战略管理与营利性大学等私人部门的战略管理，既有相同点又有特殊之处。识别公共部门战略管理的特殊性，并据此用以指导实践，是改善包括教育发展规划在内的公共部门战略管理的重要方面。

一　公共部门战略管理的特殊性

战略最早是军事用语，后被应用于企业工商管理，在 20 世纪 80 年代西方新公共管理运动中，又被应用于政府部门，战略思维随之进入传统的行政管理领域。20 世纪 70 年代，西方经济危机致使政府财政经费短缺，社会问题层出不穷，为提升公共行政效率、降低行政开支成本、重建政府信任，西方国家相继掀起了新公共管理改革。尽管在改革的目标、策略等方面，不同国家所采取的具体措施不尽一致，但改革取向基本相同，几乎都主张引入私人部门的科学管理方式和市场机制，包括目标管理、绩效管理、战略管理、企业家精神等，以提升政府管理效率。正是在新公共管理改革中，战略管理进入政府等公共部门的改革议程，成为行政管理领域的新的研究分支和实践形式。

公共部门与私人部门具有不同的组织性质、内部运行程序以及交易模式，公共部门战略管理更多地受权力分配、政治因素、法律法规等方面的影响与制约，因此，不能直接套用私人部门的战略管理模式。于是，基于两类部门性质的不同，在借鉴私人部门战略规划基础上，构建适用于公共部门战略管理的新模式、新理念，就成为公共部门谋划战略发展的重要议题。

（一）公共性

纳特和巴可夫在《公共和第三部门组织的战略管理：领导手册》一书中明确指出，"公共性"是公共部门区别于私立部门的最大不同，显著影响了公共部门的战略形成和战略性质。公共部门的"公共性"是其进行战略规划和战略管理应考量的最大背景因素，因为"公共性意味着约束、政治影响、权力限制、公众审查和无所不在的所有权"，[1] 这使公共部门的战略管理需要比私立部门更精细、更周全的环境评估、形成程序

---

① ［美］保罗·C. 纳特、罗伯特·W. 巴可夫：《公共和第三部门组织的战略管理：领导手册》，陈振明等译，中国人民大学出版社 2001 年版，第 199 页。

和实施步骤。

他们进而指出，公共部门的"公共性"使公共部门在外部环境、交易、内部程序方面与私立部门迥然不同，并进一步指出了这三方面因素影响公共部门战略规划的机制以及在战略规划中应注意的问题。

一是外部环境。根据纳特等人的分析，公共部门的外部环境复杂、充满不确定性，主要表现为权威网络的影响、各种法律、法规以及传统等对公共部门的制约、政治因素的渗透和影响。如果说私立部门也同样面临政府权威网络的制约、法律法规的约束，需要尊重社会传统和维护社会责任，那么公共部门的外部环境中较为凸显的一项因素在于需要充分考量政治因素。公共部门在制定战略规划时需要协调多元相关利益者的诉求，并向外界敞开战略议程，提供更多的协商机会和途径。

二是交易。私立部门与外界的交易机制较为简单，按平等的市场关系进行资源交换，而公共部门与外部环境主体之间的交易和互动则要复杂得多。具体表现为，政府可利用强制力整合战略实施所要的资源；公共组织的影响范围更广；需要接受公众的监督和审查；政府的民享民有性质决定了战略管理的制定应努力判别公众需求，并依据公众的愿望和要求提供相应的服务。

三是内部程序。私立部门的战略目标相对单一、清晰，而公共部门的战略管理目标往往复杂、冲突且难以界定。公共部门处于复杂的上下级、同级构成的权威网络中，一般自主权较少、行动缺乏灵活性，这需要战略管理者学会巧妙地应对有限的行动空间。此外，公共部门的战略管理绩效期望较低，战略目标的模糊性导致很难去定义战略的成功与失败，需要战略管理者设法调动成员的参与、营造战略变革的紧迫感。公共部门的激励机制也是战略管理过程中需要着力解决的棘手问题，需要战略管理者综合运用物质激励、职务晋升、精神激励等手段，调动其成员参与战略行动的积极性。

除了上述"公共性"所导致的差异外，公共领域与私营领域的战略概念也不尽一致。私营部门领域的战略往往被认为是组织的一种计划、决策、模式、定位、理念，或是上述几方面的组合，而公共领域的战略往往被视为一种理想愿景、一种改革理念，战略为各相关行动者提供了统一的思考和行动的概念框架。

此外，私营领域的战略规划具有明显的理性色彩，是一种客观、逻辑的科学决策过程，然而科学、理性的战略管理被引入公共领域后，需要契合公共领域的政治协商、利益平衡要求。因此，公共领域的战略规划既需要保持科学性的一面，以提升战略规划的质量，也不可能游离于政治因素的掣肘之外，需要将两者有效结合，在公共领域的战略管理过程中，可将政治谈判模式用于议题设置、利益表达、形成方案等方面，而将战略管理的科学模式用于把战略理想转化为具体目标、形成方案、实施程序等方面。

（二）公共战略环境剖析的特殊性

将环境分析引入战略管理是公共战略管理的显著特征，它改变了以外公共管理仅关注组织内部运行的状况，将外部环境也纳入公共行政系统。譬如，公共战略管理认为，社会利益集团和社会组织、政治权力架构、政治符号系统等组织外部环境都是公共战略制定和实施过程中应充分考量的因素。

公共战略环境分析需要综合考量外部环境的机遇与挑战、自身发展的优势与劣势，即需要对外部环境进行 SWOT 分析，以确定战略发展愿景和目标。SWOT 是优势、劣势、机遇、挑战的英文首字母的缩写，其战略逻辑是寻求自身优势与外部发展机遇的契合，以规避挑战、克服劣势。SWOT 的一大贡献在于从外部环境与内部条件的匹配和契合中构建发展战略，改变了以往战略规划仅重视外部环境、忽视内部分析，或者未将两者有效整合的片面性和局限性。

此外，私立部门的外部环境分析可利用市场反馈机制获得信息，以为其战略制定提供参考，并可用以检验战略管理是否合理。但公共部门外部环境更为复杂，需要充分考量公共部门的公共性与政治因素，把握利益相关者的诉求，掌握权威网络的政治意图，以增强战略规划的针对性和共识度，寻求更多人的支持和理解。此外，权威网络的影响、各种法律、法规以及传统等对公共部门的制约，也是不可忽视的环境分析的内容，相关分析有利于提升战略规划的合法性和合理性。

(三) 由战略规划到战略管理

大体来说,战略管理在政府部门的应用可划分为两个阶段:20 世纪 80 年代初期的"战略规划"阶段与之后的"战略管理"阶段。战略规划重在规划、轻实施,盛行于相对稳定的年代,而战略管理更注重回应性和灵活性,旨在将规划和管理整合为一体,认为战略形成之后的战略执行和反馈同样重要,将战略管理视为由战略制定、执行到控制、评估的循序渐进的动态过程。

公共部门战略管理分为六个阶段:历史背景、形势评估、战略议题张力议程、备选战略、可行性评估、实施。[①]

"历史背景"阶段的主要任务是收集和分析有关趋势、事件、方向的信息,并据此确立组织理想,使战略规划从过去的实践中汲取经验和智慧,将未来规划扎根于历史的记忆中。

"形势评估"主要考察组织当前背景中的机遇、挑战、优势与劣势,即进行 SWOT 分析。

"战略议题张力议程"阶段的主要任务是识别实现战略理想所面临的主要困难以及人们对解决这一困难的不同看法。议题主要指作用于组织的各种潜在的张力、组织内外主体之间的矛盾。明确了战略议题,就可为后续的战略行动提供相应的方案。

"备选战略"是将前一阶段的历史背景、形势评估、战略议题转化为可操作的行动方案的关键步骤,其核心任务是确定组织将要采取的具体行动。

"可行性评估"事关战略实施的成效,公共部门战略环境的复杂性决定了其战略评估需要综合考量政治的、财政的、法律的影响。其中,在公共部门的战略评估中,有两点尤为重要:一是进行利益相关者分析,预判其对战略的动机、反应和支持程度,识别需要优先考量的利益相关者;二是评估战略执行所需各类资源,包括人力资源、财政资源、法律制度、管理资源的筹备情况及资源整合机制、能力等。

---

① [美]保罗·C. 纳特、罗伯特·W. 巴可夫:《公共和第三部门组织的战略管理:领导手册》,陈振明等译,中国人民大学出版社 2001 年版,第 171 页。

　　最后一个阶段为"实施"，公共部门战略实施尤其需要重视利益相关者管理和资源管理。管理利益相关者，需要分析他们对战略的态度，以明确支持者、反对者、中立者等，及其不同群体内部的同质性程度，进而分别采取游说、教育、对话、谈判等不同的管理策略。资源管理的主要任务是解决战略实施过程中的资源短缺状况、科学分配资源以及明确资源获取的途径。

　　莫尔在《创造公共价值：政府战略管理》一书中提出的"三角模型"也是公共领域由战略规划走向战略管理的有力佐证。（如图7—1）莫尔指出，实现"公共价值"是公共战略管理的终极目标。私营部门的战略管理目标是追求利润最大化，维护股东利益等，而公共部门的战略管理目标在于维护公共价值。公共价值的提出为公共部门的战略管理指明了方向。莫尔进一步分析了实现公共价值的战略管理路径，并将其概括为"三角模型"。"三角模型"包括使命管理、政治管理和运行管理。使命管理指明确组织发展的使命，确保其符合公共价值标准；"政治管理"旨在运用动员、谈判、领导艺术等管理工具，寻求政治支持，整合资源，构建战略实施的合法性，为战略实施提供保障。"运营管理"指向了组织内部的运行流程、沟通过程等方面的创新管理，以使组织更具回应性，及时识别服务对象的需求，降低运营成本等，从而确保组织具有战略执行力。

图7—1　莫尔公共战略管理"三角模型"

　　资料来源：赵景华、李代民：《政府战略管理三角模型评析与创新》，《中国行政管理》2009 年第 6 期。

总之，公共战略管理整合了战略规划以及对规划的管理，愈加重视战略规划的实施与执行。综合上述分析，可将公共部门战略管理的内容概括为以下几方面：一是战略管理者应树立战略规划不会自动执行的理念；二是进行使命管理，确保战略规划目标符合公共价值标准；三是加强政治管理，充分认识到政治因素对公共战略管理实施的制约，分析相关利益者的诉求，并对相关利益者进行分类管理；四是加强资源管理，明确资源整合机制、优化资源配置；五是加强运营管理，公共战略管理的有效实施需要创新组织内部机构。概括来说，为创造公共价值，公共部门的战略管理可从管理意识、使命管理、政治管理（利益相关者）、资源管理、运营管理五方面进行。这五方面既相互独立又密切联系，共同构成了公共战略管理的重要内容。

二 政府教育发展规划特征

制定教育发展规划是中国政府进行战略管理的重要工具。从宏观来说，我们有国家教育事业发展五年规划、国家中长期教育发展规划等；从中观层面来说，有政府各部门根据国家规划制定的规划实施纲要、配套规划以及地方政府出台的面向本地区的发展规划等；从微观层面来说，有各类学校根据国家、省级、政府部门制定的校级发展规划。在中国，教育发展规划已发展为具有层次性、嵌入性、连贯性的规划体系，指引着各级各类教育事业的发展。那么现阶段，中国的政府教育发展规划具有哪些特征，政府又如何规划民办教育的发展？

（一）注重对教育优势和劣势、面临的机遇与挑战的全面剖析

战略环境分析和自身发展状况分析是制定战略规划的基础。根据战略分析工具 SWOT 框架，战略环境分析需要从外部机遇与挑战、自身优势与劣势四方面展开，以谋求抓住发展机遇进一步扩大优势，克服劣势与挑战。

《国家教育事业发展"十三五"规划》（以下简称"十三五规划"）分别从"十二五"时期教育发展取得的成就、目前存在的问题、面临的发展机遇及挑战四方面，全面剖析了"十三五"时期教育发展环境。就教育发展取得的成就而言，"十三五规划"从质性阐释和量化统计两方面

分析了教育发展取得的主要成就，指出"我国教育总体发展水平进入世界中上行列，教育公平取得重要进展，服务经济社会发展能力显著增强，教育发展能力显著提升"，并对"十二五"规划主要目标实现情况提供了统计数据。但正如"十三五规划"所指出的，"要清醒地看到，我国教育改革发展虽然取得了显著成就，但尚不能完全适应人的全面发展和经济社会发展需要，仍存在一些突出问题"。①

同时，"十三五规划"还从国际、国内发展背景以及教育领域出现的新理念、新目标、新变革、新发展特点，系统分析了"十三五"时期教育发展面临的新机遇与新挑战。从国际看，教育成为各国应对复杂挑战、实现可持续发展的重大课题；从国内看，经济发展转型升级、人口结构变化、城镇化加快、人民群众生活水平和质量的提升等，对高质量、多样化的教育需求、教育结构调整、体系完善等提出了新挑战；从教育领域看，当今世界教育正在发生革命性变化，终身学习、个性化学习、全民学习、促进人的全面发展、以学习者为中心等先进的教育思想日益成为各国教育改革的目标和行动理念。

对教育发展环境系统且又富有层次的解析，为明确教育发展目标、厘定发展路径和方式奠定了基础。可以说，对环境的认识程度决定了会确立何种教育发展目标、采取何种实现目标的措施。"十三五规划"在全面分析了我国教育发展的优势与劣势、面临的外部机遇与挑战后，提出了"十三五"期间教育发展的指导思想、基本原则、主要目标、主题与主线以及实现"十三五"教育发展目标的主要举措，主要举措包括全面落实立德树人根本任务、改革创新驱动教育发展、协调推进教育结构调整、协同营造良好育人生态、统筹推动教育开放、全面提升教育发展共享水平、着力加强教师队伍建设、加快推进教育治理现代化、加强和改进教育系统党的建设。"十二五规划"指出，"十三五"期间，教育发展的主题是"提高教育质量"，教育发展的主线为"教育的结构性改革"。其中，职业教育的发展被视为优化人才供给结构的重要一环，民办教育

---

① 《国家教育事业发展"十三五"规划》，中华人民共和国中央人民政府网站，http://www.gov.cn/zhengce/content/2017-01/19/content_5161341.htm。

的发展被认为是创新教育供给结构的重要组成部分。从中可知，"十三五"期间，职业教育与民办教育的改革任务是不同的，在教育的结构性改革中，两者承担着不同的发展任务，这是我们在教育改革实践中应着力把握的改革方向。

（二）关注教育利益相关者的多元诉求

公共领域的战略管理有别于私营领域战略管理的突出特征在于公共领域的"公共性"和众多相关者的多元利益诉求。政府部门的"公共性"以及教育事业"公益属性"，决定了政府教育发展规划应多倾听利益相关者的诉求，为其提供表达和协商平台以及参与机制。这无疑对达成规划共识、确保规划的顺利实施具有重要意义。也正因如此，我国教育发展规划越来越重视相关利益者的参与。《国家中长期教育改革和发展纲要》在起草、调研、文本咨询阶段，广泛征求意见，听取教育专家、教育管理者、一线教师、公众的意见和呼声，以最大限度地协调各方利益诉求。

我国政府不仅在教育发展规划的起草和制定阶段，而且在教育发展规划实施过程中也重视及时了解人民群众的教育需求。《国家教育事业发展第十二个五年规划》（以下简称"十二五规划"）提出，在规划实施过程中，"切实保障人民群众对教育工作的知情权、参与权和监督权"，"及时了解人民群众的所思、所盼、所忧，积极回应人民群众的教育需求"。"十三五规划"也提出"鼓励社会广泛参与规划实施。引导社会各界和广大人民群众采取多种形式和办法，支持学校建设，参与学校管理，积极为教育发展贡献力量"。可以说，关注利益相关者的诉求既是教育发展规划公共性的本质要求，也是确保规划得以顺利实施、实现规划目标的有力保障。

（三）重视教育发展规划实施

公共战略规划向公共战略管理的发展演变表明，随着外部环境的复杂性和不确定性程度增强，战略规划所具有的引领、指导、凝聚等功能的实现，越来越依赖对其动态的过程管理。在规划实施过程中，需要着力从目标管理、组织运行管理、资源管理、利益相关者管理等方面，综合采用问责、考核、信息公开、监督检查等实施举措，确保经过广泛论证、科学而又审慎制定的规划得以深入推进和落实。

　　"十二五规划"明确将"抓好工作落实"作为"十二五"时期教育改革发展的基本思路之一，要求"将长期目标落实到今后 5 年的目标，将总体目标落实到分领域的目标，将全国目标落实到不同区域的目标"，并提出推进投入落实、项目落实和政策落实。①

　　总体来说，"十二五规划"和"十三五规划"为推动教育规划落地所采取的举措主要有：推行责任制，分解规划提出的目标任务，明确责任分工，加强考核和问责；对教育改革发展的重点任务，制定详细的路线图；做好国家和地方教育发展的衔接，加强不同部门之间的协调配合；加强检查和媒体、家长、各类团体的社会监督；对规划实施进行中期评估和年度跟踪检测，总结规划实施的经验教训，根据发现的新问题、群众的新需求，及时调整规划目标和任务、完善实施措施。

　　（四）民办教育规划以"促进"与"规范"为主题

　　从"十二五规划"和"十三五规划"的文本内容来看，民办教育的发展是建设有中国特色社会主现代教育体系和制度的重要内容。"十二五规划"提出"初步建成体现终身教育理念，以政府办学为主体，公办教育和民办教育共同发展，基本适应建设现代产业体系和加强社会建设需要的中国特色社会主义现代教育体系"。② "十三五规划"提出，建立健全更加完备有效的"社会力量举办教育、参与教育改革发展的制度"。③

　　总体来说，政府发展民办教育的主题为"促进"与"规范"并举。根据对"十二五规划"和"十三五规划"文本内容的分析可知，政府促进民办教育发展的举措主要有：（1）落实法律地位。"十二五规划"提出赋予民办学校、教师、学生与公办学校、学生、教师平等的法律地位。（2）落实政府发展民办教育的责任。"十二五规划"提出县级以上人民政府设立民办教育发展专项基金，国家对在民办教育领域作出突出贡献的

---

　　① 《国家教育事业发展第十二个五年规划》，中华人民共和国中央人民政府网站，http：//www. gov. cn/gongbao/content/2012/content_2238967. htm。

　　② 教育部关于印发《国家教育事业发展第十二个五年规划》的通知，中华人民共和国中央人民政府网站，http：//www. gov. cn/gongbao/content/2012/content_2238967. htm。

　　③ 国务院关于印发国家教育事业发展"十三五"规划的通知，中华人民共和国中央人民政府网站，http：//www. gov. cn/zhengce/content/2017 - 01/19/content_5161341. htm。

学校和个人等予以表彰和奖励。（3）落实发展政策。建立健全对民办教育的财政补贴、税收、金融、收费、土地等政策；完善政府购买服务、助学贷款、捐赠奖励等制度体系；依法审批民办高校的学位授予权；完善民办学校教师管理制度等。（4）推动民办学校教育教学改革。民办学校应适应经济社会发展的要求，主动变革，更新观念，实现特色发展。（5）鼓励民办学校与公立学校开展深度合作。

政府规范民办学校发展的举措主要有：（1）逐步建立分类管理和监管的体制机制，实行差别化指导、差别化扶持和差别化监管；（2）政府规范管理的对象涉及法人治理结构、质量监测、财务监管、风险防控、退出机制等方面。

三　政府教育发展规划完善建议

政府教育发展规划的完善既要考虑其作为一种公共部门战略管理形式的特殊性，维护公共性，也要充分考量其作为一种发展战略的特性，以战略为进路予以完善。

（一）坚守公共性和创造公共利益

一定意义上，公共部门的出现以及战略工具的采用，本质上都是探索公共性实现的产物。政府教育发展规划作为一种公共部门的教育行政工具，其本质也在于公共性。况且，教育本质上是一种公共性事业。因此，政府教育发展规划应将公共性作为贯穿战略环境分析、规划议题确立、规划制定、规划实施与评价的全过程。那么，政府教育发展规划应维护何种公共性？这需要回归到公共行政的历史发展脉络中找寻答案。分析公共行政向新公共管理、新公共服务的发展演变过程可知，公共性大致经历了由"形式公共性"向"实质公共性"的演变。"形式公共性"追求效率至上，是一种效率中心主义的公共性，主张通过完善行政规则制度、提升官僚制组织的理性、依靠技术理性工具，来提高任务完成的效率。在这过程中，公平、公正、社会责任等"实质公共性"内容被淹没在效率的帷幕下，或被推至边缘地带，公共行政沦落为价值无涉的纯粹的技术管理活动。传统公共行政倡导的行政与政治的二分，新公共管理对市场工具在管理应用中的偏好，都是以追求"形式公共性"为旨归，公共事务管理中所蕴含的人道责任、公平公正被悬置。与之恰恰相反，"实质公共性"认为政府应承担起维护社会公平正义、保护弱势群体利益、协调各方利益诉求的责任，以最大限度地维护公共利益。

公共行政的发展脉络启示我们，政府教育发展规划应避免陷入"形式公共性"的窠臼，将"实质公共性"作为核心追求。"实质公共性"之于教育发展规划具有重要意义。政府可将"实质公共性"作为判断教育发展规划是否科学合理的尺度。不仅如此，政府教育发展规划也应以是否创造公共价值以及在多大程度上维护了公共利益，作为对规划实施过程进行评价考核的参考依据。私人部门的战略规划往往以看得见的利润为目标，对此可进行清晰的量化，便于考核。但是公共部门战略管理的目标在于创造公共价值、维护公共利益，很难进行明确的量化。在这种情况下，不妨改结果导向的考核为过程导向，将公共价值作为对规划的过程考核的重要内容，发挥其对战略规划实施的监督作用。政府教育发展规划对公共性的维护，需要为公众参与教育战略规划的制定与实施，创造机会与条件。政府教育发展规划是一种公共行政形式，但公共行政并非简单地等同于政府行政，公共行政中包含着公众参与。因此，政府教育发展规划对公共性的维护与吸纳公众参与殊途同归，在目标（维护实质公共性）与手段（公众参与）上实现了内在统一。

（二）秉持"竞争中性"为各类高校创造公平的竞争环境

"竞争中性"最早由澳大利亚政府提出。1996 年澳大利亚政府发布的《联邦竞争中性政策声明》对竞争中性的原则、概念、制度安排等进行了详细的阐述，认为竞争中性就是"政府直接进行的商业活动（国有企业）不得因其所有权的性质获得额外的竞争优势"，并从税收中性、管制中性、成本分配机制中性等方面提出了落实竞争中性的基本措施。[①] 后来"竞争中性"获得了国际社会的广泛认可，成为美国、经合组织国家等进行国家之间贸易谈判的重要砝码。目前，"竞争中性"也已见诸于中国官方文件。2019 年政府工作报告提出"按照竞争中性原则，在要素获取、准入许可、经营运行、政府采购和招投标等方面，对各类所有制企业平

[①]　张晨颖：《竞争中性的内涵认知与价值实现》，《比较法研究》2020 年第 2 期。

等对待"。①

目前来看，国际上不同版本的"竞争中性"概念具有鲜明的功利主义倾向，服从于本国、本地区的经济改革发展需要。在中国，"竞争中性"主要指向了调整、纠正政府在市场经济活动中的行为，以充分发挥市场在资源配置中的决定性作用，使各类市场主体不因所有制性质（国有企业、私人企业）、规模大小（大企业、中小企业）、国别（中资、外资）、区域（地方企业、外地企业）的限制，而获得有利或不利的竞争待遇。对中国而言，"竞争中性"的制度价值主要体现于厘清政府与市场的边界，为各类企业创造公平的竞争环境。

具体到教育领域，"竞争中性"意味着政府为民办教育的发展破除制度障碍，为充分发挥其面向市场办学的体制优势创造友好的政策环境，在税收、监管、财政资助、产权等方面采取非歧视性政策，进而为民办高校与公办高校同台竞技、平等竞争创造条件。以"竞争中性"为突破口，可推动民办高校管理体制的市场化和运行方式的市场化，厘清政府和市场在民办高校发展中的角色定位，真正释放民办高校的办学体制优势。当前，民办高校宏观管理体制行政色彩浓厚，在招生计划、专业设置、收费等方面，政府用管理公办高校的方式管理民办高校，抑制了民办高校的办学活力。而在税收、财政补贴、教师地位等方面，政府却采取了与公办高校泾渭分明的制度措施，致使民办高校办学经费来源渠道单一，主要依赖学生学费收入，而且还要缴纳企业所得税，办学经费不足已严重制约了民办高校的生存与发展。就运营方式而言，民办高校面向市场办学的意愿、能力显著不足，其在捕捉市场新需求并予以积极回应方面，力不从心。民办高校对市场新需求的迟钝，使其失去了生存与发展的空间。如果说公办高校受制于公立部门组织属性、办学路径依赖等惯性的影响，不能及时地回应因新技术变革、产业转换升级所带来的人才新需求以及社会公众的终身学习需求等，那么民办高校的办学优势恰恰就在于去填补或弥补公办高校无力或不愿触及的领域。事实上，这正是美国营利性大学的生存之道，正因为对市场新需求的及时回应，致

---

① 《2019 年政府工作报告》，中国政府网，http：//www.gov.cn/guowuyuan/2019zfgzbg.htm。

力于满足知识经济背景下社会边缘群体、在职工薪族技能更新的学习需求，美国营利性大学证明了自身在高等教育体系、社会发展中的价值，进而为自己赢取有利的制度环境，获得了美国联邦政府的公共资助以及社会合法性。

政府教育发展"十四五"规划应积极吸收"竞争中性"理念，并以此构建民办高校发展的制度体系。以"竞争中性"为原则构建民办高校制度体系，一是遵守市场竞争规律，减少政府对民办高校的直接干预；二是政府的干预应控制在维护民办高校法律地位平等、公平参与竞争等范围之内，也就是说，政府的干预与介入是为中学后教育市场营造良好的竞争环境。概括来说，"竞争中性"为厘清政府在民办高校发展中的角色定位、正确处理政府与市场的关系等，提供了思路并有可能成为撬动民办高校制度改革的支点。

（三）科学认识规划的抽象性与实践性、现在与未来之间存在的张力

首先，正式的教育规划过程是理性的、科学的，往往比现实的具体情境更具抽象性。这要求教育规划一方面做好顶层设计、高屋建瓴，另一方面需要为基层一线教育工作者因地制宜、创造性地贯彻落实留出空间。其次，正式的战略发展规划具有稳定性、规定性，而教育发展的环境是变动不居的，规划落地的情境是多种多样的，教育发展规划的稳定性与现实回应性之间的张力考验着决策者和执行者的创新智慧和决心。最后，教育发展规划着眼于未来，而规划的贯彻落实需要从现实的一点一滴做起，如何处理好眼前利益与长远利益，长期目标与短期目标之间的内在一致关系，需要群策群力，在发展规划的制定、实施过程中统筹考虑。

（四）进一步完善教育规划实施机制

对规划实施的重视，推动着战略规划研究由"战略规划"转向"战略管理"。无疑，战略规划的制定是重要的，没有科学、合理的规划，战略的指导和引领作用无从谈起。然而，仅仅依靠科学、合理的规划并不能保证规划目标的自动实现。规划的生命力在于实施，规划的权威性也

由实施而生。[①] 规划实施是将规划内容转化为具体行动、实现规划目标的不可缺少的环节。随着教育发展外部环境不确定、复杂性程度的加深，更需要重视规划实施，加强规划管理，以使规划适应外部环境的新挑战。

如前文所述，"十二五"教育规划和"十三五"教育规划已重视规划实施，提出了具体的规划实施机制。然而，为有效发挥教育规划的战略导向作用，教育规划实施还有进一步完善的空间。根据美国托马斯·J.比德斯等人提出的麦肯锡 7S 模型来看，成功的战略实施需要综合考虑战略（Strategy）、结构（Structure）、制度（Systems）、风格（Style）、人员（Staff）、技能（Skills）、共同价值观（Shared Values）七个因素（图7—2），其中，共同价值观念是核心要素，战略、结构、制度是战略得以成功实施的硬性条件，风格、人员、技能是战略成功实施的软性条件，七种因素相互作用，为战略的成功实施提供系统保障。[②]

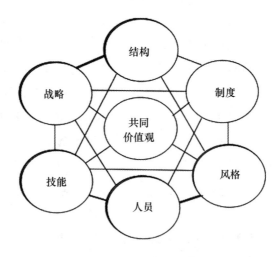

图7—2 麦肯锡 7S 模型

资料来源：陈振明：《公共部门战略管理》，中国人民大学出版社 2011 年版，第 155 页。

---

① 杨永恒：《发展规划定位的理论思考》，《中国行政管理》2019 年第 8 期。

② 陈振明：《公共部门战略管理》，中国人民大学出版社 2011 年版，第 155 页。

一是进一步提升教育规划的科学性、合理性。这需要遵循科学的编制程序，完善教育规划的编制制度安排，健全社会参与制度、智库专家论证制度，从而提升教育规划的科学化、合理性和规范化，使其不应规划本身的缺陷而达不到预期目标。一般来说，科学合理的教育规划应至少满足以下三个条件：第一，规划符合国家总体规划要求、符合法律规定、具有问题导向、维护最广大群众的教育利益；第二，规划清晰、明确，易于实施；第三，规划现实可行，可被付诸实践。

二是注重战略发动。通过媒介宣传、专家解读、战略营销、倡议等方式，寻求教师、家长、学生等对战略规划理念和目标的认可，将战略规划内化为各相关者的思维方式和行动方式，形成共同的价值观念。

三是在各级教育行政部门和学校行政部门创设专门的规划实施机构或领导小组。根据艾尔弗雷德·钱德勒的"结构追随战略"的观点，特定战略的实施需要与之相匹配的组织结构。组织结构与战略的匹配与否决定了战略实施的成败。在现有的教育行政机构和学校行政机构中设立专门机构，负责战略规划的实施与过程管理以及资源整合，可为战略目标的实现提供有力的组织保障。

四是健全与规划相配套的规章制度。为确保规划实施过程中有章可循、约束不合理行为、激励规划的支持行为，政府应落实规划目标责任制度、过程考核制度、奖惩制度、协调沟通制度、冲突解决制度等。在这一过程中，要注意保持各项制度之间、既有制度与新制度之间、各部门间制度的衔接和相容性。

五是注意提升规划实施的软实力。通过培训、座谈等方式帮助相关人员领悟战略意图，把握战略内涵，提升战略实施能力，培养战略思维。同时注意改善组织实施机构的领导风格，培育契合战略实施需要的组织文化、组织运行方式，优化组织运转流程等。

此外，提升教育规划实施机构运用战略管理工具的能力，也是不可忽视的重要因素。譬如，对战略分析工具SWOT的熟练应用、对战略联盟的运用、对战略实施绩效测量工具"平衡记分卡"的熟练应用等，都可显著提升教育发展规划的实施水平等。教育发展规划的公共属性，决定了在战略实施过程中对利益相关者进行分类管理至关重要。当前，我们在教育规划的制定阶段，重视利益相关者的参与，但是这还远远不够，应将利益相关者分析贯穿规划制定、可行性评估以及实施阶段，科学预判利益相关者对发展规划的支持程度，采取有针对性的分类管理举措，注重协调多元利益相关者的教育诉求，接受公众的审查和监督，尤其需要关注弱势群体、低收入人群、进城务工人员等群体的教育诉求，向其提供更多的表达渠道。

（五）培养行动者的战略思维

由于私营领域战略管理的示范影响，战略管理被引入公共领域，成为提升管理效能的重要工具。然而，不同领域的部门性质的不同，又决定了战略概念内涵的不尽一致。私营部门的战略是为其获取竞争优势、实现利润增长目标服务的，战略往往被视为一种发展计划、决策、产业结构定位、运营理念，或是上述几方面的组合，而公共领域的"公共性"决定了公共部门的战略是为实现公共利益和公共价值服务的，是在平衡协调各利益诉求的基础上达成的。在此背景下，公共战略往往表现为一种理想的发展愿景、一种改革理念或是一个行动框架，发挥着指导、引领以及促进沟通与参与、寻求共识的作用。在这一意义上可以说，政府教育发展规划为各相关者提供了统一的思考和行动的概念框架。这就要求教育行政机构、学校管理者等将审慎制定出的发展规划所蕴含的发展理念、发展思想，转化为战略视野、战略思维和战略执行能力，切实领会教育发展规划的发展意图，审视教育发展面临的外部环境、抓住发展机遇，增强实现教育战略目标的行动自觉和创新意识。这既是实现发展规划目标的关键，也是彰显战略型规划不同于传统的发展规划的意义所在。传统的教育规划行政指令色彩浓厚，蕴含着计划经济时代的计划思维，而如今的教育发展规划更具有战略意蕴。能否把握教育发展规划中的战略意图，进而将其转化为战略思维方式，对教育发展规划的成功实施以及取得理想目标，至关重要。

战略思维具有系统性、长远性、全局性特征。[1] 系统性要求行动者综合全面地审视教育发展面临的内外环境，并从中辨析面临的机遇、挑战，

---

[1] 陈振明：《公共部门战略管理》，中国人民大学出版社 2011 年版，第 251 页。

识别自身的优势、劣势，进而把握发展机遇、扩大自身优势，克服劣势与挑战；长远性要求行动者立足当下，放眼教育发展的未来，不拘泥于眼前利益，"不畏浮云遮望眼"；全局性则要求行动者顾全大局，服从整体安排。

战略思维不同于技术理性。在关注对象上，技术理性关注常规性教育任务，致力于寻求如何高效地完成上级领导者布置的任务，而战略思维强调在关注常规性任务之外，重视教育的变革与发展，勇于打破现状；在任务实施过程中，技术理性内嵌于科层制组织结构中，依靠制度、规则划定职责，人的主体性、创新性消弥在制度之中，人听命于制度安排，而战略思维要求组织结构服务于战略发展的需要，发展一种与战略要求相匹配的新型组织结构形式，以确保战略的有效实施；在任务目标上，技术理性追求效率至上，公共价值被流放，而战略思维意在捡起被流放的公共价值，将创造公共价值作为政府对教育实施战略管理的战略目标；技术理性主导下，管理者往往是从官僚立场而不是从战略家的角度思考问题，这导致管理者往往重视任务完成的效率和优先次序，而对于所担负的发展使命、行动的意义认识不足。

战略思维之于教育发展规划意义重大。战略思维为制定科学、合理的教育发展规划提供了保障。教育战略规划，尤其是政府教育战略规划制定，不是单纯的经验积累，也不是当下要完成的任务目标，更不是某一利益集团或政治精英的代言。政府教育战略规划需要运用战略思维进行整体谋划，确保其建立在对发展环境的科学、全面分析基础上，是经过广泛协商达到的共识性成果，是面向未来的具有前瞻性、指引性的发展纲领。战略思维对合理配置教育资源，提高教育治理效能和效率具有重要意义。这是因为教育资源的合理配置需要从宏观上把握，厘清政府、市场、社会组织在资源配置中的边界和各自的优势，实现资源配置的"经济、效率和效益"目标，这都需要运用战略思维，全盘考虑。战略思维也是确保教育发展规划最大限度地实现公共价值的必要条件。如何处理好"形式公共性"与"实质公共性"的关系、最大限度地维护公共利益，如何协调各方利益诉求以达成共识，如何不偏不倚地维护教育公平、公正，这显然需要行动者具备战略思维，从社会大局出发、放眼教育发展未来、进行系统谋划。

参考文献

一　中文文献

（一）著作类

［美］E. S. 萨瓦斯：《民营化与公私部门的伙伴关系》，周志忍等译，中国人民大学出版社 2002 年版。

［美］保罗·C. 纳特：《公共和第三部门组织的战略管理：领导手册》，陈振明等译，中国人民大学出版社 2001 年版。

［美］彼得·杜拉克（彼得·德鲁克）：《21 世纪管理的挑战》（第 2 版），刘毓玲译，生活·读书·新知三联书店 2003 年版。

毕起、郑鹏：《市场营销实务》，中国人民大学出版社 2012 年版。

［美］伯顿·克拉克：《探究的场所——现代大学的科研与研究生教育》，王承绪译，浙江教育出版社 2001 年版。

陈振明：《公共部门战略管理》（修订版），中国人民大学出版社 2011 年版。

［美］丹·希勒：《数字资本主义》，杨立平译，江西人民出版社 2001 年版。

［德］恩格斯：《自然辩证法》，于光远等译，人民出版社 1984 年版。

范林根：《企业竞争战略研究》，同济大学出版社 2014 年版。

［美］菲利普·G. 阿特巴赫等：《为美国高等教育辩护》，别敦荣等译，中国海洋大学出版社 2007 年版。

［美］菲利普·科特勒、凯伦·F. A. 福克斯：《教育机构的战略营销》，庞隽等译，企业管理出版社 2005 年版。

郭文革：《中国网络教育政策变迁》，北京大学出版社 2014 年版。

韩玉志：《现代大学管理：以美国大学学生满意度调查为例》，浙江大学出版社 2008 年版。

［美］亨利·明茨伯格等：《战略历程：纵览战略管理学派》，刘瑞红等译，机械工业出版社 2002 年版。

黄东升、张爱玲：《现代企业策划》，中国经济出版社 2002 年版。

［美］杰弗里·S. 哈里森等：《战略管理精要》，陈继祥译，东北财经大学出版社 2006 年版。

［美］杰里米·里夫金：《工作的终结：后市场时代的来临》，王寅通译，上海译文出版社 1998 年版。

金吾伦：《知识管理：知识社会的新管理模式》，云南人民出版社 2001 年版。

［美］科尼利厄斯·M. 克温：《规则制定：政府部门如何制定法规与政策》，刘璟等译，复旦大学出版社 2007 年版。

［美］克拉克·克尔：《大学的功用》，陈学飞等译，江西教育出版社 1993 年版。

［美］克拉克·克尔：《高等教育不能回避历史：21 世纪的问题》，王承绪译，浙江教育出版社 2001 年版。

［美］克莱顿·克里斯坦森：《创新者的窘境》，胡建桥译，中信出版社 2014 年版。

［美］克莱顿·克里斯坦森等：《创新者的解答》，林伟等译，中信出版社 2013 年版。

［美］克莱顿·克里斯坦森等：《创新者的课堂：颠覆式创新如何改变教育》，李慧中译，中国人民大学出版社 2015 年版。

李杰：《企业发展战略》，北京交通大学出版社 2009 年版。

［法］利奥塔尔：《后现代状态：关于知识的报告》，车槿山译，生活·读书·新知三联书店 1997 年版。

联合国教科文组织：《反思教育：向"全球共同利益"的理念转变?》，联合国教科文组织总部中文科译，教育科学出版社 2017 年版。

联合国教科文组织国际教育发展委员会：《学会生存——教育世界的

今天和明天》，教育科学出版社 1996 年版。

［美］罗伯特·K. 默顿：《社会理论和社会结构》，唐少杰等译，译林出版社 2006 年版。

［美］罗伯特·赖克：《国家的作用：21 世纪的资本主义前景》，上海市政协编译组、东方编译所译，上海译文出版社 1998 年版。

马瑞民：《战略管理工具与案例》，机械工业出版社 2009 年版。

［美］迈克尔·波特：《竞争优势》，陈小悦译，华夏出版社 2004 年版。

［美］曼纽尔·卡斯特：《千年终结》，夏铸九等译，社会科学文献出版社 2003 年版。

［美］密尔顿·弗里德曼、罗斯·弗里德曼：《自由选择：个人声明》，胡骑等译，商务印书馆 1982 年版。

［美］密尔顿·弗里德曼：《资本主义与自由》，张瑞玉译，商务印书馆 1986 年版。

史静寰：《当代美国教育》，社会科学文献出版社 2012 年版。

［美］希尔等：《战略管理》（第六版），孙忠译，中国市场出版社 2005 年版。

［英］阿什比：《科技发达时代的大学教育》，腾大春等译，人民教育出版社 1983 年版。

［英］杰勒德·德兰迪：《知识社会中的大学》，黄建如译，北京大学出版社 2010 年版。

［英］亚当·斯密：《国民财富的性质和原因的研究》（下卷），郭大力等译，商务印书馆 1981 年版。

［英］约翰·亨利·纽曼：《大学的理想》，徐辉等译，浙江教育出版社 2001 年版。

［美］约翰·S. 布鲁贝克：《高等教育哲学》，王承绪等译，浙江教育出版社 2001 年版。

［美］约翰·杜威：《学校与社会·明日之学校》，赵祥麟等译，人民教育出版社 2004 年版。

［美］詹姆斯·杜德斯达：《21 世纪的大学》，刘彤等译，北京大学

出版社 2005 年版。

[美] 詹姆斯·杜德斯达：《美国公立大学的未来》，刘济良译，北京大学出版社 2006 年版。

张诗亚、周宜：《震荡与变革——20 世纪的教育技术》，山东教育出版社 1995 年版。

[日] 植草益：《微观规制经济学》，朱绍文等译，中国发展出版社 1992 年版。

周三多：《战略管理思想史》，复旦大学出版社 2002 年版。

（二）期刊论文类

陈池波、韩占兵：《农村空心化、农民荒与职业农民培育》，《中国地质大学学报》（社会科学版）2013 年第 1 期。

陈丽婷：《高职院校混合所有制办学现实困境与发展路径研究》，《中国高教研究》2017 年第 1 期。

程启智：《国外社会性管制理论述评》，《经济学动态》2002 年第 2 期。

董圣足：《教育领域探索"混合所有制"：内涵、样态及策略》，《教育发展研究》2016 年第 3 期。

冯之浚、周宏春：《知识经济与教育创新》（上），《中国软科学》1998 年第 5 期。

郭光亮：《高职院校混合所有制改革路向：困境与出路》，《国家教育行政学院学报》2017 年第 2 期。

黄顺春：《需要与需求辨析》，《经济理论研究》2005 年第 8 期。

金子元久、鲍威：《营利性大学：背景·现状·可能性》，《北京大学教育评论》2005 年第 2 期。

孔营：《公共服务民营化的理论逻辑与实践反思——萨瓦斯民营化理论评述》，《观察与思考》2017 年第 5 期。

李丽洁：《在组织的视域中看美国营利性大学与非营利性大学的分野》，《全球教育展望》2009 年第 12 期。

李紫红：《选择与契合：美国营利性高等教育机构及其学生群体》，《高教探索》2013 年第 6 期。

［美］罗杰·盖格、刘红燕：《美国高等教育的十个时代》，《北京大学教育评论》2006 年第 2 期。

［美］罗杰·盖格、唐纳德·E. 海勒：《私有化与美国高等教育财政的新趋势》，《北京大学教育评论》2011 年第 9 期。

茅铭晨：《政府管制理论研究综述》，《管理世界》2007 年第 2 期。

梅锦萍、杨光飞：《从公共服务民营化到政府购买公共服务——基于公共性视角的考察》，《江苏社会科学》2016 年第 4 期。

石中英：《波兰尼的知识理论及其教育意义》，《华东师范大学学报》（教育科学版）2001 年第 2 期。

苏宇：《地方高校特色化发展战略论析》，《国家教育行政学院学报》2015 年第 3 期。

眭依凡：《大学使命：大学的定位理念及实践意义》，《教育发展研究》2000 年第 9 期。

孙翠香、范国睿：《美国社区学院：挑战与变革——兼论社区学院与美国梦》，《外国教育研究》2015 年第 10 期。

孙绮芸、李丽洁：《全球化背景下美国营利性大学崛起的动力及影响》，《比较教育研究》2010 年第 3 期。

王君、张于喆等：《人工智能等新技术进步影响就业的机理与对策》，《宏观经济研究》2017 年第 10 期。

王萍、傅泽禄：《数据驱动决策系统：大数据时代美国学校改进的有力工具》，《中国电化教育》2014 年第 7 期。

王寿斌、刘慧平：《混合所有制：高职改革"市场化"探索》，《教育与职业》2015 年第 4 期。

王一涛、安民：《"教育是公共产品"吗？——对一个流行观点的质疑》，《复旦教育论坛》2004 年第 2 期。

吴玫：《美国营利性高等教育的新危机》，《高等教育研究》2018 年第 4 期。

吴万伟：《金融危机旋涡中的美国高等教育》，《复旦教育论坛》2009 年第 7 期。

吴晓义、唐晓鸣：《应用型本科高校的发展定位、指导思想与校本特色》,《高教探索》2008年第4期。

项贤明:《人工智能与未来教育的任务》,《华东师范大学学报》(教育科学版)2017年第5期。

肖凤翔、陈玺名:《职业教育校企合作难的根源及其对策研究——基于校企基本利益冲突视角》,《天津大学学报》2016年第1期。

邢会强:《PPP模式中的政府定位》,《法学》2015年第11期。

徐波:《大学决策理论中的"垃圾箱"模型探析》,《国家教育行政学院学报》2013年第5期。

许明:《美国社区学院办学职能的新拓展》,《全球教育展望》2002年第6期。

许竹青、刘冬梅:《发达国家是怎样培养职业农民的》,《农村·农业·农民》2014年第2期。

杨程、秦惠民:《美国营利性大学发展的动因、困境及启示》,《高校教育管理》2020年第2期。

杨永恒:《发展规划定位的理论思考》,《中国行政管理》2019年第8期。

姚翔、刘亚荣:《混合所有制高等院校发展的宏观治理结构探索》,《中国高教研究》2016年第7期。

曾小军、喻世友:《美国联邦政府对营利性高等教育的财政资助》,《高等教育研究》2018年第6期。

张晨颖:《竞争中性的内涵认知与价值实现》,《比较法研究》2020年第2期。

张华:《核心刚性、核心能力与企业知识创新》,《科学管理研究》2002年第5期。

张忠华:《对高校定位研究的再思考》,《高教探索》2010年第5期。

赵景华、李代民:《政府战略管理三角模型评析与创新》,《中国行政管理》2009年第6期。

周廷勇、熊礼波:《西方大学使命的变迁及其历史效果》,《新华文摘》2009年第16期。

朱红恒:《熊彼特的创新理论及启示》,《社会科学家》2005年第

1 期。

卓越、郑逸芳：《政府工具识别分类新捋》，《中国新政管理》2020年第 2 期。

（三）其他

《2019 年政府工作报告》，中国政府网，http：//www. gov. cn/guowuyuan/2019zfgzbg. htm。

《高等职业教育创新发展行动计划（2015—2018 年)》，中华人民共和国教育部，http：//www. moe. gov. cn/srcsite/A07/moe_737/s3876_cxfz/201511/t20151102_216985. html。

《国家教育事业发展第十二个五年规划》，中华人民共和国中央人民政府网站，http：//www. gov. cn/gongbao/content/2012/content_2238967. htm。

《国家教育事业发展"十三五"规划》，中华人民共和国中央人民政府网站，http：//www. gov. cn/zhengce/content/2017 – 01/19/content_5161341. htm。

《国家职业教育改革实施方案》，中华人民共和国中央人民政府网站，http：//www. gov. cn/zhengce/content/2019 – 02/13/content_5365341. htm?from = singlemessage&isappinstalled = 0。

《国务院关于加快发展现代职业教育的决定》，中华人民共和国中央人民政府官网，http：//www. gov. cn/gongbao/content/2014/content_2711415. htm。

国务院关于印发《国家教育事业发展"十三五"规划》的通知，中华人民共和国中央人民政府网站，http：//www. gov. cn/zhengce/content/2017 – 01/19/content_5161341. htm。

教育部关于印发《国家教育事业发展第十二个五年规划》的通知，中华人民共和国中央人民政府网站，http：//www. gov. cn/gongbao/content/2012/content_2238967. htm。

阙明坤：《职业院校探索混合所有制的有效形式》，《中国教育报》2015 年 3 月 26 日第 9 版。

《现代职业教育体系建设规划（2014—2020 年)》，中华人民共和国教育部，http：//old. moe. gov. cn//publicfiles/business/htmlfiles/moe/moe_630/201406/170737. html。

《乡村振兴战略规划（2018—2022 年）》，中华人民共和国中央人民政府网站，http：//www. gov. cn/zhengce/2018 -09/26/content_5325534. htm。

徐冬青：《市场引入条件下的政府、学校和中介组织》，博士学位论文，华东师范大学，2005 年。

《中共中央关于全面深化改革若干重大问题的决定》，人民网，http：//politics. people. com. cn/n/2013/1116/c1001 -23560979. html。

《中华人民共和国国民经济和社会发展第十三个五年规划纲要》，新 华 网，http：//www. xinhuanet. com/politics/2016lh/2016 - 03/17/c _ 1118366322. htm。

二 外文文献
（一）著作类

Burton A. Weisbrod, et al. , *Mission and Money*: *Understanding the University*, New York：Cambridge University Press, 2008.

Daniel T. Seymour, *On Q*: *Causing Quality in Higher Education*, Washington D. C. : American Council on Education and Macmillan Publishing Company, 1992, p. 48.

Davis W. Breneman, et al. , *Earnings from Learning*: *The Rise of For-profit Universities*, Albany：State university of New York Press, 2006.

Guilbert C. Hentschke, et al. , *For-profit Colleges and Universities*: *Their Markets*, *Regulation*, *Performance*, *and Place in Higher Education*, Sterling：Stylus Publishing, 2010.

Manuel Castells, *The Rise of the Network Society*: *The Information Age*: *Economy*, *Society*, *and Culture* (2nd ed.), Malden, MA：Blackwell Publishers, 2000.

Richard S. Ruch, *Higher Ed*, *Inc.* : *The Rise of the For-profit University*, Baltimore MD：Johns Hopkins University Press, 2001.

William G. Tierney and Guilbert C. Hentschke, *New Players*, *Different Game*: *Understanding the Rise of For-profit Colleges and Universities*, Baltinore：The Johns Hopkins University Press, 2007.

（二）期刊论文类

Ajay K. Kohli, Bernard J. Jaworski, "Market Orientation: The Construct, Research Propositions, and Managerial Implications", *Journal of Marketing*, Vol. 54, No. 2, 1990.

Alexander W. Astin, "The Changing American College Student: Implications for Educational Policy and Practice", *Higher Education*, Vol. 22, No. 2, 1991.

Alexander W. Astin, "The Changing American College Student: Thirty-year Trends, 1966 – 1996", *The Review of Higher Education*, Vol. 21, No. 2, 1998.

Alicia C. Dowd, "From Access to Outcome Equity: Revitalizing the Democratic Mission of the Community College", *Annals of the American Academy of Political & Social Science*, Vol. 586, No. 1, 2003.

Anna Bergek, et al., "Technological Discontinuities and the Challenge for Incumbent Firms: Destruction, Disruption or Creative Accumulation?", *Research Policy*, Vol. 42, No. 6 – 7, 2013.

Bonnie K. Fox Garrity, "What Is the Difference? Public Funding of For-profit, Not-for-profit, and Public Institutions", In: *For-profit Universities*, Palgrave Macmillan, Cham, 2017.

Brian Caterino, "Lowering the Basement Floor: From Community Colleges to the For-profit Revolution", *New Political Science*, Vol. 36, No. 4, 2014.

Browne A. Beverly, et al., "Student as Customer: Factors Affecting Satisfaction and Assessments of Institutional Quality", *Journal of Marketing for Higher Education*, Vol. 8, No. 3, 1998.

Burton R. Clark, "The 'Cooling-Out' Function in Higher Education", *American Journal of Sociology*, Vol. 65, No. 6, 1960.

Carol E. Floyd, "For-profit Degree-granting Colleges: Who are These Guys and What do They Mean for Students, Traditional Institutions, and Public Policy?", In: *Higher Education: Handbook of Theory and Research*, vol. 20, Springer, Dordrecht, 2005.

Claude M. Steele, "Thin Ice", *Atlantic*, Vol. 284, Issue 2, August 1999.

Clinton B. Schertzer, Susan M. B. Schertzer, "Student Satisfaction and Retention: A Conceptual Model", *Journal of Marketing for Higher Education*, Vol. 14, No. 1, 2004.

Daniel L. Bennett, et al., "For-profit Higher Education in the United States", In: *The Profit Motive in Education: Continuing the Revolution*, The Institute of Economic Affairs, 2012.

Darrel A. Clowes, "Community Colleges and Proprietary Schools: Conflict or Convergence?", In: *Community Colleges and Proprietary Schools: Conflict or Convergence*, New Directions for Community Colleges, No. 91, Jossey-Bass Publishers, 1995.

Diego D. Torres, et al., "Enrollment and Degree Completion at For-profit Colleges versus Traditional Institutions", In: *For-profit Universities*, Palgrave Macmillan, Cham, 2017.

Eric P. Bettinger, Bridget Terry Long, "Remediation at the Community College: Student Participation and Outcomes", *New Directions for Community Colleges*, No. 129, 2005.

Gary A. Berg, "Reform Higher Education with Capitalism? Doing Good and Making Money at the For-profit Universities", *Change*, Vol. 37, No. 3, 2005.

Guy Neave, "On Preparing for the Market: Higher Education in Western Europe-Changes in System Management", *Higher Education Policy*, Vol. 4, No. 3, 1991.

Jagdish N. Sheth, etc., "Why We Buy What We Buy: A Theory of Consumption Values", *Journal of Business Research*, Vol. 22, No. 2, 1991.

James J. Duderstadt, "The Future of the University in the Digital Age", *Proceedings of the American Philosophical Society*, Vol. 145, No. 1, 2001.

Jason Hwang, Clayton M. Christensen, "Disruptive Innovation in Health Care Delivery: A Framework for Business-model Innovation", *Health Affairs*, Vol. 27, No. 5, 2008.

Jean B. Mandernach, et al. , "Challenging the Status Quo: The Influence of Proprietary Learning Institutions on the Shifting Landscape of Higher Education", In: *Transformative Perspectives and Processes in Higher Education*, Advances in Business Education and Training, Vol. 6, Springer, Cham, 2015.

Jen-Her Wu, Robert D. Tennyson, Tzyh-Lih Hsia, "A Study of Student Satisfaction in a Blended E-learning System Environment", *Computers and Education*, Vol. 55, No. 1, 2010.

Jonas Hedman, Thomas Kalling, "The Business Model Concept: Theoretical Underpinnings and Empirical Illustrations", *European Journal of Information Systems*, No. 12, 2003.

Julia C. Duncheon, William G. Tierney, "Changing Conceptions of Time: Implications for Educational Research and Practice", *Review of Educational Research*, Vol. 83, No. 2, 2013.

Kathleen M. Eisenhardt, Shona L. Brown, "The Art of Continuous Change: Linking Complexity Theory and Time-paced Evolution in Relentlessly Shifting Organizations ", *Administrative Science Quarterly*, Vol. 42, No. 1, 1997.

Kevin Kinser, "Institutional Diversity: Classification of the For-profit Sector", *ASHE Higher Education Report*, Vol. 31, No. 5, 2006.

Kevin M. Elliot, "Key Determinants of Student Satisfaction", *Journal of College Student Retention Research Theory & Practice*, Vol. 4, No. 3, 2003.

Kevin M. Elliott & Dooyoung Shin, "Student Satisfaction: An Alternative Approach to Assessing this Important Concept", *Journal of Higher Education Policy & Management*, Vol. 24, No. 2, 2002.

Lawrence A. Pervin, "Performance and Satisfaction as a Function of Individual-environment Fit", *Psychological Bulletin*, Vol. 69, No. 1, 1968.

Lee Harvey, "Student Satisfaction", *New Review of Academic Librarianship*, Vol. 1, No. 1, 2009.

Leonard-Barton D. , "Core Capabilities and Core Rigidities: A Paradox in Managing New Product Development", *Strategic Management Journal*, Vol. 13,

No. 13, 1992.

Li-Wei Mai, "A Comparative Study Between UK and US: The Student Satisfaction in Higher Education and its Influential Factors", *Journal of Marketing Management*, Vol. 21, 2005.

Malcolm S. Knowles, "Innovations in Teaching Styles and Approaches Based upon Adult Learning", *Journal of Education for Social Work*, Vol. 8, No. 2, 1972.

Marc Prensky, "Digital Natives, Digital Immigrants", *On the Horizon*, Vol. 9, No. 5, 2001.

Mehaffy L. George, "Challenge and Change", *Educause Review*, Vol. 47, No. 5, 2012.

Michael A. McCollough, Dwayne D. Gremler, "Guaranteeing Student Satisfaction: An Exercise in Treating Students as Customers", *Journal of Marketing Education*, Vol. 21, No. 2, August 1999.

Michael Connolly, et al., "E-learning: A Fresh Look", *Journal of Higher Education Policy and Management*, Vol. 18, No. 3, 2006.

Michael E. Porter, "How Competitive Forces Shape Strategy", In: *Readings in Strategic Management*. Palgrave, London, 1989.

Michael E. Porter, "What Is Strategy?", *Harvard Business Review*, Vol. 74, No. 6, 1996.

Norton W. Grubb, "Working in the Middle: Strengthening Education and Training for the Mid-Skilled Labor Force", *The Journal of Higher Education*, Vol. 69, No. 1, 1996.

Orges Ormanidhi, Omer Stringa, "Porter's Model of Generic Competitive Strategies: An Insightful and Convenient Approach to Firms' Analysis", *Business Economics*, Vol. 43, No. 3, 2008.

Peter Hall, "Policy Paradigms, Social Learning, and the State: The Case of Economic Policymaking in Britain", *Comparative Politics*, Vol. 25, No. 3, 1993.

Peter John Williams, "Valid Knowledge: The Economy and the Acade-

my", *Higher Education*, Vol. 54, No. 4, 2007.

Robert Abelman, Amy Dalessandro, et al. , "Institutional Vision at Proprietary Schools: Advising for Profit", *NACADA Journal*, Vol. 27, No. 2, 2007.

Robin Mason, Martin Weller, "Factors Affecting Students' Satisfaction on a Web Course", *Australian Journal of Educational Technology*, Vol. 16, No. 2, 2000.

Robin Middlehurst, "University Challenges: Borderless Higher Education, Today and Tomorrow", *Minerva*, Vol. 39, No. 1, 2001.

Ron Adner, "When Are Technologies Disruptive? A Demand-based View of the Emergence of Competition", *Strategic Management Journal*, Vol. 23, No. 8, 2002.

Rubin Beth, "University Business Models and Online Practices: A Third Way", *Online Journal of Distance Learning Administration*, Vol. 16, No. 1, 2013.

Rushton J. P. , et al. , "Personality, Research Creativity, and Teaching Effectiveness in University Professors", *Scientometries*, Vol. 5, No. 2, 1983.

Sally M. Johnstone, Louis Soares, "Principles for Developing Competency-based Education Programs", *Change: The Magazine of Higher Learning*, Vol. 46, No. 2, 2014.

Sean Ajay Desai, "Is Comprehensiveness Taking Its Toll on Community Colleges?: An In-depth Analysis of Community Colleges' Missions and Their Effectiveness", *Community College Journal of Research & Practice*, Vol. 36, No. 2, 2012.

Sharpe R. Vonshay, Steve Stokes, William A. Darity Jr. , "Who Attends For-profit Institutions?: The Enrollment Landscape", In: *For-profit Universities*, Palgrave Macmillan, Cham, 2017.

Sheila Mukerjee, "Agility: A Crucial Capability for Universities in Times of Disruptive Change and Innovation", *Australian Universities Review*, 2014, Vol. 56, No. 1, 2014.

Shostack G. Lynn, " Breaking Free from Product Marketing", *Journal of Marketing*, *Vol.* 41, April 1977.

Simon Marginson, "Academic Creativity under New Public Management: Foundations for an Investigation", *Educational Theory*, Vol. 58, No. 3, 2008.

Simon Marginson, "Higher Education and Public Good", *Higher Education Quarterly*, Vol. 65, No. 4, 2011.

Sol Cohen, " The Industrial Education Movement, 1906 – 1917", *American Quarterly*, Vol. 20, No. 1, 1969.

Sophie E. F. Bessant, et al. , "Neoliberalism, New Public Management and the Sustainable Development Agenda of Higher Education: History, contradictions and synergies", *Environmental Education Research*, Vol. 21, No. 3, 2015.

Stephanie R. Cellini, " For-profit Higher Education: An Assessment of Costs and Benefits", *National Tax Journal*, Vol. 65, No. 1, 2012.

Thomas Bailey, "Challenge and Opportunity: Rethinking the Role and Function of Developmental Education in Community College", *New Directions for Community Colleges*, No. 145, 2009.

Thomas F. Stafford, "Consumption Values and the Choice of Marketing Electives: Treating Students Like Customers", *Journal of Marketing Education*, Vol. 16, No. 2, 1994.

Vicente M. Lechuga, " Assessment, Knowledge, and Customer Service: Contextualizing Faculty Work at For-profit Colleges and Universities", *The Review of Higher Education*, Vol. 31, No. 3, 2008.

Victor M. H. Borden, "Segmenting Student Markets with a Student Satisfaction and Priorities Survey", *Research in Higher Education*, Vol. 36, No. 1, 1995.

V. Sambamurthy, et al. , "Shaping Agility through Digital Options: Reconceptualizing the Role of Information Technology in Contemporary Firms", *Mis Quarterly*, Vol. 27, No. 2, 2003.

William G. Tierney, "Too Big to Fail: The Role of For-profit Colleges and Universities in American Higher Education", *Change: The Magazine of Higher*

Learning, Vol. 43, No. 6, 2011.

X. Li, "Emergence of For-profit Higher Education", In: *International Encyclopedia of Education*, Elsevier Ltd., 2010.

Yoram M. Kalman, "A Race to the Bottom: MOOCs and Higher Education Business Models", *Open Learning*, Vol. 29, No. 1, 2014.

Zimmermann V., "Corporate Universities", In: *Handbook on Information Technologies for Education and Training*. International Handbooks on Information Systems. Springer, Berlin, Heidelberg, 2008.

（三）其他

2018 Academic Annual Report-University of Phoenix（https://www. phoenix. edu/about_us/publications/academic-annual-report. html）.

American Association of Community Colleges, "Reclaiming the American Dream: A Report from the 21st-Century Commission on the Future of Community Colleges", 2012（https://files. eric. ed. gov/fulltext/ED535906. pdf）.

American Council on Education, "ACE Analysis of Higher Education Act Reauthorization", 2008（https://www. acenet. edu/Documents/ACE – Analysis – of – 2008 – Higher – Education – Act – Reauthorization. pdf#search = for%20%2Dprofit%20higher%20education）.

Bailey R. Thomas, Averianova E. Irina, "Multiple Missions of Community Colleges: Conflictory or Complementary", Community College Research Center, 1998.

Clayton M. Christensen, et al., "Disrupting College: How Disruptive Innovation Can Deliver Quality and Affordability to Postsecondary Education", Innosight Institute, Center for American Progress, 2011（http://www. innosightinstitute. org/innosight/wp – content/uploads/2011/02/future_of_higher_ed – 2. 3. pdf）.

Cominole Melissa, et al., "2004/06 Beginning Postsecondary Students Longitudinal Study（BPS: 04/06）Methodology Report", National Center for Education Statistics, U. S. Department of Education, 2006.

Congressional Budget Office, "Promoting Real Opportunity, Success, and

Prosperity through Education Reform Act (H. R. 4508)", February 2018 (https://www.cbo.gov/system/files/115th – congress – 2017 – 2018/costestimate/hr4508.pdf).

Daniel L. Bennett, Adam R. Lucchesi, and Richard K. Vedder, "For-profit Higher Education: Growth, Innovation and Regulation", Center for College Affordability and Productivity, July 2010.

Department of Education, " Program Integrity: Gainful Employment", *Federal Register*, 2014 (https://www.federalregister.gov/documents/2014/10/31/2014 – 25594/program – integrity – gainful – employment).

Doug Lederman, "For-profit Free Fall Continues, U. S. Data Show", *Inside Higher ED*, June 2018 (https://www.insidehighered.com/quicktakes/2018/06/06/profit – free – fall – continues – us – data – show).

James Coleman, Richard Vedder, "For-profit Education in the United States: A Primer", Washington, D. C.: Center for College Affordability and Productivity, 2008.

Kery Murakami, "Many Nonprofit College Programs Would Fail Gainful Test", *Inside Higher ED*, January 2020 (https://www.insidehighered.com/news/2020/01/16/profit – programs – not – only – ones – would – fail – gainful – employment – test).

Kevin Kinser, "Access in U. S. Higher Education: What Does the For-profit Sector Contribute?", PROPHE Working Paper Series. WP No. 14, Program for Research on Private Higher Education, University at Albany, State University of New York, 2009.

Laura Horn, et al., "Profile of undergraduates in U. S. Postsecondary Education Institutions, 2003 – 04: With a Special Analysis of Community College Students", U. S. Department of Education, Washington, D. C.: National Center for Education Statistics, 2006.

Mrozinski, Mark David, "Multiple Roles: The Conflicted Realities of Community College Mission Statements", Dissertations, National-Louis University, 2010, p. VI.

National Center for Education Statistics, U. S. Department of Education, "Students attending For-profit Postsecondary Institutions: Demographics, Enrollment Characteristics, and 6 – year Outcomes", 2011 (https://nces. ed. gov/pubs2012/2012173. pdf) .

Robert Lusch, Christopher Wu, " A Service Science Perspective on Higher Education: Linking Service Productivity Theory and Higher Education Reform", Center for American Progress, August 2012.

Ronald A. Phipps, Katheryn V. Harrison, Jamie P. Merisotis, "Students at Private, For-profit Institutions" (NCES 2000 – 175), Washington, D. C. : United States Department of Higher Education, National Center For Education Statistics, 1999.

Ruben Chumpitaz and Valérie Swaen, "Quality and Satisfaction in Business-to-business: A Cross-cultural Comparison between Business Buyers' Perception in Seven Countries", Proceedings of the 2002 Multicultural Marketing Conference, Valencia, Spain, Vol. IV, 2002.

Schwartzman Roy, "Students as Customers: A Mangled Managerial Metaphor", Paper presented at the Carolinas Speech Communication Association Convention Charlotte, North Carolina, October 1995.

Senate Committee on Health, Education, Labor and Pensions, "Higher Education Accountability", (https://www. alexander. senate. gov/public/_cache/files/cfd3c3de – 39b9 – 43dd – 9075 – 2839970d3622/alexander – staff – accountability – white – paper. pdf) .

Stephanie R. Cellini, Rajeev Darolia, Lesley J. Turner, "Where Do Students Go when For-profit Colleges Lose Federal Aid?', Working Papers, 2016.

Susan Choy, "Nontraditional Undergraduates: Findings from the 'Condition of Education 2002'" (NCES 2002 – 012), National Center for Education Statistics, 2002.

Thomas Bailey, et al. , "For-profit Higher Education and Community Colleges", National Center for Postsecondary Improvement, Stanford, CA, 2001.

Unveristy of Phoenix, Bachelor of Science in Education/Elementary Teacher Education, Student Learning Outcomes (https://www. phoenix. edu/content/dam/altcloud/doc/programs/learning – outcomes/BSED – E. pdf) .